Think Like A Monk:

Train Your Mind for Peace and Purpose Every day

僧人心態

從道場到職場，訓練你的心，過著平靜而有目標的每一天

傑・謝帝（Jay Shetty）—著

周家麒—譯

獻給自始至終都比我更有憎心的妻子

目錄

編按：本書索引可至「圓神書活網」（www.booklife.com.tw）搜尋本書，在書籍頁面取得。

引言　當商學院學生遇見僧人

如果你想要一個新點子，讀一本古書吧。

——摘自伊凡．巴夫洛夫（等人）

十八歲那年，我在倫敦卡斯商學院就讀一年級時，有一天，朋友邀我一起去聽一位僧人演講。

我抗拒地問：「幹嘛去聽和尚講道？」

我常聽企業執行長、士紳名流和成功人士在學校的講座，但對僧人卻提不起半點興致。我喜歡聆聽那些有實際成就的人演講。

在朋友堅持之下，我終於鬆口：「只要聽完去酒吧喝一杯，我就答應你。」

雖然「墜入愛河」是專門用來描述愛情的話，但那天晚上聽完僧侶的人生經驗談，我墜入愛河了。

講台上站的是一個約莫三十歲的印度男子。他剃光頭，穿了一件藏紅色長袍。他充滿智慧、口才便給，渾身散發領袖魅力。他談何謂「無我的犧牲」。當他說到前人種樹、後人乘涼的精神時，我感到一股不熟悉的電流貫穿全身。

當我知道他是印度理工學院（IIT）的學生時，更是由衷佩服。IIT相當於美國的麻省理工學院（MIT），一般人幾乎進不了這所一流學府的窄門。他卻選擇出家為僧，放棄了世人熱中追逐的一切。他要不是瘋了，就是別有所圖。

我一直嚮往那些從無到有、白手起家者的勵志故事。如今，我第一次遇到反其道而行的人。他放棄了所有人都告訴我們應該擁有的生活，但他不但不是人生失敗者，反而洋溢著喜悅、自信與平和。事實上，他似乎比我見過的任何人都快樂。十八歲那年，我已經見識過很多富豪，聽過很多有名望、有威勢、又美又帥，或者三種條件兼具的人演講，但我不認為見過一個真正快樂的人。

演講結束後，我穿越人群走到前面，跟他說他有多麼了不起、給了我多少啓發。「我如何才能跟你多相處一段時間？」我問他。我渴望與那些擁有我想要的價值觀，而非我想要的東西的人在一起。

他告訴我那個星期他都在英國巡迴演講，歡迎我參加其他活動。

我去了。

我對高蘭加．達斯（Gauranga Das）僧侶的第一個印象是：他做了正確的人生選擇。後來才發現，科學也佐證了我的看法。

二〇〇二年，一位西藏僧侶明就仁波切從尼泊爾加德滿都郊外，來到美國威斯康辛大學麥迪遜分校，參與一項靜心時的腦波活動實驗。科學家在他頭頂蓋上一個浴帽狀裝置（EEG），裝置上延伸出二百五十條細線，一端貼在他的頭皮，另一端連接一部傳感器。研究當時，明就仁波切已經累積了六萬二千小時的豐富靜心經驗。

在這個研究團隊中，有些科學家也是經驗豐富的靜心者，齊聚在控制室裡觀看僧人如何依研究人員設計的方式靜心：一分鐘的慈心禪和三十秒的休息，交替進行。明就仁波切在翻譯的提示下，快速地進行四回合的靜心循環。研究人員敬畏地看著。幾乎就在明就仁波切開始冥想的同時，腦電圖突然出現大量的活動波峰。科學家們認爲如此大又快速的起伏，必然意味著明就仁波切改變了姿勢或在做其他活動，但觀察者卻親眼目睹他如如不動地處於靜止狀態。

値得注意的是，明就的大腦活動不僅保持一致性——反覆地在活動與休息之間「開啓」和「關閉」——而且不需要「熱身」時間。有過靜心的經驗，或至少曾經嘗試讓大腦平靜下來的人，一定知道需要花些時間才能讓散亂奔馳的雜念沉澱。明就仁波切似乎不需要時間醞釀，反而像切換電源開關一樣簡單自在地出入強大的禪定狀態。在這些初步研究的十多年後，另一項腦波研究也發現，四十一歲明就仁波切的大腦，老化的跡象少於同齡的中年人。研究人員說，他的大腦比年輕人還要年輕十歲。

研究人員也掃描僧侶馬修．李卡德（Matthieu Ricard）的大腦，發現他的伽瑪波活動頻率（gamma wave，與注意力、記憶力、學習力和幸福感相關），是科學研究有史以來最高的紀錄，繼而封他為「全世界最快樂的人」。單舉一個僧人的例子似乎有標新立異之嫌，但李卡德並不是唯一的特例。還有其他二十一位在靜心中接受腦部掃描的僧侶，同樣顯示比非靜心者更高、更持久（甚至包括睡眠期間）的伽瑪波。

為什麼要培養僧人的心態？如果你想在籃球場上獨領風騷，不妨效法麥可．喬丹；如果你想創新，可以研究伊隆．馬斯克；或者，你也可以學習碧昂絲的舞台表演魅力。但如果你想訓練心智，找到祥和、平靜和目標呢？你就應該以僧侶為師了。本篤會修士大衛．斯坦德爾—拉斯特（David Steindl-Rast），也是gratefulness.org網站的共同創辦人，寫道：「僧侶就是一個時時刻刻用心活在當下的人。」

僧人有能力抵擋誘惑、遠離是非、處理痛苦和焦慮、平撫我執的躁動，建立有目的和意義的生命。我們為什麼不能向地球上最平靜、快樂、有目標的人學習？也許你認為，要僧人保持平靜、安寧與放鬆是一件輕而易舉之事。他們隱居在山林之中，不必面對工作和伴侶的煩擾，當然了，也不用擔憂尖峰時間的混亂交通。你也許會納悶，僧人心態對活在現代世界中的我有什麼好處？

首先，沒有人一出生就是僧侶。他們來自各種出身、背景，出自個人意願，選擇轉化自己。「全世界最快樂的人」馬修．李卡德出家前是一位生物學家；知名靜心應用程式Headspace的共同創辦人安迪．普迪科比（Andy Puddicombe）受過馬戲團的雜技訓練。我也認識曾在金融界任職或組過搖滾樂團的僧侶，他們跟你一樣，在學校受過教育，也一樣在城鎮裡長大。你不用在家裡點蠟燭，打赤腳走路，或張貼在山林做樹式瑜伽的照片。僧人心態是一種任何人都能採取的思維模式。

就像當今大多數僧侶一樣，我也不是在道場裡長大的。我大部分的童年歲月都在做一些很不僧侶的事。十四歲以前我是一個乖孩子，和妹妹在倫敦北部一個中產階級印度家庭長大，父母也像很多中產父母一樣栽培我求學，幫助我開創美好未來。我不惹麻煩，學業表現不錯，也盡力討每一個人的歡心。

但我卻在中學時期偏離了正軌。我小時候是個胖子，也因此遭到同學霸凌，長大後才瘦下來。我開始玩足球和橄欖球，並轉向學習傳統印度父母不喜歡的藝術、設計和哲學一類的科目。這些轉變原本無傷大雅，但問題出在我也開始交了一些壞朋友，參與一大堆惡行：吸毒、打架、酗酒，無所不來。我的表現並不好，高中被停學三次。最後，學校要我退學。

「我會改變，」我承諾，「如果讓我留下來，我一定會改。」

學校最後讓我留下，我也革除了過往的行為。

讀大學時，我終於發覺努力、犧牲、紀律與堅持不懈，在追求目標上的價值。問題是，當時除了找一份好工作、結婚，擁有幸福家庭以外，我沒有別的目標。我心有疑慮，人生應該有更深一層的追求，但我不知道那是什麼。

高蘭加．達斯來學校演講前，我正卯足全力準備探索新觀念和生活方式，試圖擺脫所有人（包括我自己在內）都認定的那條路。我想活出人的價值。我不想把謙卑、悲憫和同理心當做一堆抽象的概念，我想活出這些價值。我不想把紀律、品格和正直當做書本上的資料，我想在生活中親身實踐。

接下來四年，我穿梭在兩個截然不同的世界：一邊是酒吧和牛排館，另一邊是席地而睡的靜心道場。我在倫敦研讀強調行為科學的企業管理，並在一家大型顧問公司實習，也花時間與親朋好友相處。在孟買的道場，我研讀古代經典，大多數的聖誕節和暑假都與僧人共度。我發現，我想與僧人為伍，我的價值觀逐漸轉變。事實上，我想一直沉浸在僧人心態裡。企業界的工作讓我越來越找不到意義。如果一份工作對人起不了正面的影響，又有何意義？

大學畢業後，我脫掉西裝，換上長袍，加入了席地而睡的道場，遠離了大都會健身房的生活。我在印度、英國和歐洲生活和旅行，每天打坐、研讀經典好幾個小時；我有機會爲一群道友服務，把孟買郊外一處鄉村道場改建爲生態僻靜所（高瓦丹生態村，**Govardhan Ecovillage**），並自願擔起日供百萬餐的生命之糧組織（**Annamrita**）食品救濟計畫工作。

如果這樣的我都能學會像僧人一樣思考，相信任何人都能做到。

跟我一起學習的印度僧人都把《吠陀經》（*Vedas*）當做基礎教本（梵語的**veda**是知識的意思。梵語是一種古老的語言，也是南亞大多數語言的前身）。據說，哲學是從這些古老經典發展出來的。這些經典起源於三千多年前的巴基斯坦部分地區與印度西北部，也構成了印度教的基礎。

就像《荷馬史詩》一樣，《吠陀經》一開始是口耳相傳，最後才書寫成冊，但由於材料的脆弱（棕櫚葉和白樺樹皮），倖存下來的大多數文獻，頂多只有幾百年歷史。《吠陀經》包括讚美詩、歷史故事、詩歌、祈禱、唱誦、儀式和日常生活的告誡。

我經常在生活中和這本書裡提到《薄伽梵歌》（*Bhagavad Gita*，「神之歌」的意思）。《薄伽梵歌》源自公元前八百至四百年的著作《奧義書》（*Upanishads*），被公認爲普世的、跨越時間的生命之書。故事裡沒有提到僧侶，也沒有鋪陳任何靈性的脈絡，而是記載了至尊對一個已婚神射手的開示。這些教誨不只適用於一個宗教或地區，也普遍適用於全人類。

翻譯過許多印度經典的靈性作家埃克納斯．伊史瓦蘭教授（Eknath Easwaran），稱《薄伽梵歌》是「印度送給世界最重要的禮物」。十九世紀傑出的美國思想家、散文家、詩人愛默生，在他一八四五年的日記中寫道：「我感激——我的朋友和我滿心感激——《薄伽梵歌》所帶來的偉大日子。它是群籍之首，像一個帝國在對我們說話。它的氣勢和價值不但不亞於帝國，反而更恢弘、更寧靜、更具有一貫性。它是在另一個時代和氛圍中沉思過的古老智慧之音，也能解決困擾現世的我們遇到的相同問題。」據說，有關《薄伽梵歌》的論著多過於世上其他的經典。

我寫這本書的目標之一，就是幫助你與永恆的智慧和其他古老的教誨產生連結。這些智慧和教誨都是我接受僧人教育的基礎，也與我們當今面臨的挑戰切身相關。

學習僧人哲學時讓我最感到震驚的是，人類在這三千年的歲月中並沒有真正改變。當然，人的身形變高大了，平均壽命也延長了，但讓我驚訝和難以忘懷的是，僧人教誨中談到的寬恕、精進、意圖、有目的的生活以及其他生命主題，在今天引起的共鳴也必然和《薄伽梵歌》寫作當時一樣。

更讓我感動的是，僧人的智慧都得到科學研究相當大程度的支持。本書會證明這一點。幾千年來，僧侶們都相信靜心、正念、感恩帶來的好處，相信服務眾人會讓你更快樂，以及更多你會在這本書裡讀到的其他好處。早在現代科學能證明或驗證以前，他們就發展出一套以這些思想爲中心的修習法。

愛因斯坦說：「如果你不能簡單地說明一件事，那就表示你對此了解還不夠透徹。」當我發現修習古老智慧的課程與現代世界有多麼息息相關時，我就想更深入學習，以便能與其他人一起分享。

搬到孟買的三年後，我的老師高蘭加·達斯說，他相信我離開道場與世人分享我學到的東西，會讓生命發揮更大的服務價值。我三年的僧侶生活就像進入一所生活學校。出家難，還俗更難，但最難的部分，是把智慧應用在道場以外的生活，這也是老師出給我的一道期末考題。我每天都能發現僧人心態發揮的效用，古老智慧與當今生活的關連之深令人震驚。而這就是促使我與人分享的原因。

至今我還是以僧人自居，雖然我會以「前」僧侶自稱，因爲我違背了僧侶不能結婚的戒規。我住在洛杉磯，在一般人眼中，洛杉磯是一個唯物主義、浮華、幻想以及最有代表性的機巧之都。我爲什麼要住在一個已開化之地？我會在這本書中分享生活和學習的心得。

我發誓，這本書與宗教門派完全無關，書裡也沒有勸人改宗的伎倆。我也可以保證，如果去實踐我在書中分享的內容，會讓你找到生命眞正的意義、熱情和目標。

人類史上從未像現代這樣，有這麼多人對追求「快樂」如此不滿或執迷。文化和媒體標舉成就和成功的樣板，以應該成就「什麼」和成爲「什麼人」的圖像和概念來餵養我們。名聲、金錢、魅力、性愛——到頭來，沒有一樣能滿足我們，反而陷入越要越多的惡性循環裡，苦苦尋找一些終將導致沮喪、幻滅、不滿、不快樂和身心俱疲的事物。

我喜歡以僧心（monk mind）與猴心（monkey mind）做一番對照。心智可以提升自我，也會讓人陷入失望的深谷。沉溺於猴心的活動，會讓人在過度思考、猶疑延宕和滿心焦慮中掙扎。猴心習於在不同的念頭和挑戰之間轉換，卻沒有眞正解決過任何問題，但透過探索自己想要的事物，創造可行的成長步驟，就能自我提升至僧人心態，讓我們擺脫混亂的雜念，找到清明、意義和方向。

僧人心態揭櫫了另一種生命觀和生活之道，一種綜合了叛逆、離執、重新探索、目標、專注、紀律和服務的生活方式。僧人心態的目的是營造一個擺脫我執、嫉妒、情欲、焦慮、憤怒、悲苦和包袱的生活。在我的想法中，採取僧人心態不只可能，且有其必要。我們需要找到生命的平靜、寂定與祥和。我們別無選擇。

猴心	僧心
被細枝末節壓得不堪負荷	專注於問題根源
蜷縮在乘客座上	帶著意圖，有意識地生活
抱怨、比較、批評	慈悲、關懷、協作
過度思考與猶疑延宕	分析與表達
為小事分心	有紀律
短期滿足	長期獲益
苛刻、專權	熱情、果斷、耐心
倏忽萬變	對使命、願景或目標許下承諾
擴大負面心態與恐懼	努力破除負面心態與恐懼
自我中心、執迷不悟	照顧自己，服務他人
一次多工	單一任務
被憤怒、憂慮和恐懼掌控	掌控情緒並善用精力
做讓自己感覺舒服的事	尋求自制和精通
尋歡作樂	尋找意義
強求應急之道	尋找真正的解決方案

我清楚記得第一天進入僧人學校的情景。我剃光了頭髮，還沒換上僧袍，仍舊一副倫敦大都會人的德性。我看到一個不滿十歲的小僧人，正在教一群五歲的孩子。他散發出一股強大的氣場，有著成年人的鎮定自若。

「你在幹什麼啊？」我問。

「我剛上完第一堂課。」小僧人說，接著問我：「你們開學第一天都學什麼呀？」

「學字母和算術。他們呢？」

「我教他們的第一件事是如何呼吸。」

「為什麼？」我問。

「因為人從出生到死亡只有呼吸與你同在。你的親朋好友、國家都會改變，只有呼吸與你同在。」

十歲的小僧人又補充道：「你有壓力的時候，什麼會改變？呼吸。你生氣的時候，什麼會改變？呼吸。

「我們會隨著呼吸的變化體驗每一種情緒。當你學會導引和管理呼吸以後，你就能在任何情境裡出入自在了。」

小僧人教了我最重要的一課：專注於事物的根本，而不是細枝末節或問題的症狀。這堂課是我透過直接觀察學到的——即使一個五歲或十歲的孩子，也能像僧人一樣思考。

呼吸是我們出生後必須要做的第一件事，但正如嬰兒的生活會越變越複雜，靜心和呼吸往往會變成一件有高度挑戰性的事。我希望在這本書中向你展示僧侶的生活方式——深入事物的根本，進行深度的自我檢視。只有透過這種好奇、思考、努力和啓示，才能找到通往祥和、平靜和目標的道路。我希望能運用道場老師教我的智慧，引導你抵達如此美好的境界。

在接下來的篇幅裡，我會陪著你走完僧人心態的三個階段。

首先，要懂得放下，擺脫讓我們裹足不前的外在影響、內在的障礙和恐懼。你也可以把這一步當做騰出空間才得以成長的清理準備工作。接著，我們會成長。我會幫助你重塑自己的生活，好讓你懷著意圖、目標和信心做決定。最後一步是付出，眺望那個超越小我的世界，擴大和分享我們的感恩之情，深化與人的關係。我們會與他人分享禮物和愛，並探索服務帶來的眞正喜悅和意想不到的好處。

我會在過程中介紹三種非常不同，但又能與呼吸、觀想和唱誦同時練習的靜心方法。這三種方法各有好處，而區分它們最簡單的方式，就是知道：呼吸練習有生理益處：找到寂定與平衡，讓自己平靜下來；觀想有心理益處：療癒過去，爲未來做準備；唱誦則有精神益處：與最深層的自我和宇宙連結，進行眞正的淨化。

你不需要像僧人一樣靜心就可以從本書獲益，但如果你願意開始練習靜心，書中與你分享的工具就會成爲一樣利器。我甚至敢說，這本書從頭到尾都是靜心——讓我們反思自己的信念、價値觀和意圖，了解我們如何看待自己、如何做決定、如何訓練心智，以及我們選擇朋友、與他們互動的方式。達到如此深刻的自我覺察，就是修習的目的和回報。

僧人對這件事會有什麼想法？也許這不是你會問自己的問題，甚至你根本沒想過這問題，但你一定會在本書結尾時提出來。

第一部

放下

第一章　身分認同

我是我認為的自己

不完美地活出自己的生命，勝於完美地模仿別人。

——《薄伽梵歌》3.35

一九〇二年，社會學家查爾斯．霍頓．庫利（Charles Horton Cooley）寫道：「我不是我認爲的自己，也不是你認爲的我。我是我認爲你所認爲的我。」

暫停一下，領會這句話帶來的震撼。

我們的身分包裹在別人的看法裡，或更準確來說，是我們認爲別人認爲的我們。

一個人的自我形象，不只是被我們認爲的別人的想法所捆綁，而且在自我改善上付出的大部分努力，其實只是想讓自己符合這一想像出來的理想形象罷了。如果我們景仰一個人，認爲對方把財富視爲成功的象徵，那麼我們就會追求讓那個人另眼相看的財富。如果我們以為朋友會以貌取人，我們就會修飾自己的外貌。電影《西城故事》裡的瑪麗亞，遇到一個男孩，對她情有獨鍾。她唱的下一首歌是什麼？〈我覺得自己很美〉。

我寫作這本書的同時，丹尼爾．戴．路易斯榮獲奧斯卡最佳男主角三連霸。從一九九八年以來，他只拍過六部電影，對每一個角色都做足了功課，把自己完全融入角色當中。他為了扮演馬丁．史柯西斯執導的《紐約黑幫》裡屠夫比爾這個角色，接受職業屠夫的訓練。他在拍戲現場和生活中操著一口濃厚的愛爾蘭口音，並聘請馬戲團員教他甩刀技法。這只是他讓自己入戲的第一步而已。在電影拍完之前，他只穿道地的十九世紀服飾，並以角色的身分在羅馬蹓躂，跟陌生人爭吵打架。後來，也許是拜那套衣服之賜，他得了肺炎。

丹尼爾．戴．路易斯採用的是「方法派」演技，也就是演員會盡可能以融入角色身分的方式過生活，讓自己變成那個角色。這是一種不可思議的演技法，但方法派演員往往過度耽溺在角色裡，以至於影響到下了舞台之後、銀幕以外的真實生活。「我承認我瘋了，完全發瘋了。」幾年後，丹尼爾．戴．路易斯在《獨立報》一篇採訪中這麼說。他承認這個角色「對我的身心健康並不好」。

我們都會無意識地用某種程度的方法派演技過生活，在網路、工作、與朋友相處或家中，扮演不同角色。這些角色各有好處，有的角色讓我們賺錢支付帳單，有的幫助我們在不舒服的工作場所順利運作，有的則讓我們跟看不順眼但仍得互動的人維持良好關係。但這些多重身分經常層層裹覆，讓人看不見眞實的自己（如果我們知道自己是誰）。

我們會毫不自覺地把工作角色帶回家，把跟朋友相處時扮演的角色帶進愛情裡。無論角色扮演得多成功，到頭來都要飽受伴隨而來的不滿、沮喪、無價値感和不快樂。原本就渺小和脆弱不堪的「小我」被角色扭曲了。

我們不惜以價値觀爲代價，努力活出別人眼中認爲的自己。

我們會有意識、有意圖地創造自己的價値觀，不假思索地用這種二度反射出來的形象——庫利稱爲「鏡中我」（Looking-Glass Self）——做決定。

我們活在二度折射出來的自我觀裡，也因此喪失了眞正的自我。追尋別人夢境裡那個扭曲的形象，如何能認識眞正的自己，又如何讓自己活得快樂呢？

你或許認爲出家爲僧的難處，在於放棄聚會、性愛、電視、世間財、彈簧床（好吧，我承認很不習慣睡地板）之類的享樂。但在這以前，我必須克服的更大障礙是違背我對父母的承諾，也就是我的生涯選擇。

我在大學最後一年就決定未來要走的路。我告訴父母，我會拒絕所有工作機會。我總逗趣地說，在父母的限制下，我有三種選擇：醫生、律師或失敗者。如此看來，最好的方法就是直截了當地告訴父母，說他們煞費苦心安排的一切，都比不上出家來得重要。

我的父母像所有的父母一樣，也對我的未來滿懷夢想，但至少我是按部就班地讓他們接受我會出家的想法：十八歲以後，我每年暑假有一半時間在倫敦的金融機構實習，另外一半時間則到孟買的道場靜心。我下定決心時，母親和其他母親一樣最關心的一件事，就是我的幸福。我會有健康保險嗎？「追求開悟」只是「整天枯坐不動」的另一個比較好聽的說法嗎？

母親面臨更大的挑戰是，如何面對那些以「醫生—律師—失敗者」來定義我成功與否的親友。我看似偏激的決定傳開以後，她的朋友開始說：「妳對他的教育投資這麼多。」「他被洗腦了。」「他這輩子白活了。」

我的朋友也認爲我是個失敗者。「你永遠都找不到工作了。」「你放棄了所有謀生的希望。」

當你力排眾議、想過上最真實的生活時，人際關係固然受到威脅，但你也會發現，失去關係是一種值得承擔的風險，尋找維持關係的方法，更是一項值得面對的挑戰。

所幸在我日漸增長的僧人心態裡，父母和朋友的聲音並不是左右我做決定的最重要準則；反之，我憑藉的是自己的眞實經驗。從十八歲開始，我每年都會檢測這兩種生活方式帶給我的感受。除了每天餓著肚子下班以外，我對金融界的暑期實習工作沒有一點感覺；但我每一次離開道場時，都會覺得：「眞神奇！我剛度過了人生最美好的一段時光。」親身體驗這兩種截然不同的經驗、價值觀和信念體系，幫助我了解自己要的是什麼。

周遭人對我出家的反應，說明了人一生都會面臨的外部壓力。親朋好友、社會、媒體的影像和聲音包圍周身，告訴我們該成爲什麼樣的人，又該做些什麼。

他們爭相表達個人看法、期望和義務。考一流大學、找一份好工作、結婚生子、買房子、升遷，文化規範有其存在的理由——錯不在於提供我們模範樣板人生的社會，而是我們自己如果不加以反思爲何設定這些目標，就永遠無法了解：爲什麼感覺沒有自己的家？爲什麼不滿意居住的環境？爲什麼工作讓人感到空虛，索然無味？是否想成家，或眞心想要那些正在奮鬥的目標？

我出家的決定引發了親朋好友的熱議與關注，而我也順勢以道場的經歷做爲濾除雜音的工具。任何一種情勢的肇因和解答，往往是同一個。我比較不易受人擺布，聽信那些告訴我什麼才是正常、安全、實際和最好的雜音。我沒有排斥關愛我的人，我關心他們，不想讓人擔心，但也不會任由他人定義的成功和幸福決定我的選擇。那是我當年最難，卻也是最正確的一次決定。

父母、朋友、教育和媒體充塞年輕人的心靈，日以繼夜地散播信念和價值觀的種子。社會定義的快樂人生是人人有希望，但沒人有把握。建立有意義生活的唯一方法，就是濾除雜音，攝心內觀。這是建立僧人心態的第一步。

網際網路
電視
學校
家庭
媽媽
媒體
社群媒體
朋友
爸爸
新聞
雜誌
生活

我們要以僧人心態清理妄想雜念，邁步走上這一趟旅程。首先，要檢視塑造自己的人生，以及讓我們偏離價值觀的外在因素。接著，盤點塑造生活的價值觀，並反思這些價值觀是否符合我們想要的自己和生活。

是塵垢，還是我？

高蘭加．達斯曾以優美的比喻，向我說明那些掩蓋眞我的外在影響。

我們身在擺滿了書籍和文物箱的倉庫裡。不同於一般道場的整潔，這裡塵土飛揚，滿布蜘蛛網。

一位資深僧侶帶我來到一面鏡子前，問道：「你看到了什麼？」

「在一層厚厚的灰塵掩蓋下，我甚至看不到自己的影像。」我簡短回答。僧侶點頭不語。接著，他用袖子揮了一下鏡子。一陣灰塵撲到臉上，扎疼了我的眼睛，也被我吞進了喉嚨。

僧侶說：「你的外在身分就像一面灰塵滿布的鏡子。第一次照鏡子，看不到被掩蓋了的眞我和價值。清除這層身分可能會感到不愉快，但唯有灰塵消失以後，你才能看到自己眞實的樣子。」

這是十六世紀孟加拉的印度教聖者柴坦尼亞（Chaitanya）舉的實例。柴坦尼亞把這種情況稱爲心鏡的汙垢。

幾乎所有寺院靜修的傳統基礎都是消除妄想雜念，專注於最重要的事物，也就是透過掌控身心的欲望，尋找生命的意義。有的傳統守默、有的戒淫、有的棄絕世間財，有的三者兼具。在道場裡，我們只靠必需品維持生活。我親身體驗過放下一切帶來的啓示。陷在不必要的俗務裡，會讓我們看不清眞正重要的事物。我不是要你放棄這些東西，而是要幫助你辨識和過濾外部雜音的影響。這麼做就是清理灰塵，並檢視那些價值是否能反映眞我。

具有指導能力的價值觀、也就是該有引導作用的原則，可說是最重要的，像是我想成爲什麼樣的人、我該如何對待自己和他人。猶如自由、平等、悲憫、誠實之類的名稱一樣，價值觀也是概念詞。這麼說或許太過抽象與理想主義，但價值觀確實是可以落實的。好比爲生命導航的道德GPS，如果你清楚自己的價值觀爲何，那麼生命就有了方向，進而引導你朝著最好的人、行爲和習慣前進。就像開車穿越一個陌生的地方，我們也在人生的道路上漫無目標地徘徊、轉錯彎、迷路，陷在猶豫不決的困境裡無法脫身。價值觀讓你更容易與對的人在一起，做出艱難的生涯抉擇，更明智地運用時間，並把注意力集中在重要的地方。如果缺少它們，我們就會被妄想雜念席捲而去。

你的價值觀來自哪裡？

價值觀不會趁我們入睡時主動冒出來，也不能透過有意識的思考獲致，甚至無法訴諸言語，不過確實存在。

每個人都在特定的環境裡誕生，而價值觀也由各自的經驗所定義。我們的出身是貧是富？從哪裡獲得別人的讚賞？父母和照護者往往是我們聲量最大的支持者和批評者，雖然我們會在青少年時期反叛，但通常會在被迫的情況下取悅並模仿那些權威人物。

回顧過去你與父母相處的情形，你們有一起玩耍、享受彼此對談、共同完成一些計畫嗎？他們告訴你的那些最重要的事，也吻合對他們而言最重要的事嗎？他們希望你成為什麼樣的人？想要你達到什麼成就？期望你有什麼樣的表現？你有吸收那些理想嗎？對你管用嗎？

而從小開始，教育就扮演另一股強大的影響力，包括學校老師教導的科目、採取的文化角度、期望的學習方式。以事實爲導向的課程，不會激發學生的創意；狹隘的文化取向，也不會讓你對不同背景和地方的人擁有包容的胸襟。我們也少有機會投入自己熱愛的事物中，即使從小就知道這些事物的存在。這麼說並不意味著學校沒有爲生活奠定基礎——學校有許多不同的教育模式，其中有些限制比較少——但不妨回顧一下，學校給你的價值觀是否適合你？

媒體操弄下的心智遊戲

身爲僧侶，我很早就了解到人的價值觀會受到哪些吸引心靈的事物影響。心智不能代表我們，只是我們用來決定重要事物的工具。我們觀賞的電影、聆聽的音樂、閱讀的書籍、爲之瘋狂的電視節目，以及上線和離線時會追蹤的人物——你訂閱的新知訊息正在吸引你的注意力，吸收的名人八卦、成功形象、暴力電玩和令人不安的新聞越多，價值觀就越容易受到羨妒、批判、競爭和不滿的渲染。

試試看

你的價值觀從何而來？

我們很難感知各種因素帶給自己的影響。價值觀既抽象又難以捉摸，而世界卻不斷明示或暗示我們應該要些什麼、如何生活，以及怎樣形塑「我是誰」的種種看法。

寫下塑造你人生的價值觀，在一旁寫下來源，並勾選你真正認同的那個價值觀。

例如：

價值觀	來源	對我而言真是這樣嗎？
慈愛	父母	✓
外貌	媒體	不同的方式
財富	父母	不是
好成績	學校	干預真正的學習
知識	學校	✓
家庭	傳統	家庭：是，但非傳統方式

觀察和評量是僧人心態的關鍵，而這是僧人們從留白空間和寂定中培養出來的能力。

對僧侶來說，過濾外部雜音的第一步就是放下對財物的執著。我經歷過三個階段：拜訪道場、大學畢業，最後正式出家。我在倫敦北部的吠檀多奉愛莊園（Bhaktivedanta Manor）經過幾個月的靜心訓練後，二〇一〇年九月初來到印度的鄉村道場。我脫掉相對時髦的行頭，換來兩件長袍（一件現穿、一件待洗）；我剃掉時下流行的髮型，換上……一顆和尚頭。所有能照見自己的機會幾乎全被剝奪，除了儲藏室看到的那一面鏡子以外，道場裡沒有任何鏡子。沒有鏡子，也阻絕了僧侶對外表的執迷，飲食則簡單又缺少變化，睡在一張鋪在地板的薄墊子上，唯一能聽到的音樂是念誦和宣告靜心和法事的鐘聲。我們不看電影或電視節目，只能用一台共用的桌上型電腦，接收有限的新聞和電子郵件。

取代這些干擾的只有空間、寂定和靜默。**當我們關閉了圍繞在身邊的意見、期望和義務，就會聽到自己的聲音了**。在那種靜默中，我開始認識外部雜音和內在心音的區別。我能辨別出別人灑落在我身上的灰塵，看見自己的核心信念。

我保證在這本書裡不會要求你剃光頭、穿長袍，但在現代化的世界裡，除了完全隔絕自己與外界的連結之外，又有什麼辦法能給自己一個培養覺知、靜默和寂定的空間呢？大多數人不會坐下來思考個人價值觀，我們不喜歡與自己的思想獨處。過往的習性讓我們逃避靜默，試圖把腦袋填滿，不斷忙進忙出。維吉尼亞大學與哈佛大學的研究人員進行一系列相關研究，他們要求受試者在沒有智慧型手機、書寫工具和讀物的房間裡獨處六到十五分鐘；十五分鐘過後，才讓他們聽音樂或使用手機。研究發現，受試者不僅選擇手機和音樂，很多人甚至會爲了逃避獨自思考，而寧可選擇電擊自己帶來的刺激。如果你每天參加社交活動，必須告訴別人你謀生的工作，你就很難逃避貶低眞我的事實；如果你每天晚上看《貴婦的眞實生活》（*Real Housewives*）系列實境秀，你會誤以爲把酒潑在朋友臉上是司空見慣的行爲。當我們把生活塡滿，不留任何省思餘地時，這些消遣活動就會順理成章變成我們默認的價值觀。

當我們忙於這些活動時，就無暇面對自己的念頭與探索心靈；但無所事事地待在家裡，也不能讓你學會任何東西。我建議你用三種方式積極地爲自己創造省思空間。首先，每天坐下來思考今天是怎麼過的，你經歷了哪些情緒。其次，你可以像我去道場靜心一樣，每個月去一個陌生的地方，在不同的環境裡探索自己，審視你發現的改變——地點可以是公園、圖書館，或任何一個沒有去過的地方。最後一點，做一件對你有意義的事，比如培養嗜好、做慈善或參與公民政治活動。

另一種創造空間的方法，就是盤點自己如何塡補現有的空間，檢視這些選擇是否能反映你眞實的價值觀。

盤點你的生活

無論你自認價值觀爲何，你的行爲會說實話。你在閒暇時間做些什麼，會顯示自己的價值觀何在。比如說，你或許把與家人相處擺在價值清單第一位，但如果你把所有空閒時間都花在打高爾夫球上，就需要檢視自己的言行不一。

時間

首先，對你睡眠與工作以外的時間做一番評估。研究人員發現，人一生平均花三十三年躺在床上（其中七年用在入睡過程），花一年又四個月運動，以及超過三年的時間休假。女性會花費一百三十六天打扮和換裝，男性則減少到四十六天。以上只是概估，還得加上平日做選擇時用掉的考慮時間。

試試看　**追蹤你每天花掉的時間流向**

追蹤你在一星期內花在家庭、朋友、健康和自己身上的時間。（注意：這裡沒有納入睡覺、吃飯和工作的時間，因爲各式各樣的工作都可能無止境延伸，吃掉你的時間。如果是這種情況，那就請你定義「正式」的工作時間，然後將「額外工作」也列爲追蹤時間流向的領域之一。）你花費最多時間的領域，應該與你最重視的價值吻合。比方說，你的工時遠超過工作對你的重要性，這顯示你需要非常仔細檢視那個決定，也就是你選擇把過多時間花在對你不夠重要的事務上。那個決定背後的價值是什麼？工作的收入能否滿足你的價值觀？

媒體

毫無疑問地，你會發現自己花了大把時間在閱覽網路貼文或媒體資訊。研究人員估計，人一生平均要花費十一年在電視和社交媒體上！或許你只是隨興觀看，但你花在上頭的時間卻反映了自己的價值觀。

媒體有許多不同形式，現在大多數人不會耗費過多時間在電影、電視或雜誌上，問題出在我們使用的裝置。你可以自我檢視，如果用的是iPhone，裡頭會確實記錄你使用手機的方式。在「設定」圖標下的時間報告裡，就可以看到你上個星期在社交媒體、遊戲、郵件和瀏覽網路上花費多少時間；如果你不喜歡你看到的狀況，甚至可以自訂手機使用限制。如果你用的是安卓手機，可以在「設定」下查看電池耗電細節，再從選單中查看裝置使用狀況，像是數位健康工具裡的紀錄。或者，你也可以下載Social Fever或MyAddictometer之類的應用程式，來記錄自己的瀏覽習慣並設定手機使用限制。

金錢

你也可以比照追蹤時間的方法，追蹤自己花錢的流向，了解自己的價值觀。先排除必要開銷如房子、家人、汽車、帳單、食物和貸款之後，看看你隨意的支出。你這個月最大的一筆花費是什麼？哪一些任意花費的領域支出最高？這些支出符合你最重視的項目嗎？如果對支出做全盤檢視，你就會看到自己對所謂的「值得」抱持的奇特觀點了。我曾經遇過一位母親，她抱怨孩子才藝班的學費實在很貴，但她後來才恍然大悟，自己買鞋子的花費，比孩子上音樂班的學費還要高。

在社交媒體上看到一些比較支出和優先順序的貼文後，我開始思考時間和金錢的花費，如何揭露一個人的價值觀何在。

六十分鐘的電視節目（「光陰似箭！」）

與家人共度六十分鐘的午餐（「怎麼還不結束？」）

每天喝咖啡的習慣（每天花至少一百元，一年將近四萬元）（「我需要！」）

選擇新鮮的健康食物（每天多花五十元，大約每年多兩萬元）（「不值得！」）

十五分鐘瀏覽社交媒體（「我的時間！」）

十五分鐘靜心（「沒時間！」）

這一切都取決於你的看法。當你檢視一個月的支出時，思考一下你隨興買下的屬於長期投資還是短期投資——你選擇外出享用一頓豐盛的晚餐，還是繳舞蹈班的報名費？這些支出是爲了娛樂，還是獲得啓發？是爲了自己，還是別人？如果你是健身房會員，但這個月只去了一次，反而花更多錢在喝酒上，那你就需要重新思考了。

排定價值觀優先順序

自我檢視得以助你看到一些在默認情況下，悄悄溜進生命裡的價值觀。下一步是確定你的價值觀，以及你的選擇是否與之吻合。參看僧侶的價值觀，也許能幫助你辨識出自己的。道場的老師認爲價值觀有高、低兩種：高層次價值會推動和提升我們走向快樂、實現感和意義；低層次價值會讓我們墜入焦慮、沮喪和痛苦的深淵。《薄伽梵歌》認爲高層次

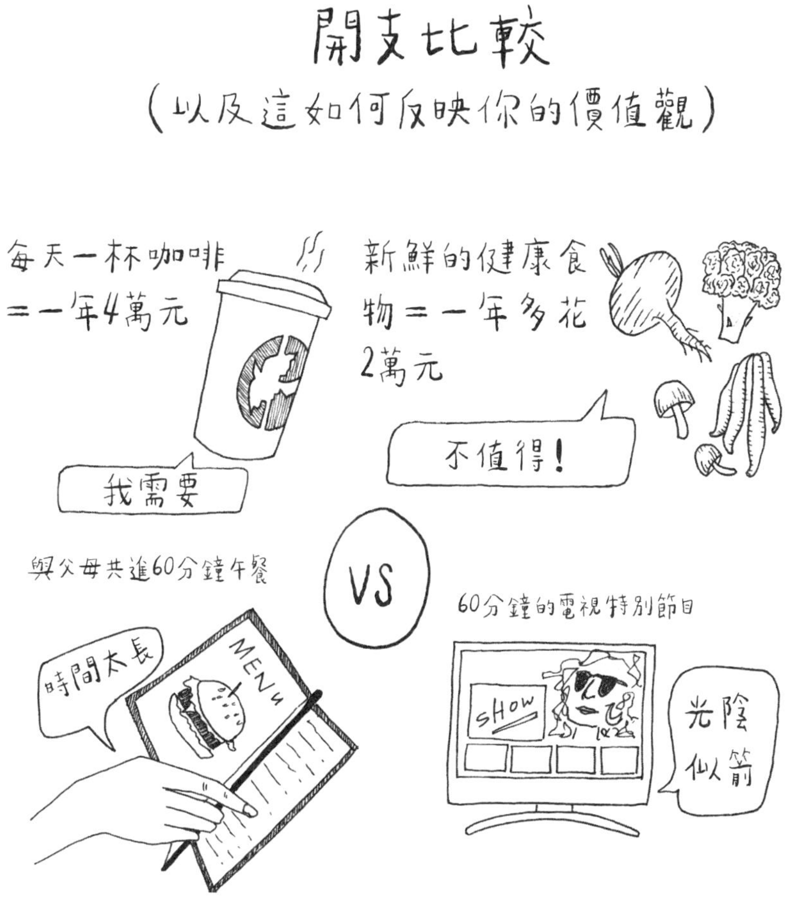
開支比較
（以及這如何反映你的價值觀）
每天一杯咖啡＝一年4萬元
我需要
新鮮的健康食物＝一年多花2萬元
不值得！
與父母共進60分鐘午餐
時間太長
MENU
VS
60分鐘的電視特別節目
SHOW
光陰似箭

價值和特質包括：無畏、清淨心、感恩、服務、慈善、接納、犧牲、深度學習、禁欲、坦率、非暴力、誠實、不發怒、棄絕、遠見、不見他人過、同體大悲、知足、溫柔／善良、正直、果斷。（注意：其中並不包括快樂和成功。快樂和成功不是價值觀，而是努力的果報，我們會在第四章進一步探討。）

六個低層次價值則分別是貪婪、情欲、憤怒、我執、妄想和嫉妒。低層次價值的壞處在於隨時都可能趁虛而入，掌控我們，但幸好爲數比高層次價值少很多。正如高蘭加．達斯老師提醒我們，往上提升的方法總是多於往下沉淪。

我們不能憑空捏造出一套價值觀，妄想在一夜之間改頭換面；反之，我們應該捐棄那些盤踞生命的錯誤價值。道場會給僧侶觀察大自然的機會，老師也會要求我們注意生命輪迴的生生不息。樹葉會萌發、轉黃和落下，爬蟲類、鳥類和哺乳動物的皮膚、羽毛和毛髮會脫落。放下和再生是大自然運轉的主調。我們人類會執著於人、觀念、財物和近藤麻理惠的整理魔法書，認爲清理是一件不自然的事，但其實放下就是通往空間（有形的）和寂定的直接之道。先（在身體和情感兩方面）擺脫充塞生活的人和思想，再花時間觀察那些不由自主地驅使著我們的習性。

可以把價值觀整合到每天都要面對的大小選擇裡。每當我們做選擇時，無論是婚姻大事或跟朋友爭吵的芝麻小事，都會受到高層次或低層次價值的驅使。如果這些選擇的結果是好的，就表示我們的價值觀與行動一致；一旦行不通，就值得重新檢討驅動你做決定的因素。

試試看

從過往的選擇檢視你的價值觀

省思你做過的三個最好和最壞的選擇。你為什麼會做出這些決定？你從中學到什麼？如果再來一次，你會有什麼不同的做法？

請你仔細想想上述「試試看」的答案，你的價值觀就隱藏其中。你爲什麼會這樣選擇？你跟對的人或錯的人交往，也許都基於同一個理由，因爲你「重視愛」；你到處搬家是爲了想改變，也許潛在的價值觀是「想冒險」。現在再用同樣的方法檢視你的未來，檢視你最大的目標，看看是否受到別人、傳統或媒體渲染的理想生活所驅動。

試試看

做出受價值驅動的決定

接下來一星期，每當你花錢購買不必要的東西，或計畫如何打發時間，先停下來，思考一下：這個選擇背後的價值是什麼？只要一秒鐘，快速考慮一下。在理想情況下，這種短暫的停頓久而久之會變成本能，讓你有意識地選擇對自己真正有價值的事，以及你該對這個選擇投入的精力。

打造符合自己價值觀的環境

一旦濾除意見、期望和義務的雜音以後，你就會用不同的眼光看世界。下一步是邀請世界回來。當我說你得剝除外在的影響，並非要你無限期斷絕與世界的聯繫，你的僧人心態可以、也必須向他人學習。

接下來的挑戰是透過一些簡單的問題有意識地學習，例如：我在親朋好友身上尋求／欣賞的特質是什麼？是信任、信心、堅定、誠實嗎？無論答案是什麼，事實上都是我們自己的價値觀，也就是該引領你生命前進的標的物。

當你不能獨善其身時，要與符合你價値觀的人交往。找一個足以反映你想成爲誰的社群，因爲這正是能反映你想要的未來的有益團體。還記得我從大學開始過僧侶生活時遇到的困難嗎？現在的我卻感覺很難在倫敦生活。我發現，當我被一起長大的人和他們的生活方式包圍時，很容易昏昏欲睡、聊八卦、批判別人。新文化幫助我重新定義自己，另一個新文化幫助我繼續走自己的路。

你每一次搬家、換工作，或展開一段新關係，都是你重塑自己的可貴時機。多項研究顯示，我們與周圍世界相處的方式是有感染力的。針對美國麻州地區鎮民進行的一項爲期二十年的研究發現，幸福感和沮喪感會在社交圈裡蔓延。如果一個住在兩公里外的朋友變得比較快樂了，那麼你感到快樂的機會也會增加二十五%；隔壁鄰居受這種效應的影響更高。

包圍在你身邊的人會幫助你堅守自己的價値觀和達成目標，你們會一起成長。如果你想參加以兩小時四十五分爲目標跑完全程的馬拉松賽事，你就不會跟只想以四小時四十五分爲目標的人一起受訓。如果你想變得更有靈性，那就跟其他追求靈性的人一起靈修。如果你想發展個人事業，就加入本地的商會，或參加追求成功的企業主組成的線上群組。如果你是把孩子列爲第一優先、又長年忙於工作的父母，那就跟處境相同的家長來往，以便互相支持和交換意見。更好的方法是找到跨界的高手群組，在可能的情況下，跟一些以家庭爲中心、追求靈性成長、又經營企業的馬拉松選手交往……

好吧，我這是在開玩笑，不過，在這有著比以往更多連結方式的現代世界裡，例如**LinkedIn**和**Meetup**平台以及臉書社團等工具，我們的確更加容易找到屬於自己的社群。

如果你想尋找愛，那就到一些以價值爲導向的地方，例如服務團體、健身或體育活動，以及一系列你感興趣的主題演講會。

如果你不確定別人是否與你的價值觀吻合，問自己一個問題：我跟這個人或團體相處時，感覺與我想成爲的那個人距離更近或更遠？答案就很清楚了。很明顯地，如果你一次花四小時在電動遊戲機上玩ＦＩＦＡ足球（不代表我有這種經驗），你就不會做一些能提高生活品質的有意義互動。

或者你會得出一些比較模稜兩可的答案，像是你跟他們相處後感覺心情煩躁或恍惚。跟有益於我們的人相處感覺很好，跟一些不支持我們或不會引發好習慣的人在一起，則會有不舒服的感覺。

試試看
審視你的同伴

列出一星期之內跟你相處時間最多的人，在每一個人旁邊列出你們共同的價值觀。你是否把最多的時間用在跟你的價值觀最接近的人身上？

你交談的人、觀看的節目、花時間做的事，這些來源都會推動你的價值觀和信念。如果你不質疑自己的價值觀，只是過一天算一天，就會任由其他人（從家人到一大堆行銷專家）希望你這樣做、那樣思考而擺布。

我常用當年儲藏室裡那一面蒙塵的鏡子來提醒自己。每當我心裡生起一個想法，我就會問自己：這符合我選擇的，或是別人替我選擇的價值觀？這是灰塵，還是我？

當你把空間和寂定留給自己，就能清理灰塵，看清眞我——不是透過別人的眼睛，而是攝心內觀。辨識你的價值觀，讓這些價值觀引導你，有助於你過濾外在的影響。我會在下一章運用這些技巧，幫助你濾除不必要的態度和情緒。

第二章 負面情緒

饑腸轆轆的惡君

想把自己的快樂建立在別人的不快樂上，是不可能的。

——池田大作，國際創價學會會長

那是我大三那年的夏天，我在道場住了一個月後回到倫敦，正在一家金融公司實習。我和幾個同事拿著三明治，到大樓前的混凝土庭院吃午餐。那處景觀裡矮牆交錯，西裝筆挺的年輕人常去快速用餐，讓自己在夏日的陽光下解凍後，再回到超強空調的大樓工作。我宛如一隻離水的魚，一介誤入凡塵的僧侶。

「你聽說蓋柏的事了嗎？」一個朋友大聲問道，「他的夥伴撕毀了他的提報。」

「蓋柏那傢伙，」另一個朋友搖搖頭說，「他就快完蛋了。」

我的腦海裡閃過高蘭加・達斯講過的一堂「心癌」課，談比較、抱怨、批判。他在課間討論了包括八卦在內的負面思想習慣。那堂課的練習之一就是細數自己批判的言語和思想，且每一個人都要寫下被批判者的十個優點。

寫出批評對象的十個優點很難。我們僧人都近距離一起生活，難免會發生一些芝麻綠豆的小事。僧侶淋浴的平均時間是四分鐘，我們會在排隊等淋浴時打賭誰用的時間最久。（這是我們唯一可以對賭的內容。原因：我們都是出家人。）儘管睡覺時打鼾是私事，但宿舍裡總有新僧侶加入。我們就用摩托車引擎聲量當評比標準：這個僧侶的打鼾級數是偉士牌機車級，那個僧侶是哈雷機車級。

我忠實記下每一個脫口而出的批評，又在每一個被我批評的人旁邊寫下他的十個正面特質。從練習的重點不難看出，每一個人的優點都比缺點多，而寫在紙上會讓人更容易看出比率的懸殊。這項練習幫助我用不同的方式看自己的弱點。我很容易專注在自己的缺點，而不善於用優點來平衡待之。每當我發現自己在對自我批判時，就會用正面的特質提醒自己。把負面特質放在完整的脈絡裡看，幫助我認知那個十分之一的正負比，也就是我的優點比缺點多。我們在課堂上也討論到回饋環（feedback loop）：當我們批評別人時，也會不由自主看到自己的缺點；但當我們在別人身上找優點時，也會開始看到自己好的一面。

一旁坐在牆上的傢伙肘擊了我一下，讓我從白日夢中驚醒。「所以你認爲他不會完蛋囉？」

我忘記剛才大家在談什麼了。「你說誰啊？」我問。

「蓋柏呀，公司當初就不該錄用他的，對嗎？」

「哦，我不知道。」我說。

在道場裡生活一段時間後，我對八卦變得非常敏感。我已經養成與正能量對話的習慣。第一次回到俗世生活時，我沉默得與人格格不入。我不想做衛道人士，但也不想跟人一塊批評，沆瀣一氣。正如佛陀說的：「善護口業，不譏他過，但問己過。」我會很快地用「哦，我不確定……」或「我沒聽過這件事」之類的話做回應。接著，我會把話題轉到更正面的方向上。「你有聽說他們要馬克斯留下來嗎？我眞替他高興。」在某些情況下，八卦有其價值：幫助社會規範什麼是可接受的行爲，我們也常用以試探別人是否贊同我們對他人行爲的評判，進而認同我們的價值觀。但這些問題往往可以用更仁慈的方式解決。如今比較常見八卦被用來貶低他人，只爲了讓我們有一股優越感，以及／或者用來鞏固我們在群體中的地位。

有些朋友和同事對我絕口不談八卦了，取而代之的是眞正的對話。有些人更加信任我，他們發現我不跟他們講別人八卦，當然也信任我不會講他們的私事。如果有人嫌我無聊也無妨，我也不會說他的是非。

無所不在的負面情緒

你剛睡醒，頂著一頭亂髮，伴侶跟你抱怨咖啡豆用完了。上班途中，前面一輛車的駕駛忙著用手機傳訊，害你錯過綠燈。電台的新聞比昨天聽到的報導內容還要糟。同事在跟你竊竊私語，說甘黛絲今天又裝病不來上班……

我們每天都飽受負面資訊攻擊，難怪在遭受攻擊的同時，也想一吐為快。我們習慣抱怨當天的痛與苦，而吝於分享一點小小的喜悅。我們跟鄰居比較，埋怨伴侶，在背地裡說些不敢在朋友面前說的話，在社交媒體上批評別人、爭論、欺騙，甚至飆罵。

這種負面的嘮叨甚至發生在我們認為「美好的一天」，而且往往不在任何人計畫之中。以我的經驗來說，沒有人會一起床就想：「我今天要如何用刻薄的態度對待別人？」或「我該如何透過造成別人難過，讓自己好過一點？」負面傾向通常源自內在。我認為人有三個核心的情感需求：和平、愛與了解（感謝尼克．羅威〔Nick Lowe〕和艾維斯．卡斯泰洛〔Elvis Costello〕創作的歌曲）。而消極負面的情緒（在談話、情感和行為中）往往源於以上三種需求之一遭受了威脅，因此害怕會發生壞事（失去和平）、害怕不被愛（失去愛）或害怕不受尊重（失去理解）。從這些恐懼中產生了各種各樣的情緒，如不知所措、不安全感、受到傷害、競爭、需索等等，這些負面情緒會以抱怨、比較、批判和其他消極行爲表現出來。想想那些潛伏在社交媒體的酸民，是如何惡意抹黑他們鎖定攻擊的目標人物。這或許是因爲他們恐懼自己不受尊重，因而轉以酸民的姿態，只爲換取他人對自己的一份重視吧；也或許是他們的政治信念不同而引發不安的恐懼。（或者，也許他們只是想集結一群追隨者——恐懼當然不是所有酸民的動機。）

再舉一個例子。我們都有一些會把問候電話變成長篇大論的朋友。他們會細數工作、伴侶、家人的不是：誰做錯了什麼、什麼事不公平、什麼糟糕的情況永不改變等。這些人眼裡永遠看不到一件對的事，但對方也許是在表達內心的恐懼，也就是和平與安全的核心需求遭受威脅。

壞事確實會發生。我們都是某些事的受害者，可能是種族歧視的對象，或塞在車陣裡動彈不得，但如果我們懷著受害者心態，很可能把自私當成自己應有的權利。史丹福大學心理學家把一百零四個受試者分成兩組，要求其中一組寫一篇短文，描述無聊時的心情，另一組則寫一篇自己受到的不公平待遇，或感到「冤枉、被輕視」的文章。寫完後，他們問受試者是否想幫研究員完成一項簡單任務，結果，那些寫自己遭受冤枉的受試者，願意幫助研究員的機率比其他人低了二十六％。在一項類似的研究中，一些被檢測出有受害者心態的受試者，不僅測試後表現自私態度的可能性較高，而且比較會把垃圾留在試場，甚至順手牽羊拿走測試用的鉛筆！

負面情緒傳染病

人類是社交動物，也就是說，我們會從相處的人群裡獲得大多數想要的需求——和平、愛和了解。大腦會自動調整，保持和諧並消除歧義。我們談過自己如何在無意識的情況下取悅別人，其實，我們也想附和別人的意見。研究證明，大多數人都很重視並順從社會群體，以至於調整對事件的反應，甚至是改變觀感，即使團體明顯有錯，也要與之同調。

一九五〇年代，知名心理學家所羅門．阿希（Solomon Asch）召集了幾組大學生，並告知他們正在進行一項視力測試。實驗隱藏的暗局是，每個小組裡除了一人是受試者以外，其餘都是預先安排的演員。

阿希首先向受試者展示一張圖，上面有一條標準直線，接著展示另一張圖，上頭有長短不等的三條直線：一條較短、一條較長，以及一條顯然與標準直線等長。他問學生，哪一條線與標準直線等長？演員有時說出正確答案，有時則故意說錯，研究人員並刻意讓每一組真正的受試者留待最後一個才回答。正確的答案應該不說自明，但實驗結果卻顯示，

阿希的從眾實驗

圖卡1

有一條特定長度的標準直線。

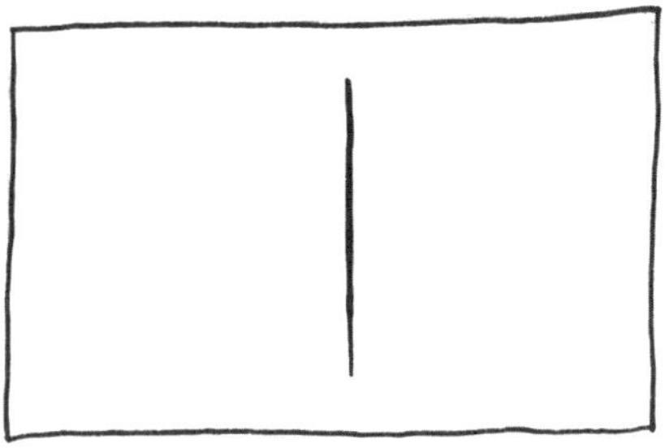

圖卡2

有三條直線，其中一條的長度與圖卡1的標準直線等長。

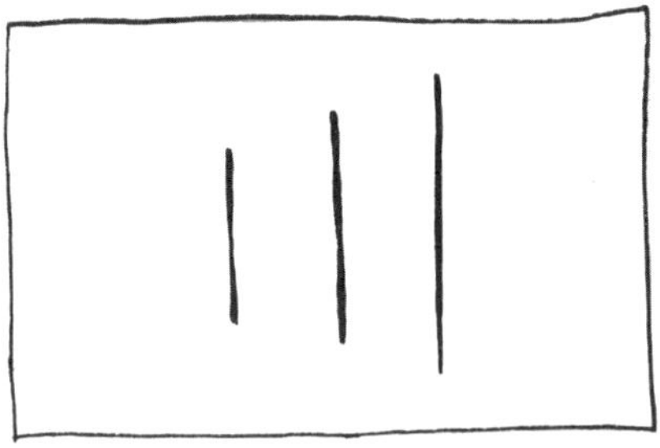

※所謂團體思維偏誤就是以逃避個人責任的方式做決策。

大約有七十五％的受試者都受了演員的影響，給出一次以上的錯誤答案。這種從衆現象也被稱爲「團體思維偏誤」。

人類天生就有順服群體的基因，大腦並不善於處理衝突和爭辯，寧可蜷縮在同溫層的舒適感裡。如果跟一群僧人爲伍，順服就不是一件壞事；但如果置身在滿是八卦、衝突和負面情緒的群體裡，我們就會用這些角度來看世界，就像阿希的從衆實驗裡那些睜著眼睛說瞎話的受試者一樣。

隨順衆意、人云亦云的本能對生活的影響既深且鉅，這就是讓我們與抱怨文化連成一氣的原因之一。

圍繞著我們的負面情緒越多，負面傾向的程度就越大。我們以爲抱怨可以宣洩憤怒，但研究證實，即使那些在發洩之後感覺舒服點的人，他們的侵略性也比不發洩的人更高。

在倫敦北部的吠檀多奉愛莊園，有一個僧人幾乎快把我逼瘋。我問他早上心情如何，他會說昨晚被某某人害得沒睡好；他抱怨道場的伙食不好，供應量也不夠。那種口無遮攔、沒完沒了的負面宣洩，讓我避之唯恐不及。

後來我發現，自己也會跟別的僧人抱怨他。我也在不知不覺中變成了自己批評的那種人。抱怨是一種傳染病，我被他傳染了。

研究顯示，像我這樣的負面情緒會提高對隨機的、毫無關係的人的敵對情緒，而且態

負面人的類型

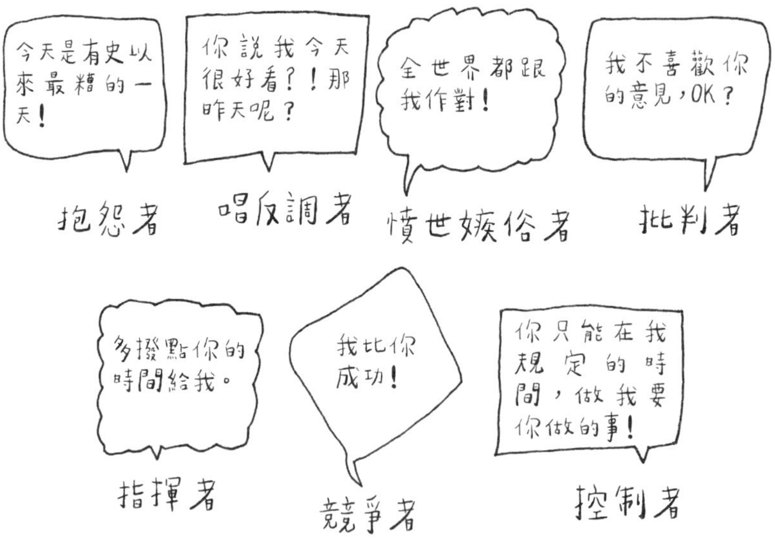
今天是有史以來最糟的一天！
抱怨者
你說我今天很好看？！那昨天呢？
唱反調者
全世界都跟我作對！
憤世嫉俗者
我不喜歡你的意見，OK？
批判者
多撥點你的時間給我。
指揮者
我比你成功！
競爭者
你只能在我規定的時間，做我要你做的事！
控制者

度越負面，未來越可能會有負面心態。研究還顯示，長期壓力如抱怨產生的壓力，實際上會讓人的海馬迴萎縮。海馬迴是影響推理和記憶的區域。

皮質醇（又稱可體松）這種壓力荷爾蒙，會損害海馬迴的記憶能力，也損害免疫系統（還附帶一大堆有害的副作用）。我不會把每一種疾病都歸咎於負面情緒，但如果保持正面態度就能預防冬天感冒，我舉雙手雙腳支持這麼做。

負面人的類型

負面的行為不斷圍繞周身，以至於我們早已習以為常。想想看，你生活周遭是否有過以下描述的任何一種人物情境：

- **抱怨者**：例如，某個朋友在電話中沒完沒了地抱怨，卻不尋求解決的辦法。人生很難，即使不是不可能解決，但在他們眼中永遠是困難重重。
- **唱反調者**：他們會把一句「你今天看起來很好」的讚美，扭曲成「你的意思是我昨天不好囉？」
- **憤世嫉俗者**：認為全世界都在跟他們作對，並把自己的問題歸咎於別人。

- **批判者**：別人一有不同的意見、不表態，或有不同於自己的選擇，就大肆批評。
- **指揮者**：明白自己的局限，但會對別人施壓，要求他們成功。他們會說「你永遠沒時間陪我」，卻忘了自己也很忙的事實。
- **競爭者**：愛跟別人比較，控制和操縱別人，只爲了彰顯自己或自己的選擇高人一等。他們飽受攀比的痛苦煎熬，以至於非把別人拉下水不可。我們往往要在這些人面前採取低姿態，因爲心知肚明這類人不會欣賞別人的成功。
- **控制者**：監督、指導朋友或伴侶應該如何運用時間、應該與誰交往，以及應該做什麼選擇。

你可以用好玩的心態檢視，看看能否找出身邊吻合以上類型的人，但眞正的重點是要幫助你在這些行爲出現時，一一覺察並框列。如果你把每個人都直接歸入「負面情緒」這一大類（「他們眞煩！」），那就表示你還沒準備好如何處理每一段負面關係。

我和其他六個英籍僧人一起搬進道場那天，道場的人要我們把新家當成醫院，把自己當成住院的病患。他們不認爲做一個脫離世俗生活的僧侶是種成就，這只意味著我們準備好要進入一個療癒處所，在那裡，我們可以努力克服讓自己耗弱的心病。

眾所周知的是，即使醫生也會生病。沒有人能對這種心病免疫。資深僧人提醒我們，每個人都有不同的疾病，也都在學習。就像我們不會批判別人的健康狀況一樣，我們也不應該批判別人的罪行。高蘭加．達斯用下面這則簡短的隱喻一再忠告我們，而我們常拿來提醒自己，不要對別人懷有負面想法：不要批判一個患了不同疾病的人。不要期望每個人都完美無缺，也不要自認爲完美無缺。

與其評判別人的負面行爲，不如試著抵消負極的電荷，甚至轉負極爲正極。一旦你認知到抱怨者並非在尋找解決辦法時，你就會明白不需要提供解方給他們；如果一個指揮者抱怨「你忙得沒空陪我」，你可以說：「要不要找一個大家都有空的時間？」

逆轉外在的負面影響

以上分類可以幫助我們遠離負面人物，在情境中清楚決定自己該扮演的角色。僧人之道是歸本探源、診斷和釐清狀況後，再給自己一個簡單的解釋。讓我們用這方法來定出與負面人相處的策略。

客觀的觀照者

僧人用覺知領導自己。退後一步，擺脫當下的情緒衝動，其實就可以對治負面情緒或任何衝突。天主教神父托馬斯．基廷（Thomas Keating）說：「沒有一條誡命要求我們必須爲了別人對待我們的方式而惱怒。我們會不高興，是因爲有一道情緒化的程序說：『如果有人惹惱了我，我就無法感到快樂或舒服。』……與其做出強迫性的反應或報復，其實我們可以享受身而爲人的自由，拒絕讓自己被人激怒。」退後一步不是肢體的退後，而是情緒上拉開距離，以非當局者的立場看待當下情境。我們會在下一章詳細討論這種情緒上的抽離。我現在要說的是，拉開距離能幫助我們在不批判的情況下理解他人。負面情緒是一種特質，而非人的身分。人的眞實本性可以被烏雲遮覆，但本性就像太陽一樣永遠存在。每一個人都可能有烏雲籠罩的時候，因此，當我們與散發負面能量的人交往時，必須先了解這一點。我們當然不願意別人以我們最糟糕的時刻做爲評判標準，同樣地，我們也必須小心，不要用這種方式對待別人。有人傷害你，往往是因爲他受了傷害，滿溢出來的傷痛波及到你。他們需要幫助。正如達賴喇嘛說的：「如果你有能力就幫助別人；如果做不到，至少不要傷害他們。」

緩慢後退

從理解的角度出發，我們就有了對治負面能量的更好配備。最簡單的回應方法就是緩慢後退。就像在上一章放下各種干擾價值觀的外在影響一樣，我們也要清除蒙蔽自身觀點的負面態度。「正念之父」一行禪師在他的著作《佛陀之心》寫道：「放下得自由，自由是快樂的唯一條件。一個仍執著於事物——憤怒、焦慮或財物——的人，無法獲得自由。」我鼓勵你清除或避免會誘發負面思想和情緒的實質因素，例如，前任伴侶送的運動衫，或已絕交的朋友經常出入的咖啡店。不放下這些實體因素，就不會有情感上的放下。

然而，當親友或同事涉及其中時，眼不見爲淨通常不是個好選項，也不是你該有的第一反應。我們需要換一種策略。

25／75比例原則

結交三個會提升你的人來平衡一個負面人物。我試著常與在某一方面比我更好的人來往，像是更快樂、更有靈性。生活就像運動一樣，與更好的球員交往可以帶動你的成長。我不是要你照字面的意思，把每一個朋友都貼上「負面」或「提升」的標籤，而是要你用感覺判斷，把七十五%以上的時間花在會提升你的人身上，而遠離那些會讓你沉淪的人。你也要盡一己之力，讓友誼變成一種互相提升的交流。不要只是與你喜愛的人相處，要跟他們一起成長，參加課程、讀書、參與工作坊。「僧伽」（sangha）這個梵文是「社區」的意思，暗示一個互相服務和啓發的皈依處。

時間的安排

如果你無法消除負面情緒，那就減少負面情緒，方法就是根據對方的能量狀況，調節你容許他占用你多少時間。有些挑戰是因為我們允許，才需要面對。有的人，你也許一個月只能容忍他一個小時；有的人，一天一個小時；有的人，一星期一個小時。也許你還認識某些你只能容忍相處一分鐘的人。考慮你跟他們相處的最佳時間量，不要超過那個時間。

別當救世主

如果有人只需要你的一隻耳朵，你大可聽聽他說什麼就好。如果你試圖更進一步當問題的解決者，就會因為別人不接受你明智的建議而感到沮喪。拯救別人是我執驅動下的欲望，不要讓需求塑造你的反應。記載猶太傳統教義與格言的《父親的話語》（*Sayings of the Fathers*）裡有一句話說：「不要數別人嘴裡的牙齒。」同樣地，除非你真有辦法與能力，否則不要試圖解決問題。把你的朋友想成溺水者。如果你是訓練有素的游泳健將或救生員，那麼你會有足夠的力量和技巧幫助快溺斃的人；同樣地，如果你有幫助別人的時間和心力，那就儘管去做吧。然而，如果你只憑著普通的泳技就想救溺水的人，你很可能會被拖下水；反之，你應該呼叫救生員。同理，如果你沒有精力和經驗，不妨引介或許能幫助他們的人或想法。也許別人才是他們的救世主。

逆轉內在的負面情緒

由外而內是釐清雜亂的自然之道。一旦我們認知並開始化解外在的負面影響，就能更清楚地看到自己的負面習性，並試圖扭轉了。

負面情緒不會全都來自別人，而且也不見得會大聲說出來，但我們往往會否認自己該爲了把負面情緒釋放到世界裡負起部分責任。把嫉妒、抱怨、憤怒歸咎於周圍的人比較容易，但淨化自己的思想，卻能保護我們免受他人的影響。

道場裡的僧人非常渴望展現清淨心，往往會以克己的清高姿態來彼此競爭：我的飯量比那個僧人少；我靜心的時間比任何人都長。但如果一個僧人在修行結束時的最後一個想法是：「瞧我！靜心的本事超越所有人！」他就必須自嘲一番了。如果靜心的結果是優越感，那靜心的目的何在？克莉絲汀．弗拉迪米洛（Christine Vladimiroff）修女在漢娜．沃德（Hannah Ward）和珍妮弗．懷德（Jennifer Wild）編輯的《修院之路》（*The Monastic Way*）中說：「（修道院裡）唯一被容許的競爭，是比賽誰展現出最多的愛心和恭敬心。」

競爭還會生出嫉妒心。印度神話史詩《摩訶婆羅多》裡有個邪惡的戰士，由於嫉妒而想害另一名戰士失去一切。邪惡的戰士在袍子裡藏了一塊燃煤，計畫扔向他嫉妒的對象。結果適得其反，他的袍子先一步著火，把自己燒死了。嫉妒心讓他成了自己的敵人。

嫉妒的惡毒表親是幸災樂禍，意指從受苦的人身上獲得快樂。一個看見別人失敗而感到快樂的人，就是以他人的不完美或厄運爲地基蓋房子，這無法成爲穩固的生命基礎。事實上，當我們批判別人時，就是最應該注意自己的時刻。這象徵著心智正在欺騙我們，讓我們自以爲向前進，其實是卡住了。如果我昨天賣的蘋果比你多，但你今天賣得比我多，這並不能代表我會不會賣蘋果。**我們用周圍人的表現來定義自己的時候越多，自我迷失的程度就越大**。

我們也許永遠無法徹底擺脫內心的羨妒、貪婪、情欲、憤怒、驕傲和妄想，但這並不意味著應該停止嘗試清理。梵文的「anartha」一詞意指「不想要的東西」，而「anartha-nivritti」的實踐，就是丟棄不想要的東西。我們認爲自由意味著暢所欲言、追求所有的欲望，但眞正的自由是放下不想要的東西，也就是那些會把人導向惡果的縱欲。

放下並不代表得抹滅所有負面的思想、感覺和觀念。眞相是，這些想法會一再生起，重要的是如何處理。鄰居的狗叫聲很煩人，那聲音會一直打擾你，問題是你如何引領自己、做出反應。眞自由的關鍵就在於自我覺察。

當你評估自己的負面情緒時，切記，即使一個微不足道的小動作也可能產生後果。當我們更能覺察別人的負面情緒，說出「她老是抱怨」這句話時，其實也是在表達自己的負面情緒。我們在道場睡覺時，會在睡前把蚊帳關好，再用手電筒檢查臭蟲。有一天早上醒來，我發現一隻蚊子還留在蚊帳裡，我至少被牠叮了十次。我想起達賴喇嘛說過的一句話：「如果你自認爲渺小得不足以成事，那就試著跟一隻蚊子一起睡。」微不足道的負面思想和言語就像蚊子：即使最小的蚊子，也足以剝奪我們心中的平和。

3S轉化負面情緒：指認、停止、調換

大多數人會不自覺地流露出負面思想，就像我沒留意到蚊帳裡那隻蚊子一樣。僧人淨化思想的過程是覺察、對治和修正，我則喜歡用指認（spot）、停止（stop）、調換（swap）這三步驟。首先，覺察自己的感覺或問題——這是指認。接著，停下來，深究是什麼感覺、來自何處——這是停止並思考。最後，修正行爲——換一個新方式面對當下。

指認、停止、調換。

指認

覺察負面情緒意味著學會指認出你的毒性衝動。爲了幫助我們對治負面情緒，道場的

SPOT 指認

STOP 停止

SWAP 調換

指認出一種感覺或問題
停下來，了解情緒與問題的本質
換另一種新的處理方式

老師要我們練習在一星期內不抱怨、比較或批判，並統計破戒的次數。這項練習的目標是希望我們逐日遞減負面情緒。我們對這些習性的覺察力越強，擺脫的力量就越大。

表列你的負面思想和評論，有助於你深思這一切從何而來。你是在批判一個朋友的外表嗎？你有用同樣嚴格的標準批判自己嗎？你抱怨工作上的不如意，卻忘了評估自己對這個狀況有多少「貢獻」嗎？你到處張揚朋友的病情，是爲了讓別人注意自己的慈悲心，還是爲了幫助朋友取得更多支持？

試試看

檢視你的負面評論

統計你一星期內發表的負面評論次數，看能不能減少每天累計的次數。目標是零。

我們的負面性往往不是針對事實本身，而是自己預期的負面結果。有一則寓言，敘述一位邪惡國王與一位善良國王見面的故事。兩位國王共進晚餐，邪惡國王要求把自己的盤子跟善良國王對調。善良國王問他爲什麼，邪惡國王說：「我怕你在食物裡下毒。」

善良國王聽完哈哈大笑。

這一笑，邪惡國王更加緊張了，又要求把盤子換回來，唯恐自己中了計中計。善良國王無奈地搖搖頭，當著他的面吃了一口飯。後來，邪惡國王一口飯也沒吃。

我們對別人的批判、嫉妒或懷疑，會把自己推向內心的陰暗處。邪惡國王把自己的詭詐投射到善良國王身上，同樣地，我們對別人的嫉妒、不耐煩或懷疑，也揭露了一部分的自己。負面的投射和懷疑反映了我們的不安全感，阻礙自身的成長。如果你認定老闆在跟你作對，你的情緒就會受影響——你也許會因爲灰心喪志而表現不佳，或變得畏首畏尾，不敢提出應有的加薪要求。無論是哪一種反應，都會讓你像邪惡國王一樣飽受挨餓之苦。

停止

當你對負面情緒的根源有更深一層的了解後，下一步就是對治。讓負面情緒平靜下來，保留空間給那些能提升生命的思想和行動。從呼吸開始。當我們感到壓力大時，就會屏息以待或緊鎖下巴；被擊敗時，肩膀會鬆垮或緊繃。觀察自己一整天的肢體狀態：下巴是否緊鎖？眉頭是否皺縮？這些生理跡象在在提醒我們記得呼吸、放鬆身體和情緒。

《薄伽梵歌》對口業的教誨是：只說眞實、利衆、愉悅、不惱人的話語。佛教早期的

《百業經》裡也有類似智慧，經文對善口業的定義是：「說適時、眞實、慈愛、饒益、善意的話語。」

切記，隨心所欲地暢所欲言不是自由。真自由裡不會有這樣說話的需求感。

當我們減少自己的負面言論以後，也許會發現說的話少很多，甚至生出一股壓抑感。沒有人喜歡尷尬的沉默，但爲了擺脫負面情緒，絕對值得你這麼做。批判別人的工作倫理，不會讓你更努力工作。除非你提出深思熟慮的建言，否則拿別人的婚姻來跟自己的比較，不會讓你的婚姻更好過。批判會讓人產生幻覺：如果我判斷的眼光精準，那麼我必然比對方好；如果對方失敗，那麼我一定是在進步。事實上，深思熟慮的觀察才會讓我們眞正進步。

停止並不是要你迴避負面的本能，反而是要你更靠近。澳洲的社區工作者尼爾．巴倫罕（Neil Barringham）說：「勤於澆水的草地長得更茂密。」注意亦敵亦友的社交圈裡，那些引發你負面情緒的原因是什麼。他們閒暇的時間比你多嗎？工作比你好嗎？社交生活比你活躍嗎？因爲進行到第三個步驟「調換」時，你需要在自家的草皮上培育同樣的種子。比如說，你羨慕他人的社交魅力，因而促發你想舉辦一場轟趴的靈感，或與一些老朋友聯繫，或組織一個下班後的聚會。想找到生命的意義，重要的不是跟別人一較長短，而是做自己想要成爲的那個人。

調換

指認並停止心理和語言上的負面情緒以後，就可以展開修正的步驟。大多數僧人都無法完全避免抱怨、比較和批判——也不要指望自己能完全戒除這種惡習——但研究人員發現，快樂的人比較容易抱怨……先別急，這裡指的是以「正念」的態度抱怨。不加思索地胡亂埋怨，只會讓日子變得更糟，但根據研究顯示，把不愉快的事件寫在日記裡，深入關注自己的思想和情緒，反而能發揮促進身心成長和療癒的效果。

我們能透過明確、具體的說話方式，用正念來處理負面情緒。我們通常會說「好」「OK」「很好」或「不好」來回答別人對我們的問候，這往往是因為我們知道對方不期望或不想得到眞實、詳細的答案。我們抱怨時，常常也會像這樣含糊籠統。被人冒犯或失望時，我們或許會說自己很生氣或難過，然而，謹愼選擇用字遣詞，會讓自己以更好的方式管理感覺。《哈佛商業評論》列舉了九個更具體的替代詞，來描述生氣、悲傷、焦慮、受傷、尷尬和快樂的感覺，比如說，與其說自己生氣，不如說惱怒、心生防衛或懷恨在心。僧人給人安靜的印象，因爲他們受過謹言愼行的訓練，因此說話速度會比一般人慢一些。我們會仔細選擇用字遣詞，而且會有目的地使用。

不良的溝通會流失太多資訊。例如，與其無濟於事地跟朋友抱怨伴侶晚歸，不如心懷正念，直接與伴侶溝通。你或許可以說：「我很感激你爲了平衡家裡的開銷辛苦工作，但當你比答應的時間晚回家時，我就會抓狂。當你知道要晚回家的時候，傳個簡訊給我，會讓我感覺好過一點。」當我們的抱怨得到自己或對方的理解時，就會更容易達到效果。

除了讓負面的抱怨更有效果以外，也可以刻意地轉負爲正。我在前面提過，其中一種方法是利用負面情緒（如嫉妒）引導我們達到想要的目標，但也可以換一種新的感覺。英語用「empathy」（同理心）和「compassion」（悲憫）表達對別人的痛苦感同身受的能力，但英語並沒有「隨喜」的專用詞，來表示對他人喜悅的感同身受。這或許意味著我們還需要在這方面努力吧。而**梵文的「mudita」（隨喜心），是對他人的好運懷有一份同感或不自私的歡喜心**。

如果我只能從自己的成功裡找到喜悅，那我就限縮了讓自己感受喜悅的範圍；但如果我能爲十個、二十個、五十個親友的成功感到高興，我就能體驗五十倍的快樂和喜悅。有誰不想呢？

物質世界讓我們相信只有少數人才能念好大學、擁有一份好工作和好運氣。在有限的世界裡，成功和快樂的機會只有這麼多；每多一個成功和快樂的人，你的機會就相對減少。但僧人的想法不同，他們認爲幸福和喜悅永遠會保留一個專屬於你的座位；換句話說，你不用擔心有人會占去你的位子。快樂的劇場裡有無限多座位，每一個想品味隨喜的人都可以來看表演，你不用擔心錯過機會。

拉德納特尊者（Radhanath Swami）是我的靈性導師，也是《歸徒》等好幾本書的作者。我問他如何在這個充滿負面情緒的世界裡保持平和，並讓自己成爲一股正面勢能，他說：「我們周圍到處都是毒素，包括環境和政治氛圍，但毒素的起源是人心。除非我們能淨化內心的生態，並激發別人一起做，否則我們都會是環境的汙染源。若能在自己內心創造清淨，就能爲淨化世界做出極大貢獻。」

試試看

翻轉羨妒之心

列出五個你關心的競爭對手，針對每一個人，至少舉出一個讓你羨慕的原因，像是他的成就、專長和順遂的境遇。他的成就有讓你蒙受任何實際的損失嗎？再想想它帶給那個朋友的利益，觀想一切從這個成就來到他身上的美好事物。你知道這些好事不會來到你身上，但就算如此，你也想奪走嗎？如果是，這份羨妒正在奪走你的喜悅。羨妒的破壞力遠大於你朋友所成就的一切，用一點能量來轉化吧。

寬恕：糾正你的憤怒

先前討論過如何管理與減少負面情緒的策略。相較於痛苦和憤怒等大型負面情緒，抱怨、比較和八卦之類的小煩擾，就顯得比較容易管理了。我們都會以某種形式窩藏憤怒：過往的憤怒，或對目前仍在生活裡扮演重要角色的人懷有怒氣；對自己不幸的遭遇心懷憤怒，對在世者和已逝者的怒氣，以及轉到自己內在的憤怒。

當我們受到重創時，憤怒通常是反應的一部分。憤怒猶如一團負面情緒的大火球，如果不放下，無論如何努力，它都會擁有自己的生命，我們會因此付出龐大的代價。我想特別談談如何處理對人的憤怒。

「Ksamā」這個梵文是寬恕的意思，暗指忍讓和寬容的待人之道。我們往往因爲受傷太深，而無法原諒傷害我們的人；但與大多數人的想法相反，寬恕是一種發自內在的行動。有時候，一個比較好（安全、健康）的方式，就是不跟對方直接接觸；有時候，那名傷害你的人已不在世，你因而無法直接原諒對方——但這些因素並不妨礙我們發自內心的寬恕。寬恕能讓你擺脫憤怒的糾纏。

有一位客戶曾告訴我：「我必須回到童年，才能找出讓我感覺自己不被愛、沒有價值的原因。我的祖母是始作俑者。她不喜歡我母親，所以連帶對我有差別待遇。雖然她已不在人世，但我必須寬恕她。我明白自己永遠有價値、永遠可愛。內心有殘缺的人是她，不是我。」

《薄伽梵歌》用三種屬性（gunas，或生命模式）——惰性（tamas）、激性（rajas）和悅性（sattva）——來代表人性裡的「無知」「衝動」和「良善」。我發現這三種模式可以應用在任何一種行動上。例如，當你從衝突中撤退，並開始尋求彼此的理解時，試著從激性（衝動、熱情）轉變為悅性（善良、正面與和平）會很有幫助。這些模式是引導我們邁向寬恕的基礎。

寬恕的轉化力

在找到寬恕的方式以前，我們會困在憤怒裡，苦無出路，甚至會想報復那個造成自己痛苦的人，以牙還牙，以眼還眼。報復是如此無知，就像人們常說的，你無法透過摧毀別人來彌補自己的殘缺。僧侶不會讓別人的行為決定自己的選擇和感覺。你相信報復之後會讓你有種舒暢感，但當對方沒有出現你預期的反應時，猜猜看會有什麼結果？是你會痛上加痛。你報復到自己的身上了。

當你從報復心之中掙脫、提升自己後，就可以開始寬恕的過程。人們很容易用二分法

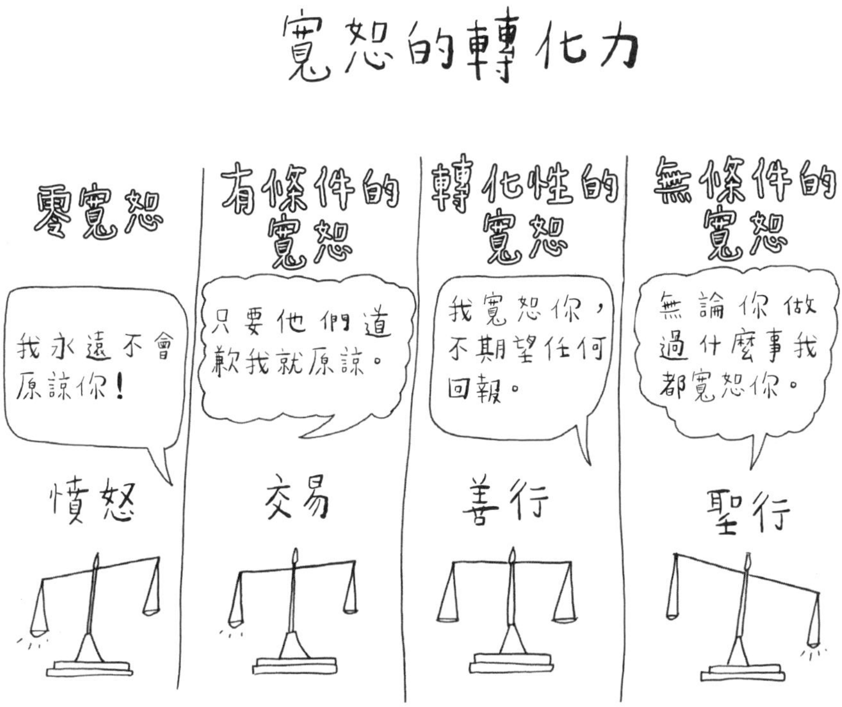
寬恕的轉化力
零寬恕
我永遠不會原諒你！
憤怒
有條件的寬恕
只要他們道歉我就原諒。
交易
轉化性的寬恕
我寬恕你，不期望任何回報。
善行
無條件的寬恕
無論你做過什麼事我都寬恕你。
聖行

思考：原諒或不原諒某個人。但（正如我在書裡不只一次建議），事情通常有很多層面。這些層面讓我們有足夠的空間找到自己的位置，在自己設定的時間裡進步，並盡可能地向高處攀爬。

在寬恕的階梯表上，最初階（但已經超越報復心了）是**零寬恕**。「我絕不會原諒那個人。我不想傷害他，但永遠不會原諒他。」處於這階段的我們，仍困在憤怒中一籌莫展。不難想像這是一個讓人感覺不舒適的停頓點。

再上一階是**有條件的寬恕**：「只要他道歉，我就原諒他。如果他保證下不爲例，我就原諒他。」這種交易式的寬恕，來自衝動模式，被那些需要餵養的情緒所驅動。雖然路德學院的一項研究顯示，當對方（或自己）道歉時比較容易獲得原諒，但我不想把重點放在有條件的寬恕上。我要你再提升到下一個更高的層次。

再上一階是所謂的**轉化性的寬恕**。這是一種屬於善模式的寬恕。在這種不期待對方道歉或其他回報的轉化性寬恕裡，我們就能找到力量與平靜。

最後，是寬恕階梯最高的層次：**無條件的寬恕**。這個層次是父母對子女的寬恕，無論孩子現在或以後會做什麼，父母已經原諒他們了。好消息是，我不建議你設定這個目標；我要你練習如何進入轉化性寬恕。

內心的平和

事實證明，寬恕會帶來內心的平和。寬恕會節省能量，轉化性寬恕更能改善一連串的健康相關問題，包括：少吃藥、睡眠品質提升，以及背痛、頭疼、噁心和疲勞等生理症狀的減少。寬恕能緩解壓力，因爲我們不再有意識和潛意識地陷入飽受壓力的憤怒思想循環。

事實上，科學研究顯示，當伴侶能彼此原諒時，他們的情緒張力就會減少，從而促進親密關係的幸福感。二〇一一年，《人際關係》（*Personal Relationships*）期刊發表一項研究，六十八對已婚夫婦同意就最近發生的「破壞婚姻規則」事件進行八分鐘對話；接著，研究員讓夫妻分別觀看訪談的重播後，再測量他們的血壓。當夫婦中的「受害者」那一方寬恕時，**雙方**的血壓都下降了，顯示寬恕對彼此帶來的好處。

寬恕他人和獲得寬恕都有益身心健康。當我們把寬恕納爲心靈練習的一部分時，就會發現所有關係都會開始綻放，不再心懷憎恨，需要處理的內心戲也因此減少。

試試看　請求與接受寬恕

本練習中，我們要試圖解開衝突帶來的痛苦以及／或憤怒的糾結。即使這不是你想要挽回或重建的關係，但這項練習會幫助你放下憤怒，找回內心平靜。

開始前，先觀想自己處於對方的立場。承認他們的痛苦，了解這是他們造成你痛苦的原因。接著，寫一封寬恕信給對方。

1. 列出你認為對方犯過的所有錯誤。真誠地原諒那個人，對關係的療癒會有很大的幫助。每一個項目都從「我原諒你的……」開始，繼續寫，直到你把所有的話都說完為止。這封信不要寄出，留著，好讓你在反芻憤怒時拿出來提醒自己。寫下你想說，但一直沒機會說出來的話。不必強迫自己非原諒不可，不是現在。當你寫下來的時候，就會更具體地了解自己的痛苦，讓你能慢慢放下。
2. 承認自己的缺點。你在情境或衝突裡扮演什麼角色（如果有）？列出你自認為做錯的事，每一句都以「請原諒我的……」開頭。切記，你無法把過去一筆勾銷，但可以為自己的角色負責，這有助於了解和放下你對自己和對方的憤怒。
3. 信寫完後唸一遍，錄音下來（多數手機都能錄音）。重播錄音，以一個客觀觀察者的立場聽自己是怎麼說的。切記，你承受的痛苦不是你的，是另一個人的痛苦。擠壓一粒柳橙，就會得到柳橙汁；擠壓一個充滿痛苦的人，痛苦就會流出來。如果你能原諒他人，而不是緊抓著過去無法原諒或試圖報復，你就能緩解那種痛苦。

寬恕是一條雙向道

寬恕必須雙向流動。沒有人是完美的，儘管有時不是你的錯，但也有時候衝突雙方都有過失。當你們爲彼此製造痛苦時，就像兩顆心糾纏在一起，難分難解，形成一個不舒服的結塊。當我們寬恕時，就會把自己的痛苦從對方的痛苦裡抽離出來，終於可以開始療癒情緒；但當雙方同時請求對方的寬恕時，我們會一起鬆綁。這有點棘手，因爲先指摘對方的錯再原諒對方，會讓我們感覺比較舒服一點。我們不習慣直截了當地認錯，並爲自己製造的問題負責。

原諒自己

有時候，我們會爲過往的所作所爲感到愧疚，這是因爲那些行爲已經不能反映我們的價值觀了。現在看以前的自己，我們不會再認同「他們」的決定。這其實是個好消息，代表你進步了，才會看清過去造成的傷害。我們在當時已經盡了最大的努力，但現在還可以做得更好。還有什麼能比向前邁進更好的事？我們已經贏了，把傷痛擊退了。

當我們接受逝者已矣的事實時，就可以接受和寬恕自己的不完美和錯誤，同時也敞開自己的心，接納所有人都渴望的情緒療癒。

試試看

原諒自己

前一個原諒他人的練習也可以用來原諒自己。每一行都用「我原諒自己的……」開頭，列出你對自己感到生氣或失望的原因。寫完後，大聲朗讀或錄音，再重播一次。邀請那個客觀的觀察者出席，為自己找到理解之道，放下痛苦。

向上提升

寬恕的極致，也就是眞正的**悅性**，意指祝福那個造成你痛苦的人。

「我會成爲佛教徒，是因爲對丈夫的恨。」你不會天天聽到有人講這種話。這是知名藏傳佛教比丘尼，也是《當生命陷落時》（*When Things Fall Apart*）的作者佩瑪．丘卓（**Pema Chödrön**）說的一句玩笑話。她離婚後，陷入負面情緒的旋渦裡，幻想著如何報復外遇的前夫。最後，她無意中看到一位靜心大師的書，那是當年在美國科羅拉多州博爾德市創立那洛巴大學的丘揚創巴仁波切（**Chögyam Trungpa Rinpoche**）所寫的作品。佩瑪．丘卓讀了丘揚創巴仁波切的著作後才明白，她與前夫的關係已經變成一個惡性腫瘤，讓分手的憤怒和譴責的負面情緒不斷蔓延。當丘卓「變得更像一條河流，而不是一塊石頭」時，她就能原諒他了，讓生命繼續前進。她現在把前夫奉爲自己最偉大的老師之一。

如果你想化解自己和別人結下的負面情緒，你必須希望雙方都能療癒才行。你不必直接對他們說，只要把祝福的能量發送出去就好。這是你眞正感到自由自在的時候，因爲你眞正放下了。

負面情緒是生命中自然的一部分。我們會取笑、挑釁、表述自己柔弱的一面，在分享共同的價值觀和恐懼中彼此連結。我們很難找到一個不以負面笑點為出發的喜劇節目。不過，幫助我們在生命中導航的負面情緒，並不同於把更多痛苦散播到世界的負面情緒。你會談論別家孩子的成癮問題，也許是出自於你的擔心害怕，想避免這種事發生在自己家裡，但你也可能是為了讓自己感覺優人一等而八卦或批判那一家人。知名脫口秀主持人艾倫．狄珍妮（Ellen DeGeneres）清楚地看到這一條分界線——她接受美國《大觀》雜誌（*Parade Magazine*）採訪時表示，她不認為取笑別人是一件有趣的事。「世界充滿了負面情緒。我希望人們看到我的時候會想：『我感覺很好，我也要讓別人感覺很好。』」這就是讓僧人樂在其中的精神——我們很容易一起嬉戲和歡笑。剛來道場的新僧侶，經常太過於正經八百（我以前也是），資深僧人就會促狹地告訴他們：「別急，不要第一天來就把精力用光。」每當老師拿出最特別的聖物——比平常更甜、更好吃的食物——年輕的僧人就會逗趣地去搶；如果有人在靜心時入睡打鼾，我們就會公然地互瞄一眼，毫不掩飾自己的不專心。

我們不必把身、語、意淨化成百分之百的陽光和正面，但我們應該挑戰自己，勇敢刨出負面情緒的根節，了解它在自己和周遭人身上的源頭，並以正念和審慎的態度管理它吸收的能量，接著就會透過承認和寬恕放下了。採行指認、停止和調換三步驟，來觀察、反思並發展新的行為，取代生活裡的負面情緒，始終朝著自律與至樂的方向努力。當你不再對別人的不幸感到好奇，反而為他們的成功高興時，你就是在進行自我療癒了。

你專注於別人的時間越少，專注於自己的時間就越多。

我們討論過負面情緒經常來自恐懼。接下來要探討恐懼如何成為阻礙，以及該如何讓恐懼成為建設性的一部分。

第三章　恐懼

歡迎光臨地球客棧

恐懼不會阻止死亡的來到，只會堵塞生命的流動。

——佛陀

《摩訶婆羅多》裡一場史詩級的戰事即將展開。空氣中充滿急切：數千名戰士揮舞著手上的利劍，戰馬哼氣頓足，急欲奔馳沙場。但我們的英雄阿周那卻臨陣怯場了。敵我雙方都有他的親朋好友，許多人將死於這一場戰爭，而阿周那這個般度家族最勇猛的戰士之一，卻丟棄了手上的弓箭。

《薄伽梵歌》以一個戰士的怯戰開場。阿周那是技藝最精湛的神射手，但恐懼讓他完全斷絕了與高超能力的聯繫。我們都發生過同樣的情況，明明有太多東西可以供給世界，但恐懼和焦慮卻讓我們與自己的能力斷絕聯繫。這是因爲成長過程中，有人以直接或間接的方式告訴我們，恐懼是負面的。「別害怕。」父母這樣鼓勵我們；「膽小鬼。」朋友這樣取笑我們。恐懼是一種令人尷尬、屈辱的反應，應該要忽略或隱匿。但恐懼還有另一面，好萊塢影星湯姆．漢克斯（Tom Hanks）在耶魯大學畢業典禮的致辭中向畢業生表示：「恐懼會把我們的優點變成缺點。」

事實上，我們的生活不可能完全沒有恐懼和焦慮，我們也無法完全消除經濟、社會和政治環境的衝突與不確定性，何況是日常的人際關係挑戰。不過這也無所謂，因爲恐懼不是壞事。它只是一面警示旗，你的心智不斷揮旗告訴你：「情況不妙！或許出問題了！」重要的是如何處理警訊。我們可以運用對氣候變遷的恐懼來激勵自己擬定生活節能解決方案，或者，也可以任憑恐懼征服、奪走我們的希望，讓自己落入無所作爲的境地。有時候，恐懼是幫助我們度過眞正危險的重要警告，但大多時候我們感受到的，是與金錢、工作和人際關係有關的焦慮。我們允許焦慮（日常生活裡的恐懼）阻擋自己體驗眞實的感覺，而抓住恐懼的時間越長，它發酵得就越厲害，直到最後變成毒物。

在寺院地下室冰冷的地板上，我盤著腿，與二十多名僧人一起打坐。我來道場只有幾個月的時間。高蘭加．達斯剛講完《薄伽梵歌》英雄阿周那被恐懼懾服的那一幕。事實證明，阿周那的恐懼讓他停止行動，而沒能衝鋒陷陣。想到會有那麼多親朋好友死在戰場，讓他悲慟不已。恐懼和悲慟讓他第一次質疑自己的行爲，這也引發了一場他與黑天大神克里希納之間有關道德、靈性和生命的漫長對話。

高蘭加．達斯講完後，要求我們閉上眼睛，然後指導我們重溫過去的恐懼情景——不光是想像，還要感同身受那段經驗的景象、聲音和氣味。他告訴我們不要選擇無關緊要的經驗，例如開學第一天或第一次上游泳課（除非那些經歷確實讓你恐懼），而是選一個有重大意義的經驗。他要我們探索、接納，再與最深層的恐懼建立一份新關係。

我們開始起哄打趣，有個人取笑我對路上一條蛇脫下的皮反應過度。高蘭加．達斯聽到我們笑鬧後，點頭示意。「如果你們想正確地完成這個活動，就必須超越取笑的部分。取笑是讓你無法眞正處理問題的防衛機制。逃避直接面對是我們處理恐懼的慣用方式，」高蘭加．達斯說，「你們需要繞過去。」眾人的笑聲逐漸消退，我幾乎可以感覺每個人都挺直背脊，包括我在內。

我閉上眼，頭腦安靜下來，但仍沒有抱太大期望。我什麼都不怕。我眞的不害怕，我這麼想。然後，我越來越深入靜心狀態，越過了頭腦裡的雜音和喋喋不休。我問自己：我眞正害怕的是什麼？片斷的眞相開始冒出來。我看到小時候對考試的恐懼。我知道，你或許覺得這是不足爲道的恐懼，沒有人喜歡考試，對嗎？但考試是我成長過程中最大的焦慮之一。我在靜心過程中探索著那個躲在恐懼背後的黑手。我再一次問自己：我眞正害怕的是什麼？我逐漸明白，我的恐懼都聚焦在父母和朋友對我的成績和我這個人的看法上：我的大家族會怎麼說？他們會如何拿我跟堂、表兄弟姊妹和周圍的所有人比較？我不只在內心感受到這個恐懼，也能在身體上感覺到胸口一緊、繃著下巴，好像我又回到兒時場景一樣。我眞正害怕的是什麼？然後，我陷入在學校惹麻煩的恐懼裡，很擔心會被停學或開除學籍。父母會如何反應？老師會怎麼想？我邀請自己再往深處探索。我眞正害怕的是什麼？我看到跟父母有關的恐懼：害怕他們合不來，害怕我還如此年幼就要試著調解父母的婚姻，害怕該如何討他們的歡心，害怕自己該如何努力，才能讓他們快樂。我找到恐懼的根源了。我眞正恐懼的是什麼？害怕我不能讓父母快樂。

當我一得到這份啓示，就知道自己找到所有恐懼的眞正根源了。這是如假包換的「啊哈！」時刻，就像在水裡一路下沉，胸部的壓力越來越大、呼吸越來越窘迫的那一刻，突然靈光乍現，我的頭終於冒出水面，開始吸進第一口空氣。

半小時之前我還如此篤定自己什麼都不怕，突然間，我揭露了多年以來一直隱藏在內心深處的恐懼和憂慮。我用溫和但堅定的態度追問自己害怕什麼，拒絕大腦逃避問題。人類的大腦設計機巧，總有辦法阻止我們進入不舒適的空間，但堅定地重複同一個措詞不變的問題，實質上等同在逼大腦就範。然而，這並非自虐式的審問，而是向內探問。你要眞誠地問自己，不帶半點勉強。

害怕考試的成績只是我眞實恐懼的旁枝末節。當你發展出與恐懼的關係以後，還必須區分出這些枝節，也就是自我探問時直接冒出的表面恐懼，與主要根源之間的差別。追蹤自己對考試成績的恐懼和其他枝節恐懼，將我引導到根源：恐懼自己無法讓父母快樂。

對恐懼的恐懼，阻止我們前進

三年的僧人生涯讓我學會了放下對恐懼的恐懼。對懲罰、羞辱或失敗的恐懼，以及伴隨而來的負面態度，再也不會誤導我採取自我防衛；我能認出恐懼發出的「這是個機會！」的訊號。恐懼能幫助我們辨識和對治已不適用的思維和行爲模式。

我們被恐懼驅動，但恐懼本身並非眞正的問題。眞正的問題是**我們恐懼的對象錯了**：該怕的是錯失恐懼提供給我們的機會。全球一流的安全專家之一蓋文．德．貝克（Gavin de Becker）在《求生之書》（*The Gift of Fear*）這本書裡說：「我們內在有一個聰明的監護人，隨時準備發出災害警訊，指導你度過危機情境。」我們往往只注意到恐懼發出的警告，卻忽略了給我們的指導。如果我們認知恐懼可以教導我們了解自己和價值觀，就能將之視為一種工具，賦予生命更大的意義、目標和自我實現。我們可以運用恐懼引發自己最美好的部分。

幾十年前，科學家在美國亞利桑那州沙漠的「生物圈二號」研究園區中進行一項實驗。這是一個有玻璃與鋼架外殼的密閉空間，裡面有淨化過的純空氣、純水、營養豐富的土壤和大量的自然光。這個實驗室的用意是為動、植物提供理想的生活條件，雖然在某些方面獲得了成功，但在另一方面卻徹底失敗了。生物圈裡的樹木長到一定高度就會傾倒，而且屢試不爽。這種現象一開始讓科學家費解，最後終於明白，這是因為生物圈裡缺少一樣讓樹木健康成長的關鍵要素：風。在自然環境中，樹木受到風的吹拂，就會增加樹皮強韌度、往深處扎根，加強穩定度，以回應風的壓力和擾動。

我們浪費大量的時間和精力，試圖讓自己停留在自製生物圈那舒適的泡泡裡。我們恐懼改變帶來的壓力和挑戰，但這些也正是讓我們變得更強壯的風。二〇一七年，艾力克斯．霍諾德（Alex Honnold）第一次無繩攀登美國優勝美地國家公園傳奇的九百公尺酋長岩，震驚世界。他的成就令人難以置信，也拍成一部得獎紀錄片《赤手登峰》（*Free Solo*）。影片中，有人問霍諾德如何處理這個若非完美攀登即死亡的二選一問題。「人們喜歡談如何壓抑恐懼，」他回答，「我會嘗試不同做法，也就是試著一再練習擴大自己的舒適區，努力克服，直到不再恐懼為止。」恐懼推動著霍諾德在開始這一場前所未聞的自由攀登挑戰前，先投入大量專注的練習。讓恐懼發揮正面效果是他訓練成功的關鍵要素，也讓霍諾德因此登上攀岩世界顛峰。如果我們不把壓力和伴隨而來的恐懼視爲負面情緒，反而看到潛在的益處，就能踏上改變與恐懼的關係之路。

重新編寫壓力反應

第一個要明白的是，壓力不善於爲遇上的問題分類。我最近有一個測試虛擬實境裝置的機會，在虛擬實境世界裡爬山。當我在岩架上踏出去那一刻，眞的感覺自己就在海拔兩千五百公尺的高空。當大腦喊著「恐懼！」時，你的身體無法分辨威脅的眞僞，無論是你的生命岌岌可危，或心裡想著要報稅了。一旦發出恐懼訊號，身體就會做好戰鬥或逃跑的準備，或者有時會僵住，動彈不得。如果進入這種高度恐懼狀態的次數太過頻繁，壓力荷爾蒙就會讓身體走下坡，進而影響免疫系統、睡眠和療癒力。

然而研究顯示，只要能成功處理間歇性的壓力源，例如管理大型工作計畫或搬家，會讓人像那些在風中挺立的樹一樣正面迎擊壓力，有助於改善健康，並帶來更大的成就感和幸福感。

當你處理恐懼和艱困的情境時，就會明白自己有處理的能力。這爲你提供了一個新視角：你有信心在壞事發生時找到解決方法。角度越客觀，你就越有能力分辨值得害怕和不值得害怕的事物。

前面與僧人們一起重溫恐懼經驗的靜心練習，讓我想到四種不同的情緒反應：驚慌、僵住、逃跑或像我對父母的焦慮採取的掩蓋法。前兩個是短期策略，後兩個是長期策略，但這四種策略都會讓我們偏離正軌，阻礙我們把恐懼導向正面的運用。

想改變我們與恐懼的關係，必須先改變對恐懼的觀感；一旦可以看見恐懼的價值，就能改變自己的回應方式。而這個重新編程的關鍵步驟，就是認識自己在面對恐懼時的反應模式。

對恐懼下工夫

我提過僧人的成長是從覺察開始。就像我們面對負面情緒的方式一樣，我們也要把恐懼外化，退後一步，讓自己成爲客觀的旁觀者。

學習對恐懼下工夫的過程，不只是做一些試圖除之而後快的萬靈丹式練習，而是要改變對恐懼的態度，了解它給我們的功課，然後予以辨識，試著在恐懼出現時轉換以往只會逃避的模式。逃避恐懼的四種方式——驚慌、僵住、逃跑和掩蓋——其實是同一種作爲，或者說是同一種**不作為**，也就是「拒絕接受恐懼」的四個版本。因此，覺察就是將恐懼轉負為正的第一步。

「恐懼，我看到你了。」

想拉近與恐懼之間的鴻溝，必須先承認它的存在。正如我的老師所說，「你必須認識自己的痛苦。」我們仍端坐不動，老師要我們深吸一口氣，默默地對痛苦說：「我看見你了。」那是我們第一次承認自己與恐懼的關係。接著，再吸一口氣，重複說：「我看到你了，我的痛苦。我看到你了，我的恐懼。」呼氣時，說：「我看到你了，我與你同在。我看到你了，我在這裡等你。」痛苦會讓我們付出關注；或者說，應該對痛苦付出關注。當我們說「我看見你了」的時候，正是給予它想要的關照，就像哭泣的孩子需要有人聆聽和哄抱一樣。

承認恐懼的同時保持穩定的呼吸，能幫助我們鎮定地面對恐懼當下的身心反應。走向你的恐懼，熟悉它。我們正是要透過這種方式讓自己完全與恐懼同在。就像你被煙霧警報器吵醒時，你會接受當下正在發生的事，然後離開失火的房子；等心情比較平靜以後，你才會回頭反思起火的原因和來源。你會通知保險公司，你會有條不紊地敘述火災的來龍去脈。這就是認識恐懼，與恐懼同在。

試試看　評定恐懼程度

畫一條線，一端為零，另一端為十。你能想像到最糟糕的事是什麼？也許是受傷後癱瘓了或失去親人——把這個當作等級十的恐懼。現在，與等級十的恐懼相比，為你目前害怕的事評分。這麼做能提供你不同的觀點。當你又因為一些事感到恐懼時，給予評定等級，試著比較這與你真正恐懼的事物之間有多大的差距。

找出恐懼的慣有模式

接納恐懼的同時，還必須與之建立個人關係。這意味著認知到恐懼會在什麼情境下規律出沒。問它一個強有力的問題（同樣地，懷著仁慈和誠意，必要時多問幾次）：「我什麼時候能感覺到你？」我在道場初次接觸以恐懼爲主題的靜心之後，就開始學著辨識所有讓恐懼出沒的空間和情境。我持續看到自己擔心考試、擔心父母、擔心學校的表現或惹麻煩時的情景。恐懼總是把我帶回相同的擔憂裡，也就是「別人對我的觀感」。他們會怎麼想我？根深柢固的恐懼影響了我的決定。這一份覺察促使我在做決定時仔細觀察並自問：「這個決定有受到別人對我的觀感影響嗎？」這種方式能讓我把對恐懼的覺察當做一種工具，幫助我做眞正符合價值觀和目標的決定。

有時候，我們可以透過自己採取或不採取的行動，來追蹤恐懼的源頭。我有一位客戶是成功的律師，但她厭倦了律師工作，想做一些新嘗試。她來找我，是因爲發現恐懼阻擋了她的行動。「如果我轉換跑道，發現那裡一無所有，該怎麼辦？」她問我。這聽起來像一個枝節問題，所以我繼續追問：「妳眞正害怕的是什麼？」我用溫和的口氣不斷追問，直到她終於嘆了一口氣，說：「我在律師生涯付出這麼多，就這樣放棄了豈不可惜？」我再問她，最後總算挖到根源：她害怕失敗，怕別人、也怕自己認定她是一個沒有智慧與能力的人。一旦她得知並承認恐懼的眞正本質以後，就會重新安排恐懼在生活裡扮演的角色。但她需要先與恐懼發展出眞正緊密的關係，她需要走進恐懼裡。

我們找到的其中一個問題是：她缺乏角色模範。她認識的律師都是全職的，她需要主動認識一些成功轉換跑道的同業，所以我建議她花點時間認識從律師轉行、正在從事自己喜歡的新職業的人。她這麼做以後，不僅看到自己的夢想可以如何實現，而且很高興見到許多人仍在不同領域發揮律師執業時學到的技能。知道不必全然放棄辛苦多年得來的成就，她鬆了口氣。我也請她研究想做的新工作。這些練習在在讓她發現，成功律師必備的諸多軟技能，例如溝通、團隊合作和解決問題的能力，在其他行業裡也受到高度重視。透過拉近與恐懼的關係，得以近距離檢視自己害怕的事之後，她終於得到一些有利資訊，讓轉行的想法更有力也更振奮人心了。

我們逃避恐懼的模式都是從小建立，已然根深柢固，因此要花一些時間和精力才能徹底揭露。認識自己的恐懼模式，有助於追蹤根源何在；而從根源解密，就能判斷恐懼事件是否眞的如此迫切，或是它其實能促使我們辨識出機會，活得更符合自己的價值觀、熱情和目標。

恐懼的肇因：執著
恐懼的解藥：抽離

與恐懼發展出更密切的關係以後，我們還得看清它是一個有別於我們的實體。在英文世界裡，當談論自己的情緒時，我們常用「am」（是）把自己和某種情緒畫上等號，像是「I am angry.」（我＝生氣）、「I am sad.」（我＝傷心）、「I am afraid.」（我＝害怕）。與恐懼對談能將之與我們分開，幫助我們了解恐懼不是我們本身，只是正在經驗的一種情緒。正如你遇到一個散發負面振波的人時，你會感覺到他的振波，但不會認爲那個振波是你。情緒也一樣，是我們正在感受的東西，但不是我們。試著把「我『是』生氣／難過／害怕的」（I am angry/sad/afraid.）轉換爲「我『感覺』生氣／難過／害怕」（I feel angry/sad/afraid.）。這是一個簡單又深沉的改變，因爲情緒被安放在該有的位置上。這種觀點能平撫我們最初的反應，並提供不加批判地檢視恐懼和情境的空間。

當我們追溯到恐懼的根源時，大多數人會發現原因往往與執著息息相關，也就是擁有和控制事物的需求。我們緊抓著對自己的想法，緊抓著財物和我們定義的生活水準，緊抓著我們希望人際關係該是什麼樣子，而無視於它們顯然是另一種樣貌。這些都是猴心的思維。僧心會學著抽離，明白包括房子到家人在內的一切事物都是借來的。

執著於短暫無常的事物，會賦予它們掌控我們的力量，變成痛苦和恐懼的來源；但當我們接受所有事物的短暫無常時，就會爲了擁有借用這些事物一段時間的好運而心懷感恩。即使最富有、最有權力的人，擁有的最多、最永久的財產，實際上也不屬於他們。這對其他人而言也同樣眞實。無常會引發大多數人極大的恐懼，但正如我在道場裡學到的，我們可以把恐懼轉換成凌空翱翔的自由感。

我們的老師把恐懼分爲有益的和有害的兩種。他們說，有益的恐懼讓我們警覺可以改變的情境。如果醫生說不良的飲食習慣導致你健康出了問題，你會因此產生對於殘疾或生病的恐懼，這種屬於有益的恐懼，因爲你會爲此改變飲食的習慣；當你的健康狀況獲得改善後，恐懼就消除了。然而，恐懼父母會離世是一種有傷害性的恐懼，因爲沒有人能改變死亡的事實，但藉由專注自己能控制的事物，就能把有害的恐懼轉爲有益的恐懼。我們無法阻止父母死亡，但可以用這種恐懼提醒自己，多花點時間陪伴他們。佛教的論師寂天（Śāntideva）說：「我不可能一手掌控所有外在事件；但如果我能控制自己的心靈，那還有什麼需要控制的呢？」這就是抽離。隔著一段距離，用你的僧心觀察自己的反應，以清晰的視角做決定。

我想談談人們經常對此產生的一個誤解。人們往往把抽離和冷漠畫上等號，認爲把人、事、物和經驗看成短暫無常，或隔著一段距離來看，會削弱我們享受生活的能力，但事實並非如此。想像你正看著一輛自己租來的豪華汽車，你會告訴自己說你擁有它嗎？當然不會。你知道只能享用它一個星期，而且就某方面來說，這種態度會讓你更懂得物盡其用，你很感恩有機會開著一輛敞篷車沿著海岸公路奔馳，因爲這不是一件經常發生的事。想像你住在Airbnb最華麗的房子，裡頭有熱水浴缸，有專屬廚師、遼闊海景，無與倫比的優美景觀令人心曠神怡。你不會把一星期的每一刻都花在害怕終將離開這裡的情緒上。當我們承認所有的賜福都像一輛豪華出租汽車，或一間漂亮的Airbnb房子時，就可以自由自在享用，而不必持續活在即將失去的恐懼裡。我們都是來「地球客棧」度假的幸運兒。

抽離是把恐懼最小化的終極法門。一旦辨識了害怕讓父母失望的焦慮以後，我就有辦法擺脫。

我明白必須爲自己的生命負責。父母可能會因此不高興，也或許不會，對此我無能爲力。我只能根據自己的價值觀做決定。

試試看 檢視你的執著

問自己：「我害怕失去什麼？」從身外物開始：你的汽車、房子，還是外貌？寫下你想到的每一樣事物。現在再想一些內在的因素：聲譽、身分或歸屬感？也一併記下。這兩張內、外清單的結合，很可能是你一生最大的痛苦來源，因為恐懼這些東西會被奪走。現在試想，當你改變了與這些事物的心理關係後，減少了你對這些事物的執著。切記，你仍能不執著地保有空間，充分愛戀或享用你的伴侶、孩子、家庭、金錢。本次練習的目的是讓我們了解和接受萬物的短暫無常，明白我們無法真正擁有或控制任何事物，取而代之的是充分欣賞一切事物，並用以提升生活，而不會成為執取

（執著）和恐懼的來源。最好的方式莫過於接受以下事實：孩子有朝一日會離開你獨立生活，運氣好的話，也許一星期會打一通電話給你。

這是終生不斷的修習。當你越來越接受自己並不真正擁有或控制任何事物的事實以後，你就會更懂得享受和珍惜人、事、物和經驗，也會更加謹慎選擇要把哪一些納入自己生命。

管理急性恐懼與壓力

抽離恐懼會讓你有對治恐懼的餘裕。幾年前，我有一個朋友失業了。工作是安全的保障，我們都會很自然地執著於賺錢養家的觀念，所以我朋友頓時陷入恐慌。「我要去哪裡找錢？再也沒有人肯錄用我了。我得接兩、三場演出才能支付帳單！」他不只對未來做了暗淡的預測，而且開始質疑過去。「我應該表現得好一點。我應該更努力、把更多時間花在工作上！」

人一旦陷入恐慌，就會預期一些還沒發生的結果。恐懼讓我們變成科幻小說作家，從假設的前提、想法、恐懼開始設想「萬一……怎麼辦」；接著直轉急下，編造未來可能發生的悲慘場景。當我們預期未來的結果時，恐懼就會使我們退縮不前，把自己囚禁在想像之中。羅馬斯多噶派哲學家塞內卡（Seneca）表示：「我們的恐懼遠多於實際的危險，我們在想像中受的苦，也多於現實生活裡的苦。」

只要能在恐懼發生的當下抽離出來，就得以開始管理急性壓力。道家有一則古老寓言，講一個農夫失去馬的故事。「你眞倒楣！」他的兄弟告訴他。農夫聳聳肩。「福禍難料啊。」他說。過了一個星期，這匹任性的馬帶了一匹漂亮的母馬回來。「太令人驚奇了！」他的兄弟羨慕不已。農夫依然不爲所動。「福禍難料啊。」他說。幾天以後，農夫的兒子想馴服那匹母馬，但母馬騰空躍起，兒子因此摔斷了腿。「眞倒楣！」農夫的兄弟幸災樂禍地面露一絲喜色。「福禍難料啊。」農夫還是同樣的一句話。第二天，村子裡的壯丁都被徵兵，但他斷腿的兒子卻因此免役。農夫的兄弟驚嘆這是前所未有的大好消息。「福禍難料啊。」農夫又重複那句老話。這個故事裡的農夫沒有迷失在「萬一」裡，反而專注在「如實」上。正如我在僧人訓練期聽到的教誨：「福禍相依，別太早蓋棺論定。」

我把同樣的建議送給了那個失業的朋友。他不必急於蓋棺論定，反而要接受目前的處境和結果，讓自己專注在能夠掌控的事物上。我跟他一起探討，先從放慢腳步開始，再承認目前的處境——失業的事實。他從這個過程裡找到一個選擇：恐慌或僵住無法動彈，或者利用這個機會，把恐懼當做一個工具，讓它指出眞正重要的事，從中發掘新機會。

我問他最害怕的是什麼，他說害怕自己無法照顧家人。我勸他再說得明確一點，他說擔心錢的問題。因此，我向他提出挑戰，要他想想支持自己的家的其他辦法。畢竟，他的妻子有工作，家裡還有一些收入，不至於流落街頭。「時間，」他說，「我現在有時間陪孩子了。我可以送他們上、下學，陪他們做家庭作業。他們上學以後，我還有時間找新工作，找一份更好的工作。」由於他放慢速度，接受了恐懼，也釐清了目前的處境，所以能拆解恐慌的引信，看到恐懼實際上讓他覺察隱藏在其中的機會。時間是另一種財富，他明白自己從失業中學到了非常寶貴的一課。他利用新發現的時間，不僅可以多參與孩子的生活，而且也終於找到了一份更好的新工作。拒絕讓情境用負面的方式耗損他的能量，反而督促他用正面的方式好好運用逆境的力量。

雖然如此，一旦未知的前途在你的身體和大腦裡旋風式地肆虐時，想不論斷一時成敗、敞開心胸迎接新機會，確實很難做到。有時候，恐慌或僵住的反應會衝到前面，讓人很難不論斷。接著，讓我們來談一些有助於補救恐慌和恐懼的策略吧。

切斷無止境的恐懼迴路

幸運的是，我們隨時都能運用一種簡單、強有力的工具，切斷恐慌反應的迴路，那就是呼吸。演講前，我在台下聽主持人介紹我出場時，總會感到心跳加快、手心冒汗。我指導過一些舞台表演工作者和必須常在會議上做簡報的人，我發現他們也跟我們一樣，最容易在身體上感受到恐懼。無論是表演焦慮，還是社交恐懼，例如求職面試前、參加聚會前，恐懼都會在身體上表現出來。這些身體的提示，就是恐懼即將接管我們的第一個訊號。恐慌和僵住是身心斷了連結的徵兆，結果要不是處於高度戒備狀態的身體超越了心理感受，就是心智疾速運轉，導致身體機能關閉。身爲僧人，我學會一種簡單的呼吸練習，幫助我重新校準身心，保持同步，防止恐懼的阻擋。每當我要對一群聽眾演講、參加充滿壓力的會議，或走進坐滿陌生人的房間以前，我還是會做以下練習。

試試看　停止恐慌！用呼吸調節身心同步

以下是用呼吸讓自己平靜和放鬆的靜心練習（參閱第一部最後的「靜心練習」）：

1. 慢慢吸氣，數到四。
2. 憋氣，數到四。

3. 呼氣，至少數到四。

4. 重複練習，直到心跳緩慢為止。

真的就是這麼容易。你會發現，深呼吸會啟動神經系統裡的迷走神經，從而刺激全身的放鬆反應。呼吸控制練習這個簡單的動作，就像按電源的開關一樣，會把神經系統從交感狀態（戰鬥—逃跑—僵住），轉變為副交感狀態（休息—消化），使身心恢復同步。

看清全貌

呼吸練習在事發當下的確很管用，但仍有些恐懼無法光靠呼吸調節。當我們經歷一段不穩定的時期，就會擔心還沒有發生的事；當我們知道要參加考試或面試時，就會擔心還沒有發生的結果。我們無法在事發當時看到完整的畫面，當壓力過去以後，我們也不會回顧，從經驗中學習。生活不是由一些不相關的事件組成，而是一個貫穿過去和未來的敘事。人類天生就是說故事高手，卻利用這種天賦來損害自己，盡講述一些未來可能發生的恐怖情節。最好的方式，就是把生命視爲單一的、長期的、持續的故事，而不是一堆不連貫的片斷。找到工作時，花點時間回想引領至這個成功結果的所有失業以及／或失敗的面試，你可以把它們當做成功路上不可或缺的挑戰。當我們學會不切割生命的經驗和時期，反而視爲一個大故事裡的場景和中場表演時，就會獲得能幫助我們處理恐懼的視角。

試試看 **擴大視角看待挑戰**

試想一件發生在你身上的大事，或許是孩子的誕生，或者是得到你想要的新工作。讓自己暫時感覺那種喜悅。現在倒轉回那件大事發生以前的事件。在孩子出生前或獲得那份工作以前，你的生活發生了些什麼？或許是為了應徵工作，經過幾個月的構思或被拒。現在，試著從整體來看這個敘事，把它當做一個由壞到好的演進過程。敞開心，接受一個想法：挑戰期發生的那些事，或許是為了現在的喜事掃除障礙，或者是為了讓你對後來的經驗更加喜悅。現在就花點時間對這些過往的挑戰表達感激，並融入你生命的故事裡。

毋庸置疑地，我們都會在事發之後盡其所能地大肆慶祝。在實際面臨挑戰時，我們很難對自己說：「我可能因禍得福！」但當我們練習回顧，並對逆境感恩的次數越多，就越會更改原本的程式設計。苦難與感恩之間的差距會越來越小，艱困時刻的恐懼感就會開始減弱。

重溫長期的恐懼

事發當下的恐慌和僵住無法動彈可以透過呼吸練習和重塑情境予以處理，但這只適用於短期的恐懼反應。若想控制「逃跑」和「掩蓋」這兩種我們用來避開恐懼的長期策略，找出對治之道，可就困難多了。我很喜歡用房子失火的比喻來了解這兩種策略的運作方式。假設你在半夜被煙霧探測器的嗶嗶聲吵醒，你會立刻感到害怕，這是人之常情。緊急訊號正在扮演應有的功能——引起你的注意。你現在聞到煙味，你會叫喚家人和寵物一起離開屋子，對嗎？這正是恐懼發揮的最佳作用。

但萬一你聽到煙霧警報響起後，沒有快速評估情勢，採取合理的下一步措施，反而急著關閉煙霧探測器，拆掉電池，又回床上蒙頭大睡，怎麼辦？不難想像，你的問題只會越變越大。但這就是我們慣常處理恐懼的方式：不評估和回應當下情境，反而否認或拋下問題。親密關係是我們最常運用逃避這個「解決方案」的空間。假設你跟女友發生一次嚴重衝突，你不坐下來跟她就事論事，好好討論（滅火），或是說明你們不適合繼續交往的原因（安全、冷靜地帶家人逃生），反而假裝一切沒事（毀滅性大火仍在燃燒）。

否認恐懼的存在，問題就會如影隨形跟著我們，還可能越演越烈，並在某一個時間點逼我們就範。當所有方法都失敗時，痛苦就會引起我們的關注。如果不及時從問題的警訊中學習，就會從自己最不想要的結果裡得到教訓；但如果我們願意面對恐懼——留下來處理火災、跟女友進行一次艱難的對話——我們就會變得更強壯有力。

《薄伽梵歌》的第一個功課，就是教我們如何處理恐懼。在戰鬥即將展開的那一刻，當阿周那被恐懼淹沒的時候，他沒有逃避，也沒有掩蓋，而是面對。故事裡的阿周那驍勇善戰，但在這一刻，恐懼第一次讓他反思。人們常說，當對守舊不變的恐懼大於對改變的恐懼時，我們就會改變。他要求克里希納賜給他洞見和了解情境的能力，這個請求讓他從被恐懼掌控，轉移到了解恐懼。「逃避只會讓你恐懼的對象滯留的時間更長。」小說《鬥陣俱樂部》（*Fight Club*）作者恰克．帕拉尼克（Chuck Palahniuk）在《隱形怪物》（*Invisible Monsters Remix*）一書裡寫道：「找出你最害怕的事物，安住在那裡。」

那一天，在道場的地下室裡，我敞開自己，去接納內心深處與父母有關的恐懼。我很少會經歷驚慌或僵住的反應，但這並不意味著我沒有恐懼，我只是把恐懼壓了下去。正如老師說的：「當恐懼被掩蓋後，就會變成執著，讓一切變得緊繃，因爲我們心裡會一直背負這從未釋放過的重擔。」無論壓抑或是逃避，恐懼和問題都會如影隨形，並且不斷累積。我們一向認爲不考慮環境汙染，把垃圾倒入掩埋場是一件無足輕重的小事。只要看不到或聞不到，我們就認爲垃圾會以某種方式處理掉。然而，在法規列管以前，垃圾掩埋場一直在汙染我們的飲用水；時至今日，垃圾掩埋場仍是美國最大的人造甲烷製造來源之一。同樣地，掩埋恐懼也讓我們內在的風景付出看不見的代價。

試試看

潛入你的恐懼

就像僧人在道場練習的一樣，你也可以潛入自己的恐懼裡。起初，一些表面的恐懼會冒出來。堅持練習下去，問自己：「我真正害怕的是什麼？」更大、更深的恐懼就會揭露出來。這些答案通常不會一次全部出現，在一般情況下，你需要花一些時間才能穿越夾層，深入恐懼根源。敞開自己，接納那個自我揭露的答案。也許不會是在靜心過程或其他專注力課程中揭露出來，但或許有一天，當你正在雜貨店裡挑酪梨時，突然之間，答案就冒出來了。這就是探索恐懼的運作方式。

從承認恐懼、觀察自己處理恐懼的模式，到對治和修改舊有模式這個過程，能幫助我們重新編寫程式，把原本負面的恐懼轉爲中性的警訊，甚至變成新機會的指標。

把恐懼重新分類以後，就可以從濃煙和各種故事裡找到事實，並在這麼做的同時，發現那些能提供我們資訊、賦予我們力量的深刻且有意義的眞相。一旦辨識出與執著有關的恐懼，我們就可以活在更大的自由感中，享受人生，而不再繼續滋養那份執著。當我們把恐懼背後的能量導向服務時，就會降低對匱乏的恐懼，感到更快樂、更充實，進而與周圍世界建立更密切的聯繫。

恐懼會激勵我們，有時能順利朝著想要的方向前進；但有時候，如果我們不謹慎，它就會用我們以爲會保障我們安全的方式，反過來限制住我們。

接下來，我們要檢視四個主要的自我激勵因素（恐懼是其中之一），以及如何刻意練習並加以運用，爲自己創造充實的生活。

第四章　意圖

蒙蔽你的黃金

當心、腦和決心協同一致時，就沒有不可能成就的事了。

——《梨俱吠陀》

我們腦子裡有一幅憧憬的理想生活畫面，關於人際關係、如何支配工作和休閒時間，以及想達成的目標。即使沒有外在雜音影響，某些目標也會使我們沉迷其中。我們會以實現這些目標爲中心，設計自己的生活，認爲達成這些目標會帶來快樂。但現在我們要來釐清：驅動這些目標的究竟是什麼？能否帶來眞正的快樂？快樂又是不是一個正確的目標？

我剛上完課，這門課討論輪迴這個重生的觀念。我正和一位資深僧人及幾個學員一起在道場裡漫步。道場包括兩處，分別是孟買的一座寺院和我目前所在的帕爾加爾

（Palghar）附近的鄉村地區。這裡有座高瓦丹生態村，經過規畫之後，將成爲一處優美的避靜地，但目前僅是一片荒地，上頭矗立著幾棟簡單、粗陋的建築物。幾條乾燥的泥巴路把偌大的草地切割成塊，到處都是坐在草墊上研讀的僧人。主建物是一個開放空間，從外面就能看到在裡面工作的僧人。

資深僧侶一路上談起幾個僧人的成就。他指著一個能連續靜心八個小時的僧人；幾分鐘後，他又指向另一人，說：「他能連續禁食七天。」往前走了幾步以後，他指著前方說：「有看到那個坐在樹下的僧侶嗎？他能背誦一整部經典。」

我感動地說：「眞希望我也能跟他一樣。」

資深僧侶停下來，轉過身，看著我。他問：「你希望自己能做到，還是希望自己學會做到？」

「這是什麼意思？」我現在知道我最喜歡的一些課，都是在這種時刻學到，而不是在教室裡。

他說：「想想你的動機。你想背誦整本經書，是因爲這是一項了不起的成就，還是想要獲得學習的經驗？第一種動機是想要那個結果，第二種動機是對學習的過程感到好奇。」

對我來說，這是一個讓我茅塞頓開的新概念。我始終認爲期望結果是一件合情合理的事，這位僧侶叫我要去質疑自己爲什麼想去做達到那個結果所需的條件。

四種動機

無論生活多雜亂無章，我們總有一些人生計畫，對於未來必須成就些什麼，像是改變現狀、希望達成的目標或實現的未來夢想，多少都有點想法與感受。背後一定有些原因在推動這些想法，從付房租到環遊世界都有可能。印度教哲學家巴克提維諾達·塔庫爾（Bhaktivinoda Thakur）描述過四種基本動機：

1. **恐懼**——由疾病、貧窮，以及對地獄或死亡的恐懼所驅使的動機。
2. **欲望**——由透過成功、財富和享樂來尋求個人滿足感所驅使的動機。
3. **責任**——由感恩、責任和想做得正確的欲望所驅使的動機。
4. **愛**——由對別人的關懷和想幫助他們的強烈欲望所驅使的動機。

這四種動機驅動我們的所作所爲。例如，我們有時做出某個選擇，是出於害怕失去工作、想贏得朋友的讚賞、希望實現父母的期望，或希望幫助別人過更好的生活。

接下來會個別討論每一種動機，好讓我們了解這如何形塑我們的選擇。

恐懼沒有永續力

前一章已談過恐懼，就不在此贅述。恐懼會激發你選擇想實現的目標，無論是晉升、建立關係或是買屋，因爲你相信這樣就能消除恐懼，帶給你安全感。

恐懼會讓人心生警覺，燃起行動。這種警訊自有用處，正如前面討論過的，恐懼可以指出問題所在，有時也會激勵我們，像是被解僱的恐懼也許會讓你奮發振作。

但恐懼的問題在於無法永續。長期在恐懼裡運作的人不能盡情發揮潛力，總是在擔心自己會得到錯誤的結果，因而變得瘋狂或癱瘓自己，無法客觀評估處境或勇敢冒險。

成功的幻相

第二個動機是欲望。欲望會驅動我們追求個人滿足感。我們在通往冒險、享樂和舒適的道路上，經常以物質形式爲目標。我要一棟一百萬美元的房子。我要財務自由。我要辦一場讓人驚豔的婚禮。當我要求別人寫下自己的目標時，他們的答案通常是大多數人認爲能代表成功的東西。

我們認爲成功等於幸福，但這是一種幻相。幻相的梵文「maya」意味著相信不存在的事物。當我們用成就和獲取來設定行動的路線時，就是活在幻相裡，讓幸福來自外在的成功標準。太常有人發現自己獲得的東西與追求的成功，都不會帶來幸福。

金．凱瑞（Jim Carrey）說過：「我認爲每個人都應該享有名利，達成夢寐以求的一切，好讓他們看清這不是答案。」

成功的幻相不僅與收入和財物的獲得有關，還與成就有關，例如當醫生、升主管或……背誦經典。我的欲望就是前面故事講的「背誦整部經典」這類僧人版本的欲念。就像這些「欲求」一樣，我的雄心也是以外在的結果爲目標，想效法那位飽學的僧侶，像他一樣讓人讚嘆佩服。

華盛頓特區內觀靜心社區創辦人、美國靈性領域的佼佼者塔拉．布萊克（Tara Brach）寫道：「只要我們繼續把幸福建立在變幻無常的外物上，就會永遠活在等待之中。」

有一次，我以僧人身分參訪南印度三大聖城之一斯里蘭加姆（Srirangam）的一座寺廟，看到一名工人在搭高的鷹架上，用金粉塗飾寺廟的天花板。我從未見過類似的東西，於是駐足觀看。正當我仰頭凝視時，一片金粉飄進我的眼睛裡。我匆匆走出寺廟沖洗，然後又回來觀看，但這一次我保持距離，以策安全。這段插曲很像經典裡的教誨：金粉雖美，但距離太近就會蒙蔽你的視線。

寺廟用的黃金不是固體，而是混合調製成的金液。而且，眾所皆知的是，它的作用是掩飾，讓石頭看起來像純金。這就是**幻相**。同樣地，名利也只是一層飾面罷了。因爲我們追求的從來不是事物本身，而是我們認爲那些事物帶來的感覺。我們都知道富人以及／或名人似乎「擁有一切」，但他們常不是人際關係出問題，就是罹患憂鬱症。顯然，成功並沒有帶給他們幸福。同樣的情形也適用於我們之中渴求卻尚未名利雙收的人。我們很容易對正在用的手機感到厭倦，想換剛出廠的新款智慧型手機；剛領到一筆獎金的興奮感，會在我們發現生活並沒有眞正改善時，以讓人措手不及的速度消失；我們以爲新手機或更大的房子會讓我們感覺更好、更酷或更滿意，卻發現自己想要換一棟更新、更大的房子。

物質的滿足是外在的，而幸福卻來自於我們的內在。僧人常引用十五世紀印度神秘主義者和詩人卡比爾（Kabir）一首描寫麝香鹿的詩，來講述幸福。一隻麝香鹿在森林裡嗅到一股無法抗拒的香味，牠開始追逐，想尋找香氣的來源，卻渾然不知其實是從自己身上毛孔裡散發出來的。牠的一生就這樣耗費在徒勞無功的追逐中。我們也以同樣方式尋求捉摸不定的幸福，到頭來卻發現幸福就在自己心中，不假外求。

幸福和滿足感只能來自對心靈的掌控和與靈魂的連結，不是來自外在的客體或成就。

成功不是幸福的保證，幸福也不需要成功。我們能同時擁有成功和幸福，兩者可以並存，相互滋養，但不該混爲一談。美國普林斯頓大學的研究人員分析蓋洛普幸福感問卷調查後，做出結論：金錢在滿足了人的基本需求和一些成就感以後，買不到幸福。雖然擁有更多金錢有助於提高整體生活的滿意度，但這種影響力在年收入七萬五千美元左右就終止了。換句話說，談到金錢對生活品質的影響時，美國一個中產階級公民與亞馬遜公司執行長貝佐斯（Jeff Bezos）的感受是差不多的。

成功包含賺錢、工作上獲得尊重、順利執行計畫和獲得讚賞；幸福包括感覺自己很好、擁有親密關係、讓世界變得更美好。當今流行文化對追逐成功的歌頌，甚於以往任何時代。給青少年看的電視節目，比過去更聚焦在形象、金錢和名望。流行歌曲和書籍用語在在宣揚個人成就，卻忽略了社區的連結、團體的凝聚和對自我的接納。不足爲奇的是，一九七〇年代以來，美國成人的幸福感持續下降，而問題不只是收入而已。永續發展中心主任兼《世界幸福報告書》編輯傑弗瑞．薩克斯（Jeffrey Sachs），接受《華盛頓郵報》採訪時指出：「雖然世界各地人們的平均收入會影響他們的幸福感，但單憑收入並無法提供完整的解釋，因爲還有其他個人或社會因素，都是決定幸福感的重要因子。」薩克斯說，雖然自二〇〇五年以來，美國人整體收入有所增長，但幸福感卻不升反降，部分原因是社會因素，例如對政府和美國同胞的信任度下降，以及社會網絡連結度變薄弱。

愛與責任

如果恐懼限制了我們，而成功又無法讓我們滿意，那麼，你或許已經猜到愛與責任在其中占有的分量了。

我們都有不同的目標，但每個人都想要相同的東西：充滿喜悅和有意義的生活。僧人不追求喜悅這個部分——我們也不追尋幸福或享樂；反之，我們專注在有意義的生命所帶來的滿足感。幸福難以捉摸，維持高度的喜悅也很困難，但如果能感受到意義，顯示我們的行動是有目標的。這些行動會導向一個有價值的結果。我們相信自己會留下正面的印記，而因爲我們的所作所爲有舉足輕重的意義，所以我們本身也有舉足輕重的意義。壞事會發生，無聊的瑣事必須處理，生活不只是陽光和獨角獸，但我們永遠有可能找到其中的意義。

如果你失去了心愛的人，有人告訴你要尋找正面事物、要快樂、要聚焦於生命中的美好事物，你或許會想揍他一拳。但我們可以藉由在失落中找尋意義，讓自己度過最慘痛的悲劇。我們可以透過對社區的付出來紀念已逝的愛人，或探索新方式，把對生命的感恩傳遞給那些支持過我們的人。在自己的行動裡看到的價值，終究會帶來新的意義感。婆羅門教四大經典之一《阿闥婆吠陀》說：「金錢和豪宅不是唯一財富，要多累積精神的財富：

品格是財富，善行是財富，靈性的智慧是財富。」

會帶來眞正滿足的，是目標和意義，不是成功。當我們了解這一點以後，就會看到被責任以及／或愛驅動的價值。出於責任和愛的行動，會讓你知道自己正在提供價值。

從滿足自私的需求提升到爲了服務和愛而行動的程度越大，我們獲得的成就會越多。凱莉．麥高尼格（Kelly McGonigal）在她的《輕鬆駕馭壓力》（*Upside of Stress*）一書中說，只要把不適感連結到一個目標、目的或關心的人，就能讓我們更妥善地處理這種感覺。例如，父母在爲孩子籌辦生日派對時，會更願意忍受熬夜的不快，母愛的滿足感能彌補她失眠的痛苦；但當同一名女性因爲一份討厭的工作加班到很晚呢？她會很痛苦。當我們爲自己所愛的人或信奉的目標服務時，就足以承擔更多責任，而不會誤以爲應該透過成功來找到幸福。若你在做事時抱持信念，相信自己的所作所爲有舉足輕重的影響力，會活得更有力量。缺乏這種讓自己前進的理由，你就不會有動力。

有意圖的生活——清楚自己所做的事爲何有舉足輕重的影響力——會讓生活富有意義並帶來滿足感。意圖是汽車的燃油動力。

攀登「為什麼」階梯

恐懼、欲望、責任和愛是所有意圖的根源。意圖的梵文是「sankalpa」。我認爲意圖是人爲目標而奮鬥的理由，換句話說，你會從根本的動機出發，發展推動自己前進的意圖。你的意圖就是你爲了帶著目的行動、爲了感覺所做的事有意義，而計畫要成爲的自己。所以，如果我被恐懼驅動，我的意圖可能就是保護自己的家人；如果我被欲望驅動，那麼我的意圖或許就是獲得普世認同；如果我被責任驅動，那麼我的意圖或許是不管多忙都要幫助朋友；如果我被愛驅動，我的意圖或許就是在最需要我的地方服務。

意圖和動機之間沒有一定的規則可循。你可以爲了給人留下良好印象（是渴望，不是愛），而服務他人；你可以因爲愛，而非恐懼來養家活口；你可以爲了服務，而想要致富。沒有人會只有一種動機和一種意圖，要學習如何有意圖地做出大小不同的選擇。與其永無休止地攀登成功的高山峻嶺，不如回到眞我的谷底，拔除錯誤信念的雜草。

我們必須挖掘欲求背後最深層的「爲什麼」，才能過有意圖的生活。這需要暫停、思考，不僅思考爲什麼想要某樣事物，還要思考我們是誰或必須成爲怎樣的人才能得到，以及成爲那個人是否對我們有吸引力。

大多數人習慣找答案，僧人卻專注於問題。當我試著接近恐懼時，我會一再問自己：

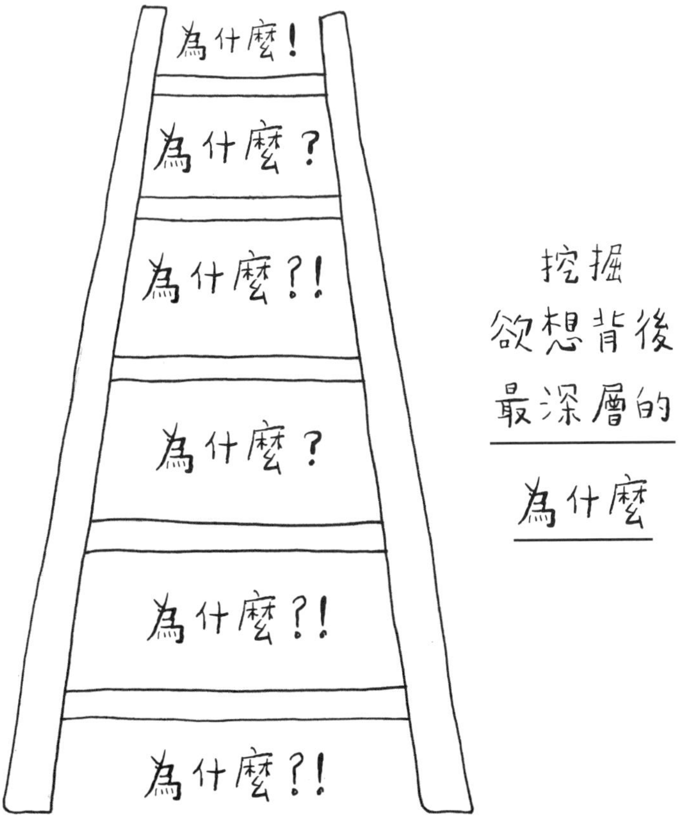
為什麼！
為什麼？
為什麼？！
為什麼？
為什麼？！
為什麼？！
挖掘
欲想背後
最深層的
為什麼

「我害怕的是什麼？」當我試著進入欲望的根源時，我會先問：「爲什麼？」這種趨近意圖的方法途徑，甚至可以應用在最世俗的目標上。「我想獨自航行，環遊世界」是我選的一個目標範例，因爲我們在道場從未深思過，也因爲這個目標背後的意圖並不明顯。

你爲什麼要航行世界？

感覺很有趣。我會見識很多地方，並證明自己是了不起的水手。

聽起來你的意圖是爲了滿足自己，而且受到欲望的驅動。

但如果你的回答是：

航行世界是我父親一生的夢想。我這麼做是爲了他。

在這種情況下，你的意圖是紀念父親，而且你是受到責任和愛的激勵。

我爲了自由而航行世界。我可以不對任何人負責。我可以把所有的責任拋諸腦後。

這個水手打算逃跑，他被恐懼驅動。

現在讓我們看一個更常見的想望：

我最大的欲求是賺錢，而傑（本書作者）卻要跟我談慈悲。那對我無濟於事。

爲了致富而致富原本無可厚非，這完全屬於物質滿足的分類，因此，你也不要過度期望它會帶給你內在的滿足感。然而，不可否認的是，物質上的舒適是我們想要的一部分，因此，讓我們探討這個目標的根源，而不要排拒。

財富是你想要的結果。爲什麼？

我可以不用爲錢擔心了。

你爲什麼會爲錢擔心？

沒錢實現夢寐以求的假期。

你爲什麼想要夢想假期？

我在社交媒體上看到別人都出國旅行。他們能，我爲什麼不能？

你爲什麼想要他們想要的東西？

他們週末享受的樂趣比我多。

啊哈！我們找到欲求的根源了。你的週末沒有滿足感。缺少了什麼？

我希望生活得更精采、更冒險、更令人振奮。

ＯＫ，你的意圖是讓生活更刺激。注意，這與「我想賺錢」有多大的不同。你的意圖仍然是由滿足個人的欲望所驅動，但現在你知道兩件事：第一，你可以立即爲自己的生活增加冒險經驗，而無須花費更多金錢；第二，你現在可以更清楚決定是否要爲這個欲求加倍努力工作。

如果有人跟我師父說：「我只想有錢。」師父會問：「你是爲了服務的目的嗎？」他這麼問的原因，不是想知道你夠不夠慈悲，主要是試圖找到你欲望的根源。

如果那人說：「不，我想住在一棟漂亮的房子裡、想去旅行、買我想要的東西。」他的意圖是擁有讓自己享樂縱欲的財務自由。

我的老師會說：「OK，對自己誠實是一件好事。去吧，去賺錢吧，反正你還是會回到服務的。也許需要五到十年的時間，但你會得到相同的答案。」僧侶相信人不會因爲得到財富就滿足，而且，如果他繼續尋找意義，最終還是會在服務裡找到答案。

誠實面對你的意圖。最壞的情況是假裝服務他人，其實心裡只想獲得物質上的成功。

循著「爲什麼」的線索，繼續挖掘，每一個答案都會引發一些更深層的問題。讓問題在腦海裡醞釀一天或一星期，往往會有所幫助。

很多時候，你會發現自己最終要找的是一種內在的感覺（幸福、安全、信心等）；或者，也許你會發現自己的行爲是出於嫉妒，這雖然不算最正面的情緒，卻是對你試圖滿足的需求發出的善意警告。用好奇心看待你的發現。你爲什麼會羨慕？有什麼事是你可以馬上著手進行的（例如：週末小冒險）？一旦你開始這麼做，就能更善加運用那股欲求——如果到時還是覺得外在欲求對你很重要的話。

試試看 靜心參問

找出一種欲望，問自己為什麼想得到它。繼續問，直到你找到根本的意圖為止。

常見的答案是：

好看的外貌並感覺良好
安全感
服務
成長

不要否定「不好」的意圖，只管用心覺察。要認知到，如果意圖不是出於愛、成長或求知求真，你也許有機會滿足一些實際的重要需求，但不會得到情感上的意義。當人處於進步、學習或成就某事的狀態，才會最有滿足感。

種子與雜草

僧人會用種子和雜草的類比，來釐清自己的意圖。種下一粒種子，就會長成一棵大樹，供給果實與庇蔭。這是宏大的意圖，例如愛、慈悲或服務可以做到的事。意圖的純淨與否與你的職涯選擇無關。交通警察可以為了彰顯威權而開一張超速罰單，也可以像告誡孩子不要玩火的父母一樣，以同樣的慈愛告誡駕駛人不要超速。銀行出納員也可以用溫暖的態度完成交易服務。但如果我們懷著報復或自私的意圖，等同種植了雜草。雜草通常會在我執、貪婪、嫉妒、憤怒、驕傲、競爭或壓力的土壤裡滋長，這些雜草乍看也許很像一般植物，但永遠結不出甜美果實。

如果你去健身房練身體，是為了報復分手的前女友，想讓她後悔，那你就是在種雜草。你沒有正確地對治內在欲求（很可能是想得到了解和愛，而這顯然需要透過其他途徑達成）。你會練出強壯的體魄，收割健身獲得的健康，但你把成功的賭注押在外在因素上（報復前女友），要是你之後發現，你的前任根本沒注意到或不在乎，你還是會感到沮喪和孤獨。然而，如果你在分手後是為了透過鍛鍊找回健康身體而上健身房，或者你在健身過程中把意圖轉向好的一面，你就會獲得健美的身形和情感上的滿足。

雜草的另一個例子，就是把良好的意圖附加在錯誤的目標上。假如我的意圖是建立信心，我會認定升職是建立信心的最佳方法。我開始努力工作，讓老闆對我刮目相看。結果好不容易升上去了，卻發現上面還有一級，那麼我就算是升職了，還是不會有安全感。外在的目標無法填補內在的空虛；外在的標籤或成就都無法給我眞正的信心，我必須往內尋找。我們會在第二部探討如何從內在做出改變。

成為自己生命的園丁

僧人知道我們不能在闢建一座美麗的花園後，任其自生自滅。我們必須成爲自己生命的園丁，播下善意的種子，看著它們成長，拔除滋生的雜草。

一九七三年，在一項名爲「從耶路撒冷到耶利哥」的實驗中，研究員請神學院的學生準備發表一段簡短的演講，主題是「當牧師的意義是什麼」。研究員把「好撒瑪利亞人」這則寓言提供給一些學生，幫助他們做準備。耶穌在這個比喻中說了一個旅人的故事：旅人爲了幫助一個求助無門的受苦之人，中斷了自己的旅程。接著，研究員找藉口把學生換到另一個房間，並在他們前往新房間的路上，安排了一個演員趴在門口地板上，假裝需要人幫助。研究結果顯示，有沒有讀過「好撒瑪利亞人」的故事，對學生是否會停下來幫助那個演員並沒有產生任何影響。研究人員發現，趕時間的學生幫助那名演員的可能性小很多。「學生為了趕著發表演講，實際上是踩著受害者過去的！」

受測的學生太專注眼前的任務，竟然忘了自己更深層的意圖。他們應該是帶著悲憫和助人的意圖到神學院修習，但在那一刻，焦慮或想表現出色的欲望卻干擾了他們的本意。正如本篤會修士勞倫斯・弗里曼（Laurence Freeman）在他的《愛的面面觀》（*Aspects of Love*）一書中說的：「從洗衣服到吃早餐、開會、開車上班……看電視或看書，你每一天做的每一件事，都是靈性的生活。問題在於你帶著多少程度的覺知在做這些日常事物。」

活出你的意圖

當然，只有意圖是不夠的。我們必須用行動幫助這些種子成長。我並不相信一廂情願就可以「顯化」事物這回事——認為只要相信，事情就會發生。我們不能光是懷著真正的意圖，期待想要的東西會掉到手裡；也不能指望有人會主動找上門，發現我們有多麼了不起，把我們安排在應有的位子上。沒有人會為我們創造生活。馬丁・路德・金恩說：「熱愛和平的人必須學會好戰分子的組織能力。」

我不斷聽到那些來找我指導的人說：「我希望……。我希望……。我希望……。」我希望我的伴侶多體貼一點。我希望我能繼續做現在的工作，但收入要再高一點。我希望我們的關係再認眞一點。而永遠不會說：「我希望我做事更有條理、更專心，並為了實現這個目標而努力。」我們不會說出為了獲得想要的東西，需要付出什麼代價和條件。**「我希望」是一個代碼，隱含的意思是「我不想改變現在的做法」**。

一則與畢卡索有關的軼事，完美說明了人們無法認知成就背後付出的能力和堅毅。據說，有一個女人在市場裡遇到畢卡索，走過去對他說：「你介意為我畫點東西嗎？」

「當然可以。」他說。三十秒鐘後，畢卡索交給她一張相當漂亮的小素描。「這張畫三萬元。」他說。

「但畢卡索先生，」女人說，「你怎麼跟我收這麼高的價錢？你只花了三十秒鐘就畫好了啊！」

「夫人，」畢卡索說，「是三十年。」

任何藝術品都一樣——事實上，任何優異的工作表現都是如此。作品或工作背後的努力是看不見的。道場裡善於背誦經典的僧侶，花了很多年的時間達成如此境界，我需要在以背誦經典為目標以前，先考慮投資背後的付出、所需的生命時間。

有人問我們是誰的時候，我們往往會回自己在做什麼：「我是會計師。」「我是律師。」「我是家庭主婦／家庭主夫。」「我是運動員。」「我是老師。」有時候，這個答案很適合跟剛認識的人攀談，但如果我們根據自己的意圖，而不是成就來定義自己，生命就會更有意義。如果你眞的用工作來定義自己，那麼萬一你失業的時候，怎麼辦？如果你把自己定義爲運動員，那麼萬一發生了任何傷害，都有可能讓運動生涯畫下句點，你就會不知道自己是誰了。失業不應該讓你失去自己眞實的身分，但這種情形經常發生；反之，如果我們過有意圖的生活，就會持續感受到一種與成就無關、而是與自己眞實身分有關的目的感和意義感。

如果你有助人的意圖，那麼你就必須藉由仁慈、慷慨和創新精神，藉由認知別人的優點、支援他們的弱點、傾聽、幫助他們成長、了解他們的需求，並注意這個需求的改變，來體現這個意圖。如果你的意圖是支持自己的家，那你或許必須慷慨、陪伴、勤奮和有條理。如果你的意圖是活出自己熱愛之事，也許你必須投入、充滿活力和誠實。（注意：第一章已經談過外在的雜音，好讓我們更清楚看到自己的價值觀。當你辨識出自己的意圖以後，就會揭示你的價值觀。幫助他人和服務的「意圖」意味著你「重視」服務，支持自己的家的意圖意味著你「重視」家庭。這裡談的不是火箭科學，但人們經常交互使用這些術語，因此，了解它們之間的關聯和重疊性對你會有幫助。）

活出你的意圖意味著讓該意圖滲透到你的行爲裡。例如，如果你的目標是改善親密關係，或許會開始計畫約會，送禮物給伴侶，理個髮讓自己的外表看起來更亮眼。你的錢包會變瘦，頭髮會更好看，而親密關係也許會、也許不會獲得改善。但如果你從內在做出改變，活出你的意圖，看看到時會發生什麼結果。爲了改善關係，你試著讓自己變得更平靜、更體諒、更有好奇心（你仍然可以去健身房和理髮）。如果你的改變是內在的，你就會對自己感覺更好，也會成爲一個更好的人；就算你的關係沒有改善，你仍然會得到改變的好處。

對欲求下工夫

一旦知道了欲求背後的原因，接著就要考慮欲求背後的努力了。你需要做些什麼才能獲得漂亮的房子和車子？你對下工夫有興趣嗎？你願意下工夫嗎？就算沒有很快成功，或永遠不會成功，工夫本身會帶給你滿足感嗎？那位資深僧侶問我爲什麼想背誦整部經典，是想提醒我不要沉迷於其他僧人的高超能力，爲了虛榮而苦苦追求。他眞的想知道的是我對下工夫有沒有興趣，像是我想過的生活方式、想成爲的那種人、我在學習經文的過程中發現的意義。重點是過程，不是結果。

沙漠神父（Desert Fathers）是指中東沙漠偏遠寺院裡那些最早期的基督修士。這些修士說：「我們之所以沒有取得進展，是因爲不知道自己能做多少。我們對已經展開的工作失去了興趣，卻又希望在不做任何努力的情況下變好。」如果你不是非常在乎，就無法全力投入，因爲你不是出於正確的理由才去做。你可以達到目標，獲得你想要的一切，成爲任何人定義下的成功者，但到頭來，卻仍然發現自己有迷失和斷了連結的感受。但如果你愛上了日常的流程，就會用深度、眞誠和一股想發揮眞正影響力的欲求來行事。無論你選擇哪一種方式，都可能獲得同樣的成功，但如果你是由意圖驅動，除了成功之外，你更會擁有一份喜悅之情。

試試看　把「待成為清單」加到「待辦清單」

試著在「待辦清單」旁邊多列一張「待成為清單」。好消息是，你要做的事不會變多，因為新增的都不是可以勾選或完成的具體項目。

這項練習只是為了提醒你，有意圖地實現目標，意味著活出驅動這些目標的價值觀。

範例一

假設我的目標是財務自由，以下是我的待辦事項清單：

- 研究有哪些需要我具備的職業技能、又有高報酬的工作機會。
- 修改簡歷，安排交流消息的會面，以確認工作職缺。
- 應徵所有符合我薪資要求的職位。

但我有待成為什麼樣的人？

- 有紀律。
- 專注。
- 熱情。

範例二

假設我想建立一份滿意的關係，以下是我的待辦事項清單：

- 計畫約會。
- 為伴侶做些貼心的事。
- 改善外表。

但我有待成為什麼樣的人？

- 更平靜。
- 更體諒。
- 對伴侶的生活和感覺多一點好奇心。

如果你對每個步驟都有一份明白和信心，你就會更有韌性。失敗並不代表你一文不值，而是意味著你必須尋找另一條實現有價值目標的途徑。滿足感來自相信你做的事是有價值的。

尋找角色模範

研究那些能實現意圖的工作，最好的方法就是尋找角色模範。如果你想致富，研究（但不要糾纏！）你仰慕的富人，他們的現狀、作爲，閱讀他們的奮鬥史。尤其要把重點擺在他們在你目前的人生階段時，曾經做過些什麼，才能讓他們擁有現在的成就。

你可以藉由參觀企業家辦公室，或參訪外籍人士的酪梨農場，確定這是你想要的，但這並不能告訴你達到那個成就的步驟。當演員並不是在螢幕和雜誌上亮亮相而已，你要具有把同一個場景表演六十遍的耐心和創造力，才能符合導演要求的水準。想當僧侶不光是因爲仰慕一個打坐的人，你要和僧侶同一個時間起床，過同樣的生活方式，效法他們展現出來的氣質。用一星期的時間追蹤一個工作中的人，你就能大致了解他所面對的挑戰，以及這些是不是你想接受的挑戰了。

在觀察他們的工作情況時，值得記住的是，實現同一個目標有很多種途徑。例如，兩個人可能都有幫助地球的意圖，其中一個想要透過法律，可以與非營利組織地球正義（Earthjustice）合作，另一個可以像時裝設計師史黛拉・麥卡尼（Stella McCartney）一樣，透過時尚推動純素皮革的環保行動。下一章會討論如何採取最適合自己的方法和途徑。以上範例是想向你說明，如果你用意圖來領導，就能看到達到那個目標的各種選項。

正如獨自航行世界的例子，兩種完全相同的行爲，背後可能有著截然不同的意圖。假設有兩個人都捐款給同一個慈善機構，一個人是因爲她深切地關懷慈善，這是廣泛的意圖；另一個人是因爲他想建立人脈，這是狹隘的意圖。兩位捐贈者的禮物都會得到讚揚。那個眞正希望改變世界的人會有快樂、驕傲和意義感，想建立人脈的人，則只關心是否會認識對自己的生涯和社會地位有幫助的人。他們不同的意圖對慈善機構沒有影響，兩個人的捐贈都對世界有好處，但他們內在的獎賞卻截然不同。

我應該說，沒有完全純粹的意圖。我的慈善行爲或許有百分之八十八的成分是助人，百分之八的成分是讓自己感覺良好，還有百分之四的成分是想與其他投入慈善事業的朋友同樂。動機不明或多面向的意圖本質上沒有錯，我們只要記住，即使這些意圖會成功，但越不純淨的意圖就越不可能帶給我們快樂。有的人獲得了想要的東西卻一點也不開心，這是因爲他們抱持了錯誤的意圖。

放下，才能成長

最廣泛的意圖經常會推動我們從事幫助和支持他人的工作。父母爲了餵飽孩子而加班，志工會獻身於理想志業，各種工作的從業人員在服務顧客的動機下工作。我們會從遇到的人身上感受到這些意圖，無論是眞正想爲你設計適合髮型的美髮師，還是願意花時間詢問你生活起居的醫生。慷慨的意圖會從人身上散發出來，這是一件很美好的事。有無數的經驗讓我們一而再地看清事實，那些爲了獲取外在結果的意圖並不會讓我們感到快樂。抱著正確的意圖服務，會讓我們的每一天都感受到意義和目的。

有意圖地生活意味著把自己從外在的目標上抽離，放下成功的外在定義，向內尋找意義。靜心呼吸練習，是支持這種意圖的自然方法。當你覺察那些不符合你是誰和想要什麼的觀念和想法以後，我建議你用呼吸練習提醒自己，按照自己的步調和時間生活。以下的呼吸練習可以幫助你了解自己的方式是獨一無二的，而且是應有的方式。

靜心練習

呼吸

呼吸練習的生理性質有助於驅逐腦中雜念。呼吸練習能讓你鎮定下來，但這不是一件容易的事。事實上，帶來的挑戰也是呼吸過程的一部分。

我坐在用乾牛糞鋪成的地板上，真是太酷了。這不只是不舒服，而是毫無舒適感可言。我的腳踝受傷了，腰桿無法打直。天哪，我討厭這種事，太困難了。二十分鐘過去了，我還沒能把腦袋的思緒清乾淨。我本該把覺知帶到呼吸上，但心裡卻想著倫敦那一幫朋友。我偷瞄了最靠近我的那個僧人，他的腰桿打得挺直，目光緊鎖在靜心上。「找回你的呼吸。」師兄說。我吸了一口氣。緩慢、優美、平靜。

噢，等一下。噢，OK了。我開始覺察到自己的氣息了。

吸氣……呼氣……

哦，我掌握到竅門了……

OK，很酷……

很有趣……

OK了。

這一招……

有效……

等等，背部有個地方會癢——吸氣、吐氣。

平靜。

我第一次去道場時住了兩個星期，每天早上都和高蘭加．達斯一起靜心兩小時。那麼長時間（通常更長）的打坐會感到不舒服、疲累，有時也很無聊。更糟糕的是，不想要的念頭和感覺會趁虛而入。我擔心自己坐姿不正確，會被僧侶批評。我執趁著我沮喪的時候開口說話了：我想成為最優秀的靜心者；我要做道場裡最聰明、最有影響力的學員。然而，這些都不是僧人該有的想法。靜心非但沒照我設想的劇本進行，反而把我變成了壞人！

坦白說，看到內在那些未經處理的負面情緒，讓我大感震驚。靜心只是讓我看到一大堆我不喜歡的東西：我執、憤怒、欲望、痛苦。這些是問題嗎……或者是靜心的重點？

我問老師，我是不是做錯了什麼。其中一位回答我，僧人每年都會認眞地清掃普里（Puri）的岡地查神廟（Gundicha Temple），檢查寺廟的每一個角落，並在清掃地板的同時觀想自己，也打掃心地。他說，等他們清潔完畢時，神廟又髒了。他解釋，靜心就是那種感覺。這是工作，一個永無止境的工作。

靜心並沒有讓我變成壞人，只是讓我不得不面對同樣一個毫無吸引力的現實。我內心裡的東西，都被靜心過程中的寂定與安靜放大。靜心點亮了我心靈的暗室。

靜心在引導你抵達目的地的同時，也會揭露一些你不想看到的東西。

許多人因為害怕困難和不愉快而逃避靜心練習。佛陀在《法句經》裡說：「如魚離水棲，投於陸地上，以此戰慄心，擺脫魔境界。」但靜心的重點在於檢視是什麼原因讓這件事變得具有挑戰性，過程不只是每天閉眼打坐十五分鐘那麼簡單。這剛好給自己練習反思和評估留白空間的能力。

如今，我已有過許多美好的靜心經驗。我笑過、哭過，我的心變得前所未有地鮮活。平靜、飄然、寧靜的至樂終於降臨。靜心的過程終於變得跟結果一樣充滿喜悅。

給身心的呼吸練習

或許你已經注意到了，呼吸會隨著情緒起變化。當我們集中注意力時會屏息，緊張或焦慮時呼吸會變短淺。但這些是本能反應，對我們沒多大助益。這意味著屏息不能幫助你專注，淺短的呼吸其實只會讓焦慮惡化。另一方面，控制呼吸是讓自己穩定下來的直接方法，你可以運用這唾手可得的工具，調節浮動不安的能量流。

幾千年來，瑜伽修行者都以調息法（prānāyāma）來達到刺激療癒力、提高身體能量和專注於當下的目的。《梨俱吠陀》將呼吸描述爲超越自我意識的路徑，說呼吸「是生命，猶如自己的親生兒子」，或是阿博特・喬治・柏克（Abbot George Burke，亦名爲尊者尼馬拉南達・吉里〔Swami Nirmalananda Giri〕）所描述的：「呼吸是我們最深處生命的延伸。」佛陀在《大念處經》裡把「安那般那念」（anāpānasati，在此略譯爲「正念呼吸」）描述爲一種開悟之道。現代科學研究都支持調息法的效用，其中包括改善心血管健康、降低總體壓力，甚至能改善學業成績。我在書裡介紹的靜心練習都普遍應用在世界各地的療癒、教學和其他靜心法之中。

當你與呼吸的節奏協調一致時，就能透過各種情緒（鎮定、專注和減輕壓力）來調整自己。

我建議你每天撥出時間，進行一到兩次呼吸練習。此外，由於呼吸是使自己平靜的有效方法，我自己使用，也會建議別人在感到氣喘或氣悶時使用。你不需要爲了練習特別找一個讓自己放鬆的空間（不過這顯然對新手有幫助，而且很適用），在任何地方都能練習，無論是聚會時上洗手間，或是搭飛機、做簡報或與陌生人見面前，都可以嘗試。

試試看 呼吸法

我每天都會以這種強有力的模式練習呼吸。你可以根據自己的需要，用這些模式加強專注力或保持內心平靜。

呼吸練習的準備作業

按照下列步驟，練習這種能帶來平靜和活力的呼吸法：

1. 調整成舒適的姿勢，坐在椅子、墊子上或躺下都可以。
2. 閉上眼睛。

3. 視線下垂（也可以閉眼睛做）。

4. 讓自己對這個姿勢感到舒服自在。

5. 提起肩膀向後轉動。

6. 把你的覺知帶到

平靜

平衡

自在

寂定

平和

雜念生起時，溫和地把它帶回

平靜

平衡

自在

寂定

平和

7. 現在，注意你自然的呼吸模式。不要用力或壓迫呼吸，只要覺察就好。

道場教我們用橫膈膜式呼吸法。方法是把一隻手放在胃部，另一隻手放在胸部，接著：

用鼻子吸氣，再用嘴巴呼氣。

吸氣時，感覺胃部在擴張（不是胸部）。

呼氣時，感覺胃部在收縮。

按照自己的時間和步調，繼續練習。

吸氣時，感覺你正吸入正面、有提升性的能量。

呼氣時，感覺你正在釋放任何負面的、有毒的能量。

8. 吸氣時，左耳往左肩靠……呼氣時，帶回中間。

9. 吸氣時，右耳往右肩靠……呼氣時，帶回中間。

10. 按照自己的步調和時間，在不急促或不用力的情況下，真正感受到氣息的出入。

讓呼吸帶給你平靜和放鬆

完成上面的呼吸準備後，進行以下練習：

按照自己的時間和步調，用鼻子吸氣，數到四。

憋氣，數到四。

用嘴巴呼氣，數到四。

按照以上方法，呼吸十次。

用呼吸提升能量和專注力——頭顱發光法（kapalabhati）

完成上面的呼吸練習準備後，進行以下練習：

用鼻子吸氣，數到四。

以不到一秒鐘的時間用鼻子強力呼氣（你會感覺肺部像引擎在抽氣）。

通過鼻子再度吸氣，數到四。

按照以上方法，呼吸十次。

用呼吸幫助入睡

吸氣，持續四秒。

呼氣超過四秒鐘。

一直做到睡著或快要睡著為止。

第二部

成長

第五章 目的

蠍子的本性

保護你的法，法就會保護你。
——《摩奴法論》8:15

從外表來看，僧侶給人的印象就是從根本上放下一切：削去頭髮、身著長袍、淨除妄想與雜念。事實上，與其說苦行是目標，不如說是達到目的的手段。放下會讓人敞開心門。

我們把每一天都用在服務上，這麼做也是爲了擴展心胸。在提供服務的過程中，僧人不會選擇自己偏愛的方式，反而會在有需要之處，以對方需要的方式提供幫助。爲了體驗和強調意願與彈性，我們會輪流負責各種雜務和活動，而不挑選這些任務，讓自己成爲各種專家：煮飯、打掃、園藝、照料牛隻、靜心、研讀、祈禱和教學等。我是下過一番工夫後，才眞正看到所有活動的平等無二。我喜歡研讀多於照顧牛隻，但老師要我們把社會各種角色看做身體的器官，沒有一個器官比別的器官重要，畢竟要想協同運作，身體器官一個都不能少。

儘管道場人人平等共存，但我們可以明顯看出每一個人都有他與生俱來的習性。有的人可能對照料動物有興趣（不是我！），另一個人或許喜歡煮飯（也不是我。我是那種爲了活著而吃飯的人），還有人或許會從園藝裡獲得極大滿足感。僧人從事的活動如此廣泛，雖然沒人有機會沉迷在單一特殊的愛好上，但這能讓我們觀察並反思自己愛好的究竟是什麼。我們可以研究並實驗新技能，看看改善之後會讓自己有什麼感覺。我們喜歡什麼？什麼事會讓我們感覺自然又有自我實現感？**為什麼**？

如果打掃牛糞讓我感覺不舒服，我不但不會調頭離開，反而會迫使自己了解不舒服的根源。我很快就發現自己之所以痛恨最平凡的瑣事，問題源自於我執——我認爲那浪費時間，剝奪了我的學習。一旦承認了這一點，我就可以探索清掃的好處。我能從一支拖把上學到什麼嗎？我能在種馬鈴薯時練習梵文嗎？在做雜務的過程中，我觀察到拖把頭必須有足夠的靈活度，才能深入每一個空間和角落。並非每一項任務都要用堅固的掃帚來完成不可。我的僧心於是悟出一堂有價值的課：我們需要有靈活度，才能進入每一個學習和成長的角落。我種馬鈴薯時，發現動作的節奏有助於我記憶經典裡的偈句，偈句也會把興奮之情帶給馬鈴薯。

在自給自足的道場裡探索自己的優、缺點，能引導我們進入自己的「法」裡。像許多梵文的術語一樣，法（dharma）這個單字無法用一個字詞來定義，不過「你的召喚（天命）」（your calling）倒是很貼近它的意思。我對法的定義是：把召喚應用在生活裡所做的努力。我認為法是「varna」（天賦）和「seva」（服務）的結合。梵文的「varna」（也是一個有多層含義的用詞）含有熱情和技能的意思，「seva」是了解世界的需求，無私地為他人服務。當你的天賦和熱情（varna）與宇宙的需要（seva）連接起來，並成為你的目的時，你就是活在法裡了。

當你花時間和精力在法裡生活時，你就會因為發揮自己的能力，做出有益於世界的事而得到滿足感。**活在自己的法裡，就如同行走在一條通往自我實現的路**。

第一部討論過如何覺察和放下那些讓人偏離自我實現的影響和雜念。接下來要以具引導力的價值觀和最深層的意圖為中心，重建自己的生活。這種成長要從法開始。

兩個和尚在河裡洗腳，一個和尚發現一隻快淹死的蠍子，他立刻把蠍子撈起來放到岸上。雖然他動作很快，但手還是被蠍子螫了一下。他繼續洗腳。另一個和尚說：「嘿，你看，那隻笨蠍子又掉進河裡了。」第一個和尚彎下身，又救起那隻蠍子，蠍子又螫了他一次。另一個和尚問道：「師兄，你明知螫人是蠍子的本性，為什麼還要救牠？」

他回答說：「因為救命是我的本性。」

這個和尚是謙卑爲懷的典範，他把蠍子的生命置於個人的痛苦之上。但這個寓言更重要的功課是：「救命」是僧人本性不可分割的一部分，因而使他無視於蠍子螫他的事實，而被迫或心甘情願地救牠。這個和尚對自己的法充滿信心，讓他甘冒螫傷之痛，也要實踐法。

探索你的法

那是我在道場的第一個夏天。我已經打掃過浴室、煮過馬鈴薯咖哩，也採收了甘藍菜。我親手洗衣服，這可不是件容易的事，道袍的布料和床單一樣多，搓洗上面的食渣或草漬用掉的力氣，等於做一整天的混合健身訓練。

有一天，我像一個充滿熱情的徒弟一般吃力地擦洗鍋子，一個資深的僧侶走過來。

「我們要你帶領這星期的課程，」他說，「主題是《薄伽梵歌》的一段經文：『偉人的任何行動，凡人都會追隨；他樹立的身教，全世界都會效法。』」

我答應了。我一面擦洗，一面思考該說些什麼。我了解那一部經典的基本要旨——以身教爲師。我又進一步了解，眞正的你並非你說了什麼，而是做了什麼。這使我想起聖方濟（Saint Francis of Assisi）的一句話：「傳福音，應當首重身教，次選言教。」

許多僧人跟我一樣，都不是童年就加入道場。他們念過主流學校，交過男、女朋友，也看電視和電影。他們都不難掌握這段經文的意思，但我很興奮可以拿他們道場以外的生活經驗、用新的意義來詮釋這一段經文。

圖書館裡的老電腦上網速度非常慢。我在印度的荒郊野外，每一個電腦圖檔都要一小時才能下載完畢。在大學圖書館裡用過網速飛快的電腦做研究的我，發現這種等待相當痛苦，但我知道，我的師兄弟正耐心地燒開水。我也跟他們一樣，試著尊重這老牛拉車的下載過程。

在研究的過程裡，我開始著迷於溝通心理學。亞伯特．梅赫拉比安（Albert Mehrabian）的研究顯示，五十五％的溝通是透過肢體語言傳達，三十八％是語音，只有七％是實際說出來的話語。（這是一般原則，但即使比例上有所不同，一個不爭的事實仍是：大多數的溝通都是非言說的。）我沉迷在探索傳達訊息和價值觀的方法，分析領導人物的溝通風格，以及這些因素與生活的關係。此外，我也讀了珍．古德（Jane Goodall）的資料，她在無意之中成爲了領導人物。一九六〇年，她前往坦尚尼亞的荒野研究黑猩猩。她的研究和持續的投入，極大程度地重新定義了保育工作，吸引婦女的加入，也激發成千上萬的青年投入保育行列。

這堂課在一個中等大小的房間裡進行。我坐在架高的、有坐墊的位子上，學員坐在我前方的墊子上。除了一個墊高了的座位以外，我看不出自己有任何高人一等的地方。

我們僧人早就了解每一個人都具有學生和老師雙重身分。講完以後，我對整個過程很滿意。我喜歡分享自己的想法，也喜歡研究別人的想法。大家來跟我道謝，表示很感激我舉的例子，讚賞我把古老的經文解說得如此與生活息息相關。有一、兩個發覺我為此投入許多精神的人，問我是如何準備教材的。我沉浸在滿足感和讚賞的榮耀裡。我已經開始實現自己的法——研讀、實驗知識，以及演說。

每一個人的身、心本質都決定了自己發展的方向，法就是運用與生俱來的習性——你擅長的事物、發展的模式——來服務他人。當發展過程讓你心生歡喜，而你也運用得宜時，就會有充滿熱情的感覺，別人也會給你正面的回應——這顯示你的熱情有個目的。這就是法的神奇公式。

熱情＋專長＋有用＝法

如果我們只在別人讚美自己的工作表現時才感到興奮，這表示我們對工作本身沒有熱情；如果沉浸在自己的興趣和技能裡，卻得不到任何人的回應，那就表示我們的熱情沒有目的。這幅拼圖裡缺少任何一塊，都不會讓我們活出自己的法。

人們在幻想要做什麼和成爲什麼人的時候，通常不會做徹底的研究，讓自己了解這些想望是否符合自己的法。有人想進入金融界，是因爲知道這行業報酬優渥，或者想成爲醫生，因爲這份職業受人尊敬。但他們不在乎是否適合自己，是否喜歡工作的過程、環境和能量，或甚至是否擅長，就一股腦地栽進去了。

我們會在成長過程中聽到兩種謊言：第一是「你會一事無成」，第二是「你可以成爲你想變成的那種人」。然而事實是——

你無法成為那個不是你的人，
但你可以成為真正的你。

僧侶是旅人，但經歷的是一場內在旅程，也就是能讓人一步步走向最眞實、有自信、有力量的本我之旅。你不須實際走一趟《山居歲月》式的追尋之路，就能找到你的熱情和目標。熱情和目標不是深埋在遙不可及之處的地下寶藏、苦等著你去挖掘，你的法始終與你同在，一路伴隨著你，編織在你的生命之中。如果我們保持開放和好奇的心態，就會聽到法對我們發出的召喚。

即便如此，我們還需要好幾年的探索才能找到自己的法。當今人們面對的最大挑戰之一，就是迫不及待想出人頭地的壓力。臉書創辦人馬克．祖克柏（Mark Zuckerberg）和社交軟體 Snapchat 共同創辦人伊萬．史皮格（Evan Spiegel，二十四歲成爲世界最年輕的億萬

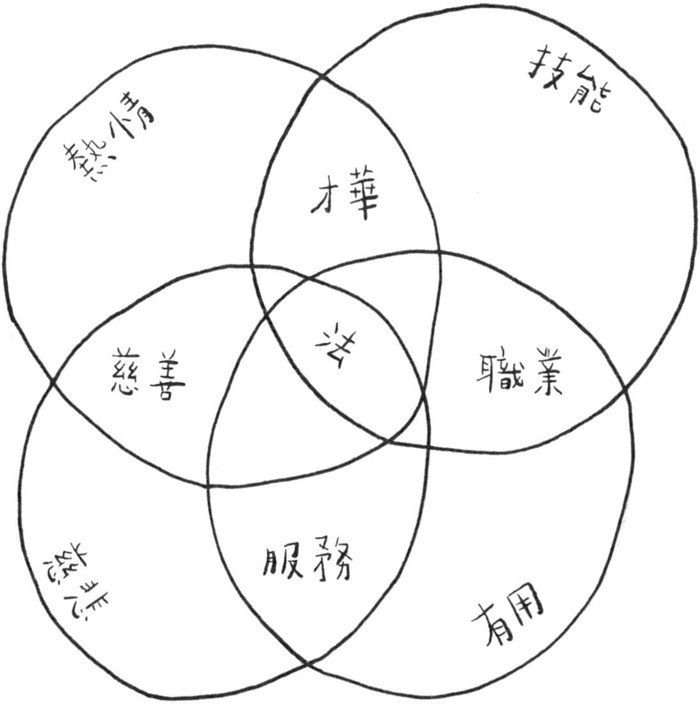

你的真我

富翁）等人的早期成功，以及葛萊美得主饒舌者錢斯（Chance the Rapper）和新生代名模貝拉・哈迪德（Bella Hadid）等年輕名人，讓許多人感覺如果三十歲以前找不到自己的天命、躋身某一行業的佼佼者，無異於宣告自己是個失敗者。

這些迫使人們追求少年得志的壓力不僅壓得人喘不過氣，也是成功的阻礙。《富比士》雜誌發行人里奇・卡爾加德（Rich Karlgaard），在他的著作《大器可以晚成》（*Late Bloomers*）裡表示，大多數人都不會少年得志，但社會卻聚焦在你是否有優異的學業成績、念「對的」大學、在拿到學位以前開發並出售價值數百萬美元的應用程式（如果你不是休學去經營一家價值數百萬美元的公司的話）。這種關注角度也引發人們的高度焦慮和沮喪，無論是那些二十四歲以前還沒能征服世界的人，或是一些已頗有成就的人。就算你少年得志，爲了維持卓越表現仍須承受龐大的壓力。

不過，正如卡爾加德指出的重點，很多大器晚成的人是在人生後半段才有亮麗表現。諾貝爾文學獎得主童妮・摩里森（Toni Morrison）就是一個例子，她的第一本小說《最藍的眼睛》（*The Bluest Eye*）是三十九歲那年才出版的；在大學時期工讀十年，並長期擔任滑雪教練的迪特里希・馬特希茨（Dietrich Mateschitz），四十歲那年才創立名噪一時的紅牛能量飲料公司。用心注意、培養自我覺察力、滋養你的長處，你就會找到屬於自己的路。一旦你找到自己的法，就要持續不懈追求。

別人的法不是你的法

《薄伽梵歌》說，不完美地實踐自己的法，勝於完美地模仿別人的法。或者，正如賈伯斯（Steve Jobs）在史丹福大學二〇〇五年畢業典禮的致辭裡說的：「你的時間有限，不要浪費時間過別人的生活。」

曾經是世界排名第一的網球運動員、八次大滿貫單打冠軍與奧運金牌得主阿格西（Andre Agassi），在他的自傳裡投下一顆舉世為之譁然的震撼彈：他不喜歡網球。阿格西是被父親推上球場的，雖然他有不可思議的亮麗成績，但他討厭打網球。名利雙收對他並不重要，那不是他的法。阿格西把球場上的成功轉換為眞正的熱情——不再發愛司球（serving aces），而是服務別人（serving others）。阿格西創立的基金會，除了在家鄉內華達州為兒童提供基本服務以外，也為身處生活危機中的青年開辦K–12大學預校。

我們的社會是建立在強化人的弱點而非優勢之上。如果你在學校的成績是三個A和一個D，周圍的成人就會把注意力焦聚在那個D上。學校的評等、標準考試成績、學習績效審查，甚至投注在自我改進上的努力，在在凸顯我們的不足，要求非改善不可。但如果我們不把這些弱點當成自己的失敗，而是別人的法，那會有什麼樣的結果呢？本篤會修女瓊·齊諦斯特（Joan Chittister）寫道：「對自我極限的信任，讓我們敞開心胸；對他人天賦的信任，讓我們感到安全。我們終於意識到自己不是萬能的，不能做那些屬於別人的天賦和責任的事。我的局限讓別人的天賦有了發揮空間。」我們不再專注於自己的弱點，而是發揮個人強項，找到方法使其成爲生命的核心。

我要分享兩句重要警語：第一，追隨自己的法並不意味著你可以隨心所欲。在技能方面，你是該仰仗個人優勢發展沒錯，但如果你的缺點是情感方面的匱乏，像是不夠同理、悲憫、慈愛和慷慨等，那你永遠不該停止發展這些特質。做一個沒有悲憫之心的科技奇才毫無意義，別因身懷絕技而成爲一個高高在上的混蛋。

第二，學業成績不好並不意味著要放棄所有學科。小心別把沒經驗和缺點混爲一談。有些人無法活出自己的法，是因爲他們還沒有弄清楚法究竟是什麼。在你拒絕一個選項以前，重要的是先做一番廣泛實驗。這些實驗大多是在學校以外的地方和趁還年輕時進行。

我自己的法是從一些非常不愉快的經驗得出的。在道場引領僧人上那堂課之前，我其實非常厭惡公開演講。七、八歲那年，我在學校參加一個分享文化傳統的活動。母親把我打扮成印度國王，我包在一件像紗麗一樣不合身的麻布袋裡，不但不像國王，反而暴露了尷尬的身材。我走上舞台的那一刻，同學看了我的模樣，開始哄堂大笑。我一時啞口無言。當我開始用梵語唱誦時，他們聽得一臉茫然。我上台還不到兩分鐘，就讓在場五百個同學和老師笑得人仰馬翻。我忘了歌詞，低頭看手上的稿子，但淚眼矇矓讓我一個字也看不清。老師只好走上舞台，用手臂摟著我，在所有人的笑聲中帶著我離開。那是一次奇恥大辱。從那一刻開始，我就痛恨舞台。後來，十四歲那年，父母強迫我參加一個課後演講兼戲劇課程。每週三堂課，每堂三個小時，四年的課程讓我學會了上台技巧，但我既不想講話，也不享受上台的樂趣。我到現在還是跟以前一樣害羞，但公開演講改變了我的生命，因爲一旦把上台的技能與我的法連接起來以後，我就習慣也接受與之同行了。

在道場的第一個夏天結束後，我還不算是正式出家的僧人。我回到大學，決定再嘗試教學這條路。我成立放聲思考（Think Out Loud）社團，每星期都有人來聽我講哲學、靈性以及／或科學有關的主題，演講完後再一起進行討論。我第一個講題是「物質的問題，靈性的解答」，我想探討人類何以一再遭遇同樣的挑戰、挫折和問題，靈性如何幫助我們尋找答案。沒有一個人出席。我望著空蕩的小房間，心想，我能從中學到什麼？我繼續講，卯足了勁，對著空蕩蕩的房間講話，因爲我覺得這主題值得我這麼做。從那時起，我就透過一些媒體工具做同樣的事，從「我是誰」這個話題開始，到如何找到日常挑戰的解決方案。

下一場放聲思考演講，由於我改善了發傳單和貼海報的方法，大約有十個人出席。第二場演講的主題還是「物質的問題，靈性的解答」。我用喜劇演員克里斯．洛克（Chris Rock）的一段影片開場，他談到製藥業並不希望治癒疾病，而是希望人們可以長期依賴他們生產的藥物。我由此連結到另一個主題：爲什麼人會尋找一時的治標之道，而不對眞正的成長下工夫？我一向喜歡引用當代有趣的例子，把僧人思維跟一般人的日常生活做連結，接下來大學三年裡，「放聲思考」每一個星期都這樣做。到我畢業時，社團已經發展到一百個人，成爲一星期三個小時的工作坊。

每個人內在都有一項特殊才能，但也許沒有走上一條可供發揮的道路，也許根本沒有一條可見的道路。我的法不在學校提供的生涯規畫，而是我在道場那一堂課後成立的社團裡。法不會隱藏，但往往要耐心下過一番工夫以後，才能辨認出來。正如心理學家安德斯．艾瑞克森（Anders Ericsson）和羅伯特．普爾（Robert Pool）在合著的《刻意練習》（*Peak*）裡強調的：精通需要刻意的練習，而且要大量練習。有熱愛的事就會去做。畢卡索嘗試過各種畫技，但繪畫始終是他萬變不離其宗的焦點：麥可．喬丹（Michael Jordan）在棒球場試過身手，但籃球場才是讓他大放異彩的地方。盡最大的努力，發揮自己的強項，就會獲得生命的深度、意義和滿足感。

與熱情共鳴

想揭示自己的法，必須先辨識自己的熱情所在，找到我們所愛且自然而然想做好的事。看過「潛能象限」（參看第158頁圖）的人就知道，顯然我們該盡量把時間花在右上角的第二象限：做自己既擅長又喜愛的事。但生命不見得會如己所願地運轉，事實上，許多人發現自己把生涯耗費在第一象限：努力於自己擅長但不喜愛的事。閒暇時，即使沒有足夠時間練就精湛的技巧，也會投入第四象限，縱情於自己喜愛的嗜好和課外活動。每個人都同意應該盡量減少用在第三象限的時間，虛耗時間做一些既不喜愛又不擅長的事，確實讓人倍感沮喪。因此，我們的問題是：如何把更多時間挪到第二象限，做自己既擅長又熱愛的事？（你會發覺我接下來沒有照編號順序討論象限，這是因爲第一和第四象限都會提供我們想要的一半，因此先討論是有道理的。）

第一象限：擅長，但沒有熱情

要從第一象限進入第二象限，說起來容易，但做起來很難。姑且假設你不喜歡自己的工作吧。大多數人無法一蹴可幾地找到一份喜愛的工作，奇蹟般地享受優渥的待遇。一個比較實際的途徑是，在現有的工作中尋找邁向第二象限的創新方法。該怎麼做才能把法帶到現在從事的工作裡？

我第一次離開道場後，到了全球性管理顧問公司埃森哲（Accenture）擔任顧問工作。我們的工作是不斷處理數字、數據和財務報表，我很快就發現 Excel 是這個職位晉升的首要條件，但不是我的看家本領。縱使我努力過，但還是無法強迫自己操作得順手一點。我

潛能象限

I. 有技能，無熱情	II. 有技能，有熱情
III. 無技能，無熱情	IV. 無技能，有熱情

提問：

如何才能從第一區進入第二區——做自己既擅長又熱愛的事？

完全沒有興趣。對我來說，這比掃牛棚還難。因此，我一面盡力而爲，一面思考如何展露自己的專長。我的熱情所在是智慧和靜心、正念之類的生活工具，因此，我主動向工作小組提出導入正念課程的想法。管理主任很喜歡這個想法，我的課也很受歡迎。她請我到公司舉辦的夏季活動跟分析師和顧問談正念和靜心，我要在英國國家橄欖球隊主場的特威肯罕體育館對一千個聽衆發表演講。

我抵達體育館後，發現自己的演講被安排在執行長和英國橄欖球傳奇人物威爾·格林伍德（Will Greenwood）中間。我坐在聽衆席上聽著台上唱名，心想，趁早閃人吧，免得變成大家的笑柄。當初爲什麼要答應這件事？其他演講人都是該專業領域裡的佼佼者，口條好，講話頭頭是道。我開始對計畫好的內容和表達方式充滿猶豫。接著，我做了一回合呼吸練習，讓自己平靜下來。上台前兩秒鐘，我心想，既來之則安之吧。我寧可不盡完美地展現自己的法，也不要東施效顰地模仿別人。我站起來，走上講台演講，結果反應出奇地好。主辦人說：「我從沒看過一群顧問和分析師這麼安靜，連一根針掉到地上的聲音都能聽到。」後來，她又邀我去全英國的分公司教導正念。

這是我的人生轉捩點。我發現自己這三年來學到的並不是一些古怪的、與道場外的社會毫不相干的僧人哲學。我能把所有技巧付諸實行，在現代化的世界裡實現自己的法。

（注：我還是不會用 Excel。）

你也可以參考我的做法，不必進行一次巨大的職業轉變，在現有的生活裡找機會做自己喜愛的事。你永遠不知道這會帶來什麼結果。李奧納多．狄卡皮歐（Leonardo DiCaprio）不僅沒有放棄演戲或製片，也把大量精力投入環保工作，這是屬於他的法；公司的助理可以自願擔任設計工作；調酒師也可以舉辦一場小型益智競賽。有位跟我合作過的律師，她眞正的熱情是當個麵包師，登上《英國烘焙大賽》（*The Great British Bake Off*）實境秀節目。她有一個具體的目標，因此把著迷於那個節目的同事組織起來，成立了「週一烘焙比賽」，讓每一個成員都能在星期一帶自己製作的糕點來公司。她仍努力工作，表現不錯，儘管有些乏味，但她還是能把熱情帶到飲水間，讓工作團隊變強大，且整天都充滿了活力。如果你有兩個孩子要養，又要還貸款而無法辭職，請學習這位律師，找一個方法，把法的能量帶到工作場所，或者，找方法把法帶入生活的其他方面，例如嗜好、家庭和交友。

另外，想想看你爲什麼不喜歡自己的優點。你能找到愛它們的理由嗎？我經常遇到一些人具備了把工作做好的所有技能，卻發現那份工作毫無意義。爲工作經驗添加意義的最好方法，就是找出這份經驗在未來能派上用場的地方。如果你對自己說「我正在學習如何加入一個全球性的團隊工作」或「我要學會所有預算技巧，有朝一日開滑板店時可以派上用場」，那麼即使並非首選，也可以激發你的熱情，進而連結學習熱情與工作成長經驗。

耶魯大學管理學院心理學家艾美．瑞茲內斯基（Amy Wrzesniewski）和同事針對醫院的清潔工進行一項研究，以了解他們對自己的工作有何體驗。第一組清潔工表示，這工作不是特別令人滿意，不需要太多技能。他們在解釋這份工作時的語氣，基本上像員工手冊裡的工作說明。但當研究人員與另一組清潔工交談時，感到很驚訝。第二組成員說他們很享受清潔工作，也能在工作中發現深遠的意義，並以「高技能」來描述執行內容。這也清楚地區分了兩組清潔人員的不同。第二組清潔員不僅談及分內的雜務，也表示自己會注意一些看起來特別傷心或比較少有訪客的患者，主動跟病患聊天，或不時探望他們。他們談起一些分外之事，例如陪年長訪客穿過停車場，以免找不到路（即使冒著會被開除的風險）。一名女清潔工說，她會定期調換不同病房的掛畫。研究員問她這是否屬於工作的一部分，她回答說：「那不是工作的一部分，卻是我個人的一部分。」

瑞茲內斯基和同事依此與後續相關研究，創造了「工作塑造」（job crafting）這專有名詞，描述「員工如何促進工作的參與度、滿意度、彈性和蓬勃發展性，來重新設計自己的工作」。根據研究人員的說法，我們當然可以重新設計工作任務與人際關係，甚至改變我們看待工作的角度（例如，清潔工自認爲是「療癒者」和「使者」）。工作的意圖對我們從中獲得的意義與個人目標感，有著極大的影響。現在就學會尋找工作中的意義吧，你會終身受用。

第四象限：不擅長，但有熱情

當熱情無利可圖時，我們就會降低其優先順序；而喜歡一件事卻做不好，或無法充分享受自己喜愛的活動，讓我們感到沮喪。時間是精進技能的萬無一失之道，你能透過教練、課程或培訓方式來精進自己熱愛的事物嗎？

「不可能，」你說，「如果我有時間，相信我，我會做。」下一章，我們會討論如何找出不存在的時間，但現在我要說的是：每一個人都有時間。我們上下班、做飯或看電視，可能不會有完整的三小時空檔，但會有十分鐘聽播客或看YouTube影片學習新技術。十分鐘可以做很多事。

有時候，當我們進入自己的法時，它就會為我們找出時間。我剛開始製作影片都是在下班後進行，一星期五天，一天五個小時，專注剪輯五分鐘的影片。長期來說，回報非常微薄，但我不願意在熱情沒被充分發揮以前就收手。

在那之後的幾年裡，我見過有人用最怪異的方式獲利。花點時間上Etsy網路商城看看，你會驚訝於有多少人用自己的熱情找到賺錢方法。然而，假如你努力這麼做了，世界還是發出強烈的訊息告訴你，這麼做不值得，或者人們不需要你的熱情，那就算了。接受現實吧！世界迫切地需要足球，但不需要看我踢足球。即便如此，我在埃森哲公司組織的足球比賽，仍是我一週工作的重頭戲。這不是你的法，但仍會帶給你喜悅。

第三象限：不擅長，也不熱愛

你要竭盡所能爬出會榨乾你生命力的第三象限。不愉快的瑣事隨時有，但你不該讓這占據你大部分的生活。只要有可能，你就該想辦法把這一類瑣事外包出去。瘦了荷包，少了麻煩。切記，你不喜歡的事並不表示別人也不喜歡。你能想辦法跟朋友或同事交換彼此最不喜歡的工作嗎？

如果你卸不掉繁瑣又沒有熱情的工作，記得我在道場學到的教訓——每一個工作都是不可或缺的器官。沒有一個器官會比其他的器官更不重要，也沒有人會重要得不屑做任何瑣事。如果你認爲自己的價值超過那件事，那你就是屈服於最糟的我執衝動了，而且你會貶低任何一個做那件事的人。當你在法裡獲得滿足以後，就能在沒有嫉妒和我執的情況下，讚賞擅長其他技能的人。我高度尊敬那些會用Excel的人，我只是自己不想做那份工作而已。每當我遇到醫生、軍人或其他行業的人，心裡都會想：這個行業太不平凡、太神奇了，不過並不適合我。

試試看

辨識你潛能所在的象限

你也許在一邊閱讀潛能象限時，腦子裡就一邊進行這項練習。不過，我要你做的是：承認你今天與法的距離有多近。

你喜歡你的工作嗎？

你熱愛你的工作嗎？

你擅長你的工作嗎？

有人需要和欣賞你的工作嗎？

你最擅長的技能或熱情在你的主要工作之外嗎？

是什麼技能或熱情？

你會夢想把熱情變成工作嗎？

你認為這是可實現的夢想嗎？

你認為有方法把你的熱情帶入工作裡嗎？

寫下任何一個能把熱情帶向全世界的想法。

第二象限：找出你的吠陀性格

我們都想活在第二象限，在自己喜愛的工作裡發揮長才。如果你沒有活在那裡，那就用僧人的方式檢視問題──不要著眼於你發展出來的特定技能和喜愛的特定活動，要超越它們，直入根源。《薄伽梵歌》使用四種性格類型，稱之爲種姓（varnas），認爲人的種姓有四種，能說明你的本性和能力所在。在近期歷史（十九世紀）中，英國領導者把僵化的階級制度附加在印度社會時，種姓就成了「種姓制度」（以職業階層分類）的基礎，但這其實是對經典的誤解。我不在此討論種姓制度，我相信人人平等，只是個人擁有的才華和技能不同而已；我要討論的是如何利用這些技能和才華發揮最大潛力。找出每個人不同性格類型的目的，在於讓人在團體裡協同合作，就像身體的器官一樣，每一個人都是不可或缺的，沒有高低優劣之分。

眞正的種姓並不是由出身來決定，其目的在於幫助我們了解自己的眞實本性和習性。父母有創造力並不表示你也會有創造力。

種姓沒有高低優劣的問題。每一個人都在尋求不同類型的工作、娛樂、愛和服務，沒有階級或區隔。如果人人都秉持自己最佳的法行事，以服務他人爲生活目的，那麼人和人之間就沒有誰高誰低的分別。癌症研究員會比消防員優秀嗎？

試試看 吠陀性格測驗

這個簡單的測試不能當做決定性格類型的絕對標準，卻有助於你尋找自己的法。

請搭配參閱本書「附錄」的吠陀性格測驗。

真正的種姓

《薄伽梵歌》指出的四種吠陀性格類型，分別是：指導者、領導者、創造者和製造者。這四個標籤與特定的工作或活動沒有直接關係。當然，某些活動會帶來快樂，因爲滿足了我們的法，但仍有許多不同的方式可以活出自己的法。你會在接下來的詳細介紹中看到，指導者是被驅使著學習和分享知識的人，像是老師或作家；領導者則喜歡發揮影響力和供應他人，但這不意味著你必須成爲企業執行長或軍官，也可以是校長或商店經理；創造者喜歡讓事情發生，包括創業或成立社區協會；製造者喜歡製造實體的東西，包括編碼員或護理師。

還記得前面提過的屬性嗎？惰性、激性和悅性，也就是無知、衝動和良善。以下會描述每一個種姓在不同屬性模式下的行爲。放下無知，熱情地工作與秉持善的服務，就會讓我們邁向悅性。你在悅性活動花的時間越多，就會變得越有效率與滿足感。

創造者

原本代表：商人、企業家。
今日代表：行銷、業務、藝人、製作人、企業家、執行長。
技能：腦力激盪、互聯、創新。

- 讓事情發生。
- 能說服自己和別人任何事。
- 擅長銷售、談判、說服。
- 受金錢、享樂和成功高度驅動。
- 非常努力、意志堅決。
- 在貿易、商業和銀行業表現卓越。
- 隨時處於活躍狀態。
- 努力工作，盡情玩樂。

法的性格類型

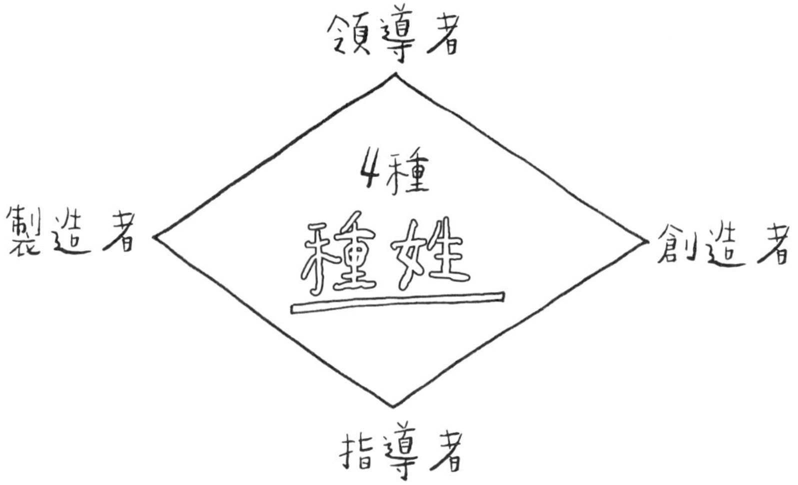

無知模式：

- 腐敗、出售無價値的物品／說謊、欺騙、出售贓物。
- 容易被失敗擊垮。
- 因過勞而疲倦、沮喪、喜怒無常。

衝動模式：

- 受身分地位驅動。
- 散發活力、魅力、吸引力。
- 騙徒、目標導向、不知道累。

良善模式：

- 爲了更大的善而花錢。
- 創造既能賺錢又能爲他人服務的產品和觀念。
- 爲他人提供工作和機會。

製造者

原本代表：藝術家、音樂家、創作者、作家。

今日代表：社工、治療師、醫生、護理師、營運總監、人資主管、藝術家、音樂家、工程師、編碼員、木匠、廚師。

技能：發明、支持、執行。

無知模式

- 因失敗而氣餒。
- 有受困和不值得的感覺。
- 焦慮。

衝動模式

- 探索和實驗新觀念。
- 同時處理太多事物。
- 不再聚焦於專業知識和關愛，比較關注金錢和結果。

良善模式

- 受穩定感和安全感驅動。
- 大致上對現狀知足和滿意。
- 選擇追求有意義的目標。
- 努力工作，但始終兼顧對家庭的承諾。
- 最佳的左右手人選。
- 帶領團隊聚會。
- 支援有需要的人。
- 對動手操作的專業高度擅長。

◎**連接**：製造者和創造者相輔相成。製造者讓創造者專注於細節、品質、感激和知足；創造者幫助製造者思考大格局，變得更目標導向。

指導者

原本與今日的代表：老師、導遊、上師、教練、心靈導師。

技能：學習、研讀、分享知識和智慧。

- 無論扮演什麼角色，都是他人的教練和導師。
- 希望引發別人生命中最美好的一面。
- 重視知識和智慧，勝於名望、權力、金錢和安全感。
- 喜歡有反思和學習的時間與空間。
- 想幫助別人找到意義、滿足感和目標。
- 喜歡獨自工作。
- 閒暇時間享受追求智慧，如閱讀、辯論、討論。

無知模式

- 光說不練。
- 不能以身作則。
- 執行不力，難以成事。

衝動模式

- 喜愛辯論和擊敗別人的論點。

- 利用知識獲得力量和權力。
- 有知性方面的好奇。

良善模式

- 運用知識幫助人們尋找目標。
- 渴望為了付出而自我改善。
- 明白知識不是個人獨有，以及人生以服務為目的。

領導者

原本代表：國王、戰士。

今日代表：軍人、司法與執法人員、政治人物。

技能：治理、鼓舞人心、與人交往。

- 個人、運動、團體和家庭的天生領袖。
- 受勇氣、力量和決心引導。
- 保護弱勢者。

- 以更高的道德和價値觀爲引導，並試圖推行於全世界。
- 爲人們的成長提供架構和框架。
- 喜歡團隊合作。
- 善於組織、專注和獻身於使命。

無知模式

- 因爲腐敗和僞善而放棄改變。
- 發展負面、悲觀的觀點。
- 在權力的驅動下失去道德方向。

衝動模式

- 爲名利而非意義建立架構和框架。
- 運用自己的才能爲自己而非人類服務。
- 專注於自己的短期目標。

良善模式

- 爲爭取更高的道德、倫理和價值觀而戰。
- 激勵人們合作。
- 建立能支持社會的長期目標。

◎**連接**：指導者與領導者相輔相成。指導者提供智慧給領導者，領導者提供架構給指導者。

以上四個種姓的重點在於幫助你了解自己，以便焦聚在個人最強的技能和愛好上。自我覺察會讓你更加專注。當我觀察到自己指導者的特質時，就感覺專注於策略讓我成功是有道理的。創造者和製造者比較擅長執行，因此，我會與一些能在這方面幫助我的人爲伍。音樂家可能會在安全感的驅動下，成爲一個製造者，而他們或許要多與善於獻策的人爲伍才能成功。投資自己的強項，並與能彌補自己缺陷的人爲伍。

了解自己的種姓——熱情和技能——並以此爲社會服務，它就會變成你的法。

試試看　**反思最美好的自己**

1. 邀請一組很了解你的人，像是前同事、親朋好友。只要三個人就可以運作，但最好是十到二十個人。
2. 請他們寫下你表現最好的時刻。要求他們寫得具體一點。
3. 找出共同的模式與主題。
4. 寫下你的個人簡介，再以旁觀者的立場收集反饋。
5. 思考如何把你最擅長的技能付諸行動。你這個週末如何使用這些技能？在不同的情況下，或與不同的人在一起時運用？

測試你的法

附錄的吠陀性格測驗與上述說明，能幫助你了解自己的種姓，但這就像占星術一樣，無法告訴你明天會發生什麼事。你需要透過探索和實驗，在現實世界裡測試。如果你測出的種姓是領導者，請你試著在工作中扮演領導者角色，或幫孩子籌辦一場生日派對。你眞的能在這過程裡得到喜悅嗎？

想想我們進食時的覺察力。我們會立即檢查自己的感覺，確定自己是否喜歡；若有需要，也可以簡單在一到十的量表上爲該食物評分。此外，我們可能明天會有完全不同的感覺。（比如說，星期天晚上吃了最喜歡的巧克力布朗尼聖代冰淇淋，會讓我有很快樂的感覺，但星期一早上，我不再認爲這是該吃進肚子的最好食品。）即時和長期的反思，會讓我們有不同的意見，重新考慮是否要把這種食物當做日常飲食的一部分。我們都會對吃過的食物評分，會對看過的電影評分（「你喜歡嗎？」），或有些人會在美食網站 **Yelp** 上評論美食，卻不會去衡量我們對自己安排時間方式的偏好，以及它對我們來說適不適合。養成辨識那些會讓我們有力量的事物的習慣，就會對自己及想要的東西有一番更清楚的了解。想更深入了解自己的種姓，這就是我們該做的事。

探索自己的種姓時，要問的第一個、也是最關鍵的問題是：

我享受這個過程嗎？

根據你的經驗測試你的種姓的描述內容，以精確找出你喜歡什麼。不要只說「我喜歡拍照」，而是要尋找根源。你喜歡幫助家人製作一張讓他們覺得驕傲的聖誕卡嗎？（指導者）你喜歡爲了推動變革而記錄人類的奮鬥或其他有意義的情況嗎？（領導者）或者，你喜愛攝影的燈光、對焦和沖洗面向嗎？（製造者）每當僧人進行像書中這樣的活動或思考練習以後，都會問自己幾個問題：我喜歡這個活動的哪個部分？我擅長嗎？我會想閱讀、了解和花很多時間做這件事嗎？我有求進步的動力嗎？是什麼讓我感覺舒服或不舒服？我的不舒服是正面的（能讓我成長的挑戰），還是負面的？這種覺察讓我們對自己可以在哪裡蓬勃發展有更細微的了解，不會只讓我們走上唯一的道路，反而會開闢我們運用熱情的新途徑。

試試看　寫活動日誌

記錄你這幾天參加的所有活動：會議、遛狗、與朋友聚餐、寫電子郵件、烹飪、運動、瀏覽社交媒體。每一項活動都回答兩個與法有關的基本問題：我享受這個過程嗎？別人享受這個結果嗎？這僅是擴大覺察力的觀察練習，你的答案沒有對或錯。

擁抱你的法

大腦或許會試圖說服我們只做最佳的選擇，但我們的本性——熱情和目標——不在大腦裡，而是在心裡。事實上，大腦經常會阻礙我們追求所愛。以下是常用來關閉心靈之窗的幾個藉口：

「我年紀太大，無法開創個人事業。」

「做這種改變未免太不負責任了。」

「我承擔不起代價。」

「我早就知道了。」

「我一向都是這麼做的。」

「那種方式對我行不通。」

「我沒時間。」

過往的信念——無論是錯誤信念或自欺的想法——會趁虛而入，阻礙我們進步。恐懼會阻止我們嘗試新事物，我執會阻礙我們學習新資訊，也讓我們無法走向通往成長的道路。（參閱第八章「我執」的說明。）沒有人有改變的時間，但當你擁抱自己的法時，奇蹟就會發生。

約瑟夫．坎伯（Joseph Campbell）在成長過程中，沒有遇上一個能吻合他多元興趣的生涯角色模範。一九〇〇年代初期，還是孩子的他就著迷於美國原住民文化，並盡可能研究一切相關事物。大學時期，他開始對天主教儀式與其象徵意義著迷。拿獎學金在國外讀書時，他的興趣擴展到榮格和佛洛依德的心理理論，並對現代藝術產生興趣。回到哥倫比亞大學的坎伯，告訴他的博士論文指導教授，他想把聖杯的古老故事融入藝術和心理學思想裡。教授拒絕了他的想法，於是他放棄了論文研究。一九四九年，他到莎拉勞倫斯學院教文學，從此擔任了三十八年的教育工作。他在這段期間發表了幾百本書和文章，並深入研究古印度神話和哲學。他在《千面英雄》（*The Hero with a Thousand Faces*）這本書裡，首度討論他所謂「英雄之旅」這個開創性觀念，進而使他成爲神話和人類精神領域的首席權威之一。約瑟夫．坎伯一向追隨自己的法，後來會首創「追隨你的至喜」（follow your bliss）這一金句忠告，也就不足爲奇了。他寫道：「我想到至喜（bliss）這個觀念，是因爲全世界最偉大的靈性語言梵文裡，有三個術語代表了邊緣、代表了通往超越之洋的起點：Sat（存有）、Chit（意識）和Ananda（至樂或狂喜）。我心想：『我不知道我的意識是不是正確的意識，不知道我所知道的我的存有是不是我正確的存有，但我確實知道我的狂喜在哪裡。因此，我就緊抓住狂喜吧，那會爲我帶來我的意識和存有。』我認爲這麼做很管用。」他說，如果你追隨自己的至喜，「那些不會爲任何人開啓的門，就會爲你開啓。」

自我保護的大腦本能會讓我們裹足不前，或引導我們做出務實的決定（坎伯確實教了三十八年的文學），但如果我們知道要尋找什麼，就能跨越防衛本能，義無反顧地追尋自己的法。

法屬於身體

與其傾聽心智的聲音，不如注意某個想法或活動在身體裡的覺受。首先，當你觀想在過程裡的自己時，你會感到喜悅嗎？那個想法吸引你嗎？接著，當你實際從事那個活動時，你的身體如何反應？當你適得其所、如魚得水時，你會感覺得到。

1.活力——對某些人來說，活在自己的法裡意味著一種平靜、自信的滿足感，其他人則會有喜悅和興奮感。在任何一種情況下，你都會感覺鮮活、有連結感，臉上會帶著微笑。猶如點亮了一盞心燈。

2.流動——法裡有一股自然的動能。你會感覺在自己的跑道上順流而下，而不是在逆流的浪裡衝刺掙扎。當你眞正調和一致時，會有流動感，擺脫了大腦理性的束縛，失去了時間感。

3.舒適——當你活在法裡，無論誰來誰去或置身何處，都不會有孤獨或格格不入的感覺，即使是環遊世界，你也會有一份自在感。我不喜歡危險的感覺，但我有一個喜歡開快車和騎水上摩托車的朋友。危險——最壞的情況——對我們兩人來說都一樣，他卻覺得値得，或者危險本身就是一種喜悅。在舞台上，我如魚得水，別人卻避之唯恐不及。

4.一以貫之——如果你度過愉快的浮潛假期，那並不意味著浮潛或度假是你的法。進入你的法需要不斷重複；事實上，重複的次數越多越好。單一愉悅事件只能說明你喜歡什麼樣的能量、讓你充滿活力的時間和方式是什麼。

5.正面的態度與成長——覺察出自己的強項會讓我們更有信心，也會更加重視別人的能力，競爭也會因此降低。與他人比較的傾向也許不會完全消失，但會縮小，因爲你只跟專業領域裡的人比較。你也不會把別人的拒絕和批評當做對你的攻擊，反而比較像別人提供你資訊，你據此反思是否有助於進步，而加以接受或拒絕。

法是你的責任

一旦你對自己的法有概念以後，就應該安排一種可以活出法的生活方式。我們不會始終處在有人認可、順從你，並幫助你實現法的地方或情境，正如我們都有過經驗，不是每一個老闆都會激發員工潛能。如果你在閱讀這一章時，心裡想的是「如果我的經理了解法，她就會給我升職」，那你可就錯失了重點。我們不可能永遠活在桃花源或理想國裡——那種人人都實踐自己的法，偶爾還會接到老闆關懷的電話，詢問你有沒有滿足感的世界。

我們有責任展示和捍衛自己的法。《摩奴法論》裡說，法會保護那些保護它的人。法會帶給你穩定與平和。當我們相信自己會處於一個能一展所長的領域裡時，就會找到證明的機會。這也會創建反饋的迴路：當你保護自己的法時，就會不斷努力進入讓你得以發展的地方；當你開始蓬勃發展時，人們就會注意你，你也會獲得幫助自己活在法裡的回報。你的法會保護你的喜悅和目標感，並幫助你繼續成長。

拓展你的法

一個沒有活在法裡的人，就像一條離水的魚。就算你把所有的財富送給魚，但如果不放回水裡，魚就會缺水而死。一旦你發現自己的法，要努力在生活各個面向扮演那種角色：在職場追隨你的熱情；運用相同的一組技能，解決社區的問題；與家人相處、運動時、人際往來、與朋友外出時，都要活在你的法裡。如果我的法是要成爲一個領導者，我或許就是那個應該計畫家庭假期的人，那個角色會讓我有意義感；但如果我是領導者，卻不扮演這個角色，我就會覺得自己無足輕重、覺得沮喪。

你或許會想，堅守自己的法是一件毫無意義的事。每個人都知道應該鞭策自己，應該嘗試一些新事物，應該走出你的舒適區去冒險。法雖然是你的自然狀態，但涵蓋的範圍卻遠超過你的舒適區。比如說，如果你的法是當演說家，你可以從十個聽眾增加到一百個，由小而大地擴張你的影響範圍；如果你慣常跟學生演講，不妨試試跟企業執行長發表演講。

拓展你的法也很重要。我不是全世界最外向的人，但我會參加各種活動和會議，因爲我知道人際關係有助於我活出法的目的。與法背道而馳有點像溜冰，你會感到失衡、失控，接著筋疲力盡。但你對自己的了解越多，立足點就越牢固。你可以爲了更崇高的目標，有意識地向一個新方向滑行。了解你的法，是知道何時與如何把它抛開的關鍵。

法會跟我們一起進化。住在香港的英國僑民艾瑪．史萊德（Emma Slade）在一家跨國銀行工作，負責管理十多億美元的資產。「我喜愛這份工作，」史萊德說，「速度快、令人興奮，我把資產負債表當早餐吃。」一九九七年九月，史萊德去雅加達商務旅行時，一個武裝歹徒拿槍頂著她的胸口打算搶劫，並把她關在旅館房間當人質。她說，當她蜷縮在地上時，才體會到生命的價値。幸運的是，警察在史萊德受到肢體傷害前趕到旅館。後來，警察讓她看一張照片，照片裡的歹徒癱靠在旅館的牆邊，身邊流著一灘鮮血，嚇壞了的史萊德對他生起了悲憫心。那感覺一直縈繞不去，進而影響她開始追求自己眞正的人生目的。

史萊德辭掉工作，開始探索瑜伽和心靈的本質。二〇一一年，她在不丹認識一位僧人（她去過那裡！），讓她留下不可磨滅的印象。她在二〇一二年出家爲尼，法號「盛放之蓮」（Pema Deki）的史萊德，感覺自己終於找到了和平。然而，她對那個歹徒的悲憫心又生起，史萊德意識到她需要做些什麼才能化悲憫爲行動。二〇一五年，她在英國成立一家名爲「敞開心，迎接不丹」（Opening Your Heart to Bhutan）的慈善機構，爲不丹東部農民提供基本生活所需。雖然她在僧人生活中找到了自我實現感，但她的法從來都不是把下半輩子耗在山洞裡修行。她把自己在金融方面的才能發揮在充實自己和別人的生活上。史萊德說：「以前的工作技巧很有幫助，帶給我非常有意義和幸福的生活。」史萊德用蓮花比喻自己的經歷：生於汙泥，爲了尋找陽光而突出水面。佛教的蓮花意味著：代表生命挑戰的汙泥，就是提供我們發展的沃壤；蓮花成長後，就會冒出水面綻放。佛陀說：「就像紅、藍或白色蓮花一樣生於水、長於水、出於水，我也生於俗世、長於俗世、出於俗世，卻不受沾染。」

「雅加達是我的泥巴，」史萊德在TED一場演講裡說，「但也是讓我的未來得以開枝散葉的種子。」

記住活出法的完整方程式。法不只是熱情和技能而已，而是爲人服務的熱情。你的熱情是爲了自己，你的目的是爲別人，而當你把熱情用來服務別人時，熱情就會變成目的。你的熱情必須滿足世界的需要。我在前面說過，僧人相信當你有一個更高的目的時，就會願意從事別人需要的服務（僧人會充分活出這一點），但如果你不是僧人，那就應該在實踐熱情的歡愉與別人的賞識之間取得平衡。如果別人不認爲你的做法有效，那麼你的熱情就只是一個讓個人生命更豐富的嗜好而已。

這並不表示任何投注在你的法範圍以外的事都是浪費時間。所有人的生活中都會有培養能力的活動，也會有塑造品格的活動。我第一次應邀演講，培養了我在法裡的能力，但有人要我倒垃圾，這也塑造了我的品格。只培養能力卻無視於品格的塑造是自戀，只塑造品格卻忽視了能力的培養就毫無影響力。我們需要雙管齊下，才能爲靈魂和更高的目標服務。

當你每天都能明智地使用時間和精力時，認識和實現目標就會更容易，也更有成果。下一章要討論如何用最好的方式展開一天的生活，又如何一以貫之持續下來。

第六章 例行活動

地點有能量，時間有記憶

每天醒來的時候要想著：我很幸運今天還活著，我擁有寶貴的生命，我不會白白浪費。

——達賴喇嘛

我們有十二個人，也許不只這數目，全都睡在地板上一塊蓋了簡單床單的瑜伽墊。房間的牆面用牛糞包堆砌而成，感覺像一種粗糙灰泥，散發一股難聞的泥巴味。還沒完工的石板地早被磨得滑順，但仍與記憶泡棉的觸感相去甚遠。建築物裡有些窗户還沒完工，我們待在內間，也開了許多通風門，在雨季可以保持乾燥。

雖然我每天晚上都睡在這裡，卻沒有一處空間可以認定是「我的」。這裡沒有人擁有所有權，沒有財物、沒有物質牽絆。這時候的房間漆黑得像一個山洞，但外面的鳥鳴聲讓身體知道現在是凌晨四點，起床的時間到了，半小時內就要開始團體唱誦了。我們默默走到更衣室，有人在淋浴，有人在穿長袍。我們在四個公共水槽排隊刷牙。這裡沒有外人見證我們的活動，但如果有，他們就會看到一群精神飽滿的人，似乎對大清早起床這件事感到知足。

這可不是一件容易做到的事。每天早晨，我的頭腦都想停留在關閉的狀態久一點，琢磨著用不同藉口讓自己多睡一會，但我會強迫自己適應新作息，因爲我對這過程許下承諾。艱困是這趟旅程重要的一部分。

我終於學會了成功早起的訣竅：必須早睡。就這麼簡單。我一生都在爲了突破每一天的極限而犧牲明天，因爲我不想白白錯過今天；一旦我終於放下，開始提早入睡，四點起床就變得越來越容易。早起變容易以後，我發現除了身體和大自然的提醒之外，我也能在沒有別人的幫助下做到。

這段經驗對我來說極具啓發性。我發現自己這一生中的每一天，都從震驚中開始。青少年時期，我都是母親從樓下尖叫「傑，起床啦！」給喚醒的；接下來幾年，鬧鐘取代了我母親，接下同一件吃力不討好的任務。我的每一天都是從一道突然傳來的刺耳聲開始。但現在，我會隨著鳥叫聲、風吹樹葉的沙沙聲和溪水聲，在大自然的合奏中甦醒。

我終於了解其中的價值了。早起的目的並不是爲了折磨自己，而是要以平和與寧靜的方式開啓新的一天。鳥叫聲、鑼聲、流水聲，每天早晨的例行活動永遠千篇一律。道場清晨時分的簡單和條理性，讓我們免除做決定和變化帶來的複雜壓力。用如此簡單的方式展開一天，就像一次心理淋浴，洗滌了前一天的挑戰，讓我們有足夠空間和能量把貪婪化爲慷慨、憤怒化爲慈悲、失落化爲愛；最後，帶給我們決心，把使命感落實在一天的生活裡。

道場裡每一個生活細節，都是爲了促進我們試著實行的習慣或儀式而設計的。例如，長袍讓我們起床時從來不用考慮今天該穿什麼。賈伯斯、歐巴馬和雅莉安娜・赫芬頓（Arianna Huffington）每日穿的服飾都是基本款，僧侶更進一步把服飾簡化了，以免把精力和時間浪費在穿著上。每一個僧人都有兩套長袍，一套現穿、一套待洗。同樣地，大清早起床的目的，也是爲了以正確的精神展開新的一天。清晨四點這時間看似不近人情，卻有靈性的啓明效果。

「我永遠不會那麼早起床，」你也許會這麼想，「我想不出比這更糟的方式開始新的一天。」我了解這種觀點，因爲我也有過同樣的感覺！且讓我們看看多數人是如何展開一天的：睡眠研究員表示，有八十五％的人需要設鬧鐘才能起床。在身體準備就緒以前起床，身體內負責調節睡眠的褪黑激素通常還在繼續運作，這就是讓我們按下手機貪睡鍵的原因之一。

不幸的是，由生產力驅動的社會鼓吹我們過這種生活。瑪麗亞．波波娃（Maria Popova）在她的部落格「大腦裡挑骨頭」（Brain Pickings）裡寫道：「我們把少睡多做當成一枚榮譽徽章，拿來炫耀自己的能力，證明自己的工作倫理，但這卻是自我尊重和優先順序上的一大敗筆。」

在睡眠不足的情況下起床，有四分之一左右的人會做其他事，進而踏出錯誤的第二步：醒後一分鐘內拿手機。超過一半的人會在十分鐘內檢查一次訊息，大多數人會在爬出被窩後的幾分鐘內，開始處理堆積如山的資訊。

全世界只有六輛汽車能在兩秒鐘內從零開到九十六公里的時速。人類也像大多數汽車一樣，身體和心理天生就沒有這種瞬間換檔的能力。起床後最不該做的，就是一頭栽進頭條新聞的悲劇和痛苦裡，或聽到通勤上班的朋友抱怨塞車之苦。起床後先看手機，就像還沒有洗澡、刷牙、整理頭髮，就邀請一百個多話的陌生人進入你的臥室一樣，你會立刻淹沒在鬧鐘和手機帶來的緊張、壓力和焦慮之中。你眞的以爲自己從這種狀態清醒後，還能、過著愉快又有生產力的日子嗎？

道場每天早上都會按照計畫展開一天的活動，我們會訓練自己整天保持這種審愼和專注的精神。

當然，如果你的日常活動只有唱誦、靜心、研讀、服務和雜務，那沒問題，但外面的世界複雜多了。

提早起床

第一個建議：比現在提早一小時起床。「免談！」你說，「爲什麼我要比現在早起床？我已經睡眠不足了。你再說啊，我呸！」

且聽我把話說完。沒有人想拖著疲憊的身體去上班，然後在一天結束時覺得自己少做了很多事。早上的能量和心情會延續一整天，因此，最好從早上開始，就讓生活變得更有意義。

我們習慣於在上班、上課、健身或送孩子上學之前不久起床，只保留剛剛好足夠盥洗、吃早餐、收拾東西等的時間。但擁有「剛好的時間」就意味著時間不夠用：怕遲到趕上班，跳過早餐不吃，不整理床鋪就出門；沒有時間好好淋浴、刷牙、吃早餐，或是沒空收拾東西，以至於沒能在下班一回家就看到井井有條的家。趕時間讓你無法帶著關愛的態度，有目標地處理事情。在高壓力和緊張的情況下展開一天的活動，等於把當天的對話、會議、約會都設定在同樣緊繃的操作模式之下。

早起可以讓一天更有生產力，成功的經營者早就體會到這一點了。蘋果執行長提姆．庫克凌晨三點四十五分起床，理查．布蘭森（Richard Branson）五點四十五分，蜜雪兒．歐巴馬四點三十分。但要注意的是，雖然許多有高度影響力的人習慣早起，但也有一些高層管理者致力於恢復睡眠的運動。亞馬遜執行長貝佐斯把每晚八小時的睡眠列為第一優先，他表示，睡眠時間減少或許會騰出更多生產時間，卻會犧牲生產的品質。因此，如果你想早起，那就提前一個小時上床，好讓你獲得充分睡眠。

如果你有孩子或要上夜班，無法提早一小時起床，也不要因此絕望，先從酌量遞增開始（參閱以下「試試看」練習）。

注意，我沒有指定你該起床的具體時間，也沒有要求你在清晨四點起床。你甚至不必早起。我的目的只是要讓你有足夠的時間，在有意圖的情況下貫徹始終，精神抖擻地持續一整天。

在一天開始時，先創造一段緩衝時間，否則你會一整天都在找時間（我保證你挖不出想要的額外時間）。從早上的睡眠裡偷時間，晚上再把睡眠還給自己，看看會有什麼變化。

試試看 **輕鬆進入早起模式**

這個星期只要提早十五分鐘起床。你或許必須用鬧鐘，但不妨用聲音柔和的鬧鈴。剛起床時只接觸微弱光源，播放輕音樂；至少十五分鐘內不要拿手機，讓你的大腦有時間設定一天的基調。一星期後，把起床的時間再提早十五分鐘。你現在已經多出半小時的時間了。你會選擇如何使用？或許你會洗一段長長的熱水澡、喝杯茶、出門散個步、靜心，或是出門前花點時間打理一下自己。晚上，當第一個疲勞的徵象出現時，關掉電視和手機，上床睡覺。

找到自己的時間

你在一早撥出的空間是你個人的，沒有人能控制你如何使用。想想看，我們有多少時間是被工作、家庭這類義務控制，早晨這一段空間是你送給自己最棒的禮物之一。你或許還有一些日常例行活動，但你會感受到更多時間創造出來的空間和悠閒。也許你會有時間自己手沖咖啡，而不是匆忙地在半路上買一杯了事；你可以在早餐時跟家人聊幾句、讀報，或利用撥出來的時間運動；如果你有在靜心，可以用感恩觀想練習展開新的一天。也許，正如健康專家推薦，你可以把工作延後開始，加入早上散步的時間；當你創造這個空間以後，會發現那裡充滿了你最缺少的東西：自己的時間。

試試看

T.I.M.E.全新晨間活動

每天早上撥出一點時間練習：

- **感恩**（Thankfulness）——每天對一個人、地方或事物表達感恩，方法包括觀想、寫下來和分享（參閱第九章「感恩」）。
- **洞見**（Insight）——透過閱讀報紙、書籍或收聽播客獲得洞見。
- **靜心**（Meditation）——用十五分鐘獨處，做呼吸練習、觀想，或唱誦靜心（第三部最後會討論）。
- **運動**（Exercise）——我們僧人會做瑜伽，但你可以做一些基本的肢體伸展或健身。

感恩、洞見、靜心、運動（T.I.M.E.）是讓你早上撥出時間的新生活方式。

從晚上就為明天一早做準備

我在道場學到了早上是由晚上定義的道理。我們會很自然地把早上當做一個新的開始，但事實上，日夜是循環不斷地運轉。你不會在早上設定鬧鐘，而是在前一天晚上先設定好。因此，如果想有意圖地起床，就需要建立健康、放鬆的夜間活動，來開啓這個動力；這麼一來，我們付出給早晨的關注也會擴大，並能因此定義一整天的活動。

你說提早一小時起床「免談」，但你不是經常打開電視，一直看到午夜過後？你說看電視是因爲想「放鬆」，累得無法做其他的事了，但其實早睡會讓你的心情更好。不要小覷人類生長激素在發育、細胞修復和新陳代謝中扮演的關鍵角色，沒有它，我們甚至會早死。七十五%的生長激素是在睡眠中分泌，研究顯示，晚上十到十二點通常是生長激素分泌的高峰。因此，如果你在那幾個小時內醒著，你就是在盜取自己的生長激素。如果你的上班時間超過午夜，或者孩子讓你無法入睡，你可以不用聽我的建議，在白天的活動之前起床，不應以睡眠不足爲代價。如果你把十到十二點的時間用來休息，想在早上找出幾小時來做自己的事就不至於太困難了。

我們道場在晚上研讀經典，八點到十點入睡。我們睡在漆黑、沒有電氣設備的房間裡，身穿T恤和短褲入眠，而不穿帶有清醒能量的日間活動長袍。

早晨設定了整天活動的基調，但精心規畫的夜間活動也會幫助你為第二天早上做好準備。創業實境秀《創智贏家》（*Shark Tank*）的明星凱文．奧利里（Kevin O'Leary），他在CNBC電視台的《做到》（*Make It*）節目訪談中表示，他會在睡前寫下第二天早上與家人以外的任何人談話前要做的三件事。如果你願意接受他的提醒，你就會在入睡前先想好明早要做的頭幾件事。知道要先做什麼，會簡化你早上的活動，你就不必在腦袋還在暖機時就強迫它做事。（此外還有一個附帶好處：如果你知道自己明早會找出時間處理這些事，就不會為此熬夜了。）

下一步，找出屬於你的一套僧袍，也就是起床後穿的上班服。我現在能選擇的衣服種類比以前多了，讓我妻子感到欣慰的是，其中沒有一件是僧袍，不過我還是喜歡不同顏色的類似服裝。這麼做的重點在於免除早上出門前的挑戰。這雖然是件微不足道的小事，但如果你一早睡醒就要決定吃什麼、穿什麼、先做什麼，這些選擇加起來，會不必要地把出門流程複雜化。

擁有四十年經驗的前美國國家隊體操教練克里斯多福．索默（Christopher Sommer），就限制運動員做決定的數量，因為你每做一個決定，都有可能讓自己偏離正道。如果你整個早上都在做一些瑣碎的決定，就等於把能量耗費在此。安排幾個固定模式，前一天晚上做好決定，就能在早上領先一步，讓自己更有能力做好白天的決定。

最後，想想入睡前的最後幾個念頭是什麼。是「手機的螢幕越來越模糊了」「我該把手機關掉」，或「我忘記祝母親生日快樂了」？不要設定一個會讓自己帶著壞能量起床的睡前程序。我每天入睡前都會告訴自己：「我感到放鬆、充滿能量和專注。我平靜、熱情又收穫滿滿。」把這些話寫在紙上的固定睡前儀式，難免有種怪怪的、像個做瑜伽的機器人的感覺，但這一招對我管用。我知道這是在設定心靈程式，讓自己在充滿活力和堅定信念的情況下起床。晚上入睡時的情緒，很可能就是你第二天早上起床時的情緒。

在例行活動中尋找新事物

爲早晚例行活動做好準備的目的，是爲了把意圖帶進一整天的生活裡。無論你做什麼工作，當你離開家的那一刻，變化球就來了。你需要早上培養的能量和專注力來因應變局。僧人不只是早上和晚上，而是每一天、每一刻都要進行與時間和位置有關的例行活動。前面提到的本篤會修女瓊．齊諦斯特說：「生活在城市和郊區裡的人……可以選擇自己的生活方式，雖然多數人看不到這一點，因爲他們被制約得隨時都處於活動狀態……想像一下，如果每個人在家時都能過著類似修道院的生活，把祈禱、工作和休閒安放在生活裡，美國會變成什麼樣子，我們會得到多少寧靜。」例行活動幫助我們扎根。我每天靜心兩小時，足以支持另外二十二小時的活動，就像那二十二小時也會影響我靜心一樣，兩者是共生關係。

試試看

觀想你的明天

發明家必須先有構想才能發明東西，我們也可以觀想自己想要的生活。讓我們先從觀想自己想要什麼樣的早晨開始吧。

做完呼吸練習讓自己平靜下來以後，我要你觀想「最好的自己」。想像你在身心健康、睡眠充足、充滿能量的狀態下起床，想像從窗戶射進來的陽光。當你站起來、雙腳著地的同時，對自己多活了一天充滿感恩。你要真的感覺到感恩之情，接著告訴自己：「我感恩今天。我為今天興奮。我為今天喜悅。」

觀想自己在刷牙，不疾不徐地帶著正念一顆一顆刷乾淨。然後，當你走進浴室時，觀想自己很平靜、平衡、自在、寂定。洗完澡，走出浴室，由於你前一晚就選好了要穿的衣服，所以不會在挑選上多花心思。現在，觀想自己寫下設定的意圖：「我今天的意圖是專注。我今天的意圖是紀律。我今天的意圖是服務。」

盡可能具體地把整個早晨再觀想一遍。你也可以把運動、靜心加進去，相信它，感覺它，歡迎它進入生活。感覺自己的活力，感覺自己充滿幹勁。

現在，觀想你用最好的自己過這一天。看著自己在激勵、領導、指導別人，與他們分享，傾聽他們，跟他們學習，敞開自己，接納他們的回饋和想法。看著自己在這個充滿動態的環境裡，發揮並接納自己最美好的一面。

觀想你在一天的工作結束後回到家。你很累，但心情很愉快。你想坐下休息，但你對擁有的一切心懷感恩：工作、生活、家人、朋友、房子。你擁有的比很多人還多。觀想你晚上的生活。你沒有拚命滑手機，也不看電視，你想出了一些有意義的方式度過晚上的時間。

觀想自己在適當的時間入睡，躺在床上看著上方，說：「我感激今天。我明天會在健康、充滿能量和充分休息的狀態下醒過來。謝謝你。」接著，觀想自己，掃描全身，感謝身體的每一部分幫助你順利過完這一天。

準備好的時候，按照自己的時間和步調，輕緩地睜開雙眼。

注意：生活也許會打亂你的計畫，明天也可能不會照你觀想的樣子運轉。觀想雖然無法改變你的生活，但會改變你看事物的方式。你可以藉由回到想像的理想生活中，塑造自己的生命。每當你感覺生活偏離了理想狀態，就用觀想重新定位。

我們在道場每天至少有一次，要在同一條路上練習三十分鐘的行禪。僧人每天都會要求我們把眼睛睜亮，看到一些不同，像是昨天、前天和大前天沒有在這條路上看過的東西。

每一天都要在同一條熟悉的路上發現新事物，是爲了提醒我們把注意力集中在行進過程上，讓自己看到每一個例行活動裡的新鮮感。看見與注意不是同一碼事。加州大學洛杉磯分校的研究員做過一項調查，他們問心理學系教職員和學生，是否知道距離最近的滅火器位置。只有二十四％的人記得在哪裡，即使滅火器離九十二％的受試著塡寫問卷的地方（通常是自己經常去的辦公室或教室）只有幾公尺。一位工作了二十五年的教授，竟然不知道辦公室外面就擺了一個滅火器。

眞正注意到周遭的事物，會讓大腦擺脫自動駕駛模式。道場每天的行禪都在訓練我們學習注意的工夫。

那條路我已經走過幾百回了。天氣很熱，但長袍不會造成身體的不舒服。走在枝葉繁茂的樹林裡，腳踩在泥巴路上感覺很舒適。今天，一位資深僧侶要求我們找塊新石頭，一塊我們從未注意過的石頭。我聽了有一點失望。上個星期，僧侶要我們找的是一朵鮮花。我昨天特別準備了一朵。那朵沾著一滴露水的小藍花，似乎心有靈犀地跟我眨眼。糟了，僧侶換了題目，好像是故意衝著我來的。看來我們只好繼續物色囉。

僧侶了解例行活動能解放心智，但單調乏味卻也是自由最大的威脅。人們抱怨記憶力變差，但我聽聞大多數人的問題不在於記憶的保存，而是缺乏關注。在搜尋新事物的過程中，你正是在提醒大腦留心關注，重新編寫思考模式，認知到每一個尋常事物都有可學習之處。生命不像我們假設的那樣確定無疑。

我何以一面提倡遵循例行活動，一面又鼓勵你尋求新奇事物？這不是互相矛盾嗎？但那個讓我們有所發現的空間，正是從熟悉的事物裡創造出來的。已故的柯比．布萊恩就是箇中高手。這位籃球界的傳奇人物，透過開發一系列書籍和影片，展露自己的創造力。柯比在我的播客《跟傑．謝帝一起找到人生目的》（*On Purpose with Jay Shetty*）中告訴我，例行活動對他的工作至關重要。「創意往往來自結構。有了那些參數和結構以後，你就能在其中發揮創意了；少了結構，你就只會漫無目的地做事。」規則和例行活動減輕了認知的負擔，也因此讓我們更有空間發揮創意。結構會強化自發性，新發現則會激發例行活動的活力。

透過這樣的方式會讓你滿心歡喜地做一些微不足道的小事。我們習於期望生活中的大事，像是假期、升遷、生日派對，會對這些事件施壓，只爲吻合自己的期望。但如果我們尋求的只是一些小小的喜悅，就不必翻著日曆等待大事來臨的那一天了；反之，只要我們肯花時間尋找，發現的喜悅就會天天等著我們去領受。

我找到了！這一塊奇形怪狀的橙色石頭，似乎是今天才憑空冒出來的。我把它放在手掌翻過來查看。找到石頭並不是這個發現過程的結束，接下來還要深入觀察，描述石頭的顏色、形狀，讓自己沉浸其中，好讓自己了解、欣賞。接下來，或許要再描述一遍，以確保我們能充分體驗。這不是練習，是實修，是一次深刻的經驗。我笑了，接著又把石頭放回路邊，半遮掩地等著別人來發現。

在同一條舊路上找新石頭，會敞開你的心門。

嚼湯喝飯，帶著覺知做熟悉的事

僧人的訓練不只是發現新事物而已，還包括有覺知地做熟悉的事。有一天下午，一位僧人告訴我們：「今天要吃一頓無聲的午餐。記得要『嚼湯喝飯』。」

「這是什麼意思？」我問。

「我們從來不曾花時間讓食物好好消化，」僧人說，「喝飯就是把固體磨成液體，嚼湯就是把湯當食物細嚼慢嚥，不要狼吞虎嚥。」

試試看

老樣子裡的新東西

在現有的例行活動裡尋找新內容。你能在每天通勤的路上，覺察到前所未見的事物嗎？試著跟一個每天都會遇到、但從未交談過的人聊天。每天跟一個陌生人交談，看看你的生活會發生什麼變化。

如果僧人能帶著正念喝一小口水，想像一下，這對一整天的生活會有什麼影響。你要如何重新發現每一天？運動時，你能用不同的方式去看跑步的路線，或是去感覺健身房的節奏嗎？你有看到那個每天遛狗的女人嗎？你能跟她點頭打個招呼嗎？採購食物時，你會花時間選一顆最完美或最不尋常的蘋果嗎？你能跟收銀員進行一次私人的交談嗎？

你如何在自己的物理空間裡，用嶄新的眼光看事物？我們會在家裡和工作場所擺放一些賞心悅目的物品，像是照片、小擺設、藝品。仔細看看，這些物品眞的能帶給你喜悅嗎？你還有其他值得再拿出來亮相，並為熟悉環境注入新意的物品嗎？在花瓶裡插一點別的花或重新擺設家具，能讓你在熟悉的物品中找到新亮點和用途。只要為郵件選個新位置擺放，就可以把雜亂無章變成井井有條。

我們可以透過改變事物，喚醒對家的熟悉感。你不妨換個新花樣，試著在伴侶回家時播放音樂；或者反過來，如果你通常一回家就會放音樂或播客，試著用靜默來取代音樂。從商店帶一顆奇怪的水果回家，放在餐桌中間；跟同桌吃晚餐的同伴聊一個話題，或輪流分享一天中三個令人驚訝的事件；換一顆更柔和或更亮的燈泡；把床墊翻個面；你習慣睡床鋪哪一邊，就改睡另一側。

欣賞你的每一天，甚至不須大大改變日常活動，就能從中發現新價值。一行禪師在《無處不自在》（*At Home in the World*）這本書裡寫道：「認為洗碗是一件不愉快的事，只會發生在你沒有洗碗時……如果我不能用快樂的心情洗碗，想趕快洗完去吃甜點或喝茶，那我也無法享受到手的甜點或茶……在意識的光照下，每一個思想、動作都變神聖了。這一道光照泯除了神聖與俗務之間的界限。」

試試看

轉化俗務

如果你允許，即使是洗碗這樣的瑣事，也可以予以轉化。

讓自己站在水槽前，專注於單一的工作。不要播放音樂，把所有的感官集中在碗碟上，觀看碗盤從骯髒變乾淨，聞洗碗精的味道，感受熱水的蒸氣。觀察水槽從滿到空的過程所帶來的滿足感。有個禪宗公案說：「悟前砍柴挑水，悟後砍柴挑水。」無論我們成長多少，永遠無法免除例行事務，開悟就是擁抱一切。

你的外表也許一樣，但內在已經改變了。

時時刻刻保持覺知

先前討論過如何用新的方式欣賞一個原本平凡、熟悉的時刻。爲了把這種臨在感提升到另一個層次，我們要試著把這些片斷的時刻串連起來，以免把某一次散步或洗碗視爲特別事件。時時刻刻都要保持對當下的覺知。

我們都熟悉活在當下的觀念。事實顯而易見，你無法在比賽跑到五百公尺遠時，再回頭改變先前已跑過的速度。成功的唯一機會就在當下這一刻。無論是開會或與朋友共餐，你的對話內容、你的遣詞用句，都不會有再來一次的機會了。你無法在當下改變過去，但你正在決定未來，所以，最好的辦法還是讓自己處於當下。第五世紀偉大的梵文詩人兼劇作家迦梨陀娑（Kālidāsa）寫道：「昨天只不過是一場夢，明天也只是一個願景。但把今天過好，會讓每一個昨天變成幸福的夢，每一個明天成爲希望的願景。」

我們也許都同意活在當下是有道理的，但事實是，我們只願意擁有選擇性的當下。我們只願意在某些時候活在當下——像是在看最喜歡的節目或上瑜伽課，甚至是在做我們選擇用來提升自己的俗務時——卻會在選擇要分心的時候放任自己分心。我們把工作的時間用來想夢幻海灘假期，然而一旦置身海灘，一杯期待已久的美酒在手，就會懊惱地發現自己無法停止思考工作。僧人了解這兩種情境有所關連：工作時心不在焉，導致度假時漫不經心；午餐時心不在焉，導致下午工作時漫不經心。這像是在訓練自己的心智遠離身體所在的地方。如果你讓自己做白日夢，就永遠處於心不在焉的狀態。

保持活在當下，是讓生活真正豐富和充實的唯一途徑。

地點擁有能量

我們很容易在日常生活中看到活在當下的價值；如果你了解和欣賞例行活動的好處，就會更容易讓自己眞正處於當下。例行活動不只是活動而已，也關係著這些活動發生的地點。在圖書館看書、在辦公室工作的效果更好，是有原因的。紐約市散發擾攘喧囂的氣氛，洛杉磯讓人感到悠閒自在，從大城市到房間的角落，每一個環境都有它獨特的能量，每一個地點都會散發不同的感覺。你的法會在特定環境裡蓬勃發展，或窒礙難行。

我們不斷經歷各式各樣的活動和環境，卻不會停下來思考哪一個活動和環境最吸引自己。你比較適合在忙碌或寂靜的環境裡發展？你喜歡待在舒適安全的個人角落，或圖書館裡寬敞的公共空間？你喜歡被激勵人心的藝術品和音樂圍繞，或者整潔、簡樸有助於你集中精神？你喜歡徵求別人的意見，還是在工作完成後取得別人的回饋？你偏愛熟悉還是變化萬千的景色？這種自我覺察對你的法有幫助——這意味著當你接受工作面試時，會更了解自己在這份工作該如何表現，以及它是否適合你，也意味著你計畫一場約會時，可以選擇最舒適的空間。當你想像在自己技能範圍內可勝任的不同職業時，你會知道哪些工作與你最合拍。

試試看 對環境保持覺察

針對你這個星期去過的每一個環境，問以下幾個問題。如果可能，在經歷過後立即提問，一星期後再問一次。

- 那處空間的主要特徵是什麼？

- 安靜還是嘈雜？
- 空間大或小？
- 色彩鮮豔或素雅？
- 我身處活動空間的中心或隔著一段距離？
- 我與其他人接近還是孤立？
- 我在那個空間裡感覺如何：有生產力嗎？放鬆嗎？心不在焉嗎？
- 我的活動吻合那地方的調性嗎？
- 我有處在最佳狀態，做我計畫要做的事嗎？
- 如果沒有，還有別的地方能讓我更舒服地完成計畫好的工作嗎？

你的個人空間越有單一、明確的目的，幫助你的效果就越大，不只有助於實現你的法，也能調整心情和生產力。就像僧人睡覺的房間只有睡覺一個目的，道場裡每一個地方都專用於一項活動。我們不會在睡覺的地方讀書或靜心，也不會在餐廳裡工作。

在道場外的世界裡，如果你在臥室看 Netflix 以及／或吃飯，就會造成空間能量的混淆；如果你把這些能量帶進臥室，想在裡面好好睡覺就更難了。即使再小的公寓，也能規畫出不同活動的空間，像一個吃飯的地方、一個睡覺的地方、一個讓你感到平靜的神聖空間，或一個讓你生氣時感到舒適的角落。創造一些能讓你把符合意圖的能量帶進去的空間。臥室不應該有太多干擾，要有沉穩的色彩與柔和的燈光。理想的臥室不應該包含你的工作區，而工作區則應該光線充足、不凌亂、具功能性，或擺設一些能激發靈感的藝術品。

當你辨識出那些能讓你好好發展的地方時，把心思專注在如何擴大那些機會。如果你閒暇時容易被夜店的能量吸引，找一個同樣充滿活力的職業，會不會讓你有更出色的表現？如果你是搖滾音樂家，但安靜的環境反而有助於你發展，那你也許該投入作曲，而不是公開表演。如果你有一份在家的「完美工作」，但你更喜歡辦公室的活動空間，那就想辦法把工作轉移到咖啡廳，或找一個共享工作室。重點是覺察出在什麼地點能讓你發展得更順利、支持你處於最佳狀態，並找出如何把最多時間用在那裡的方法。

當然，你我都有些無法卸下的義務，得在不盡理想的環境裡活動——尤其是工作——也經驗過這些活動產生的負能量。但隨著覺知力提升，我們就能了解讓自己不耐煩、有壓力或筋疲力竭的原因，並擬定如何在正確的環境、用正確的能量活在法裡的準則。你應該把這設爲你的遠程目標。

用聲音設計你的生活

你所在的地點和你的感官會彼此交談。想想你每天聽到的聲音，這道理就更容易懂了。僧人生活中聽到的聲音都與正在做的事有直接關係，我們會跟著鳥鳴與風聲一起甦醒，走進禪堂會聽到唱誦聲。道場裡沒有讓人痛苦的雜音。

但現代化世界卻越來越喧嘩。飛機的呼嘯、狗吠、鑽頭尖銳的破壞聲響，讓人整天承受一些無法控制的雜音，以為自己已經對這些喧囂免疫，但其實都對認知功能造成負擔，大腦依舊會處理我們在不知不覺的情況下聽到的聲音。許多人回家以後會刻意退至完全的靜默之中，但這會讓我們活在無聲和喧囂的兩極世界裡。

不要關閉生活裡的雜訊，而要設計聲音。先選擇最悅耳的一種鬧鈴聲；放一首會讓你心情快樂的歌，開始新的一天；上班的路上聽心愛的有聲書、喜愛的播客，或聽播放清單裡的曲目。選擇能讓你更快樂、更健康的聲音，更好的做法是，複製道場精心策畫的生活方式。

時間擁有記憶

當我們為了特定目的量身打造屬於自己的地點時，就會有能力匯集正確的能量和注意力。時間也是同樣的道理。每天在同一個時間做某件事，可以幫助我們記住承諾要做的事，並以不斷提升的技能和設備去完成。不信的話，你如果習慣每天早上同一時間去健身房，就試著把時間改到晚上看看，你會發現這是個挑戰。每天在同一個時間做某件事，這段時間就會爲我們保留記憶（關於我們在這段時間做的事、在哪個空間做）。如果你想把新習慣，例如靜心或閱讀納入例行活動，不要一有空就做，以免增加困難度。試著安排在每一天的同一時段進行；更好的做法是，把新習慣跟一個舊習慣連接起來。我有朋友爲了把瑜伽融入日常活動裡，在床邊鋪了一張瑜伽墊。她真的一起床就在一旁的墊子上練瑜伽。把新習慣與舊習慣做緊密結合，是避免自己找藉口推託的好方法。

地點擁有能量，時間擁有記憶。

每天在同一個時間做同一件事，事情就會變得更容易、更自然。

每天在同一個空間做同一件事，事情就會變得更容易、更自然。

專注於單一任務

時間和地點能幫助我們把當下價值最大化，但全然活在當下還有個要素：單一任務。研究發現，只有二％的人具備有效處理多工的能力；一旦任務多起來，大多數人都做得很糟，尤其當其中一項任務需要大量專注力時。當我們自認爲具有多工能力，通常意味著有能力在幾種不同事物（或「多重任務」）之間快速轉換。這種片斷式關注最容易腐蝕我們的專注力，使專心致志一次只做一件事變得更加困難。史丹福大學研究員把一群學生分兩組：一組是經常在多種媒體間切換的人（例如檢查電郵、社交媒體和頭條新聞），另一組則相反。他們讓兩組人進行一系列注意力和記憶測試，例如，記住字母序列、專注於某些色彩形狀，同時忽略別的部分。結果顯示，習慣切換使用多種媒體的小組成員表現不佳，在任務切換能力測試的表現甚至更糟。

我爲了讓自己更容易執行單一任務，特別設定一些「零科技」區域和時間。我和妻子都不在臥室裡或餐桌上使用科技產品，且盡量不在晚上八到九點之間使用。我試著把單一任務跟日常事務合在一起練習，以強化成習慣。我過去習慣無意識地、不假思索地刷牙，我的牙齒很白，看起來超棒的，但牙醫告訴我，我已經把牙齦刷壞了。現在我每一顆牙只刷四秒鐘——我會數一、二、三、四，這讓我專心、有點事做。我還是用同樣的時間刷牙，卻改成另一種更有效的方式。如果我在刷牙或淋浴時心裡想著公事，這麼做既無法滋養、振奮我，也會忽略對牙齦的照顧。刷牙時只管刷牙就好，淋浴時只管淋浴就好。

你不必像雷射光一樣專注精準地射向每一個任務，打掃浴室時聽個音樂，或吃飯時跟伴侶聊天是OK的。正如某些樂器合奏的聲音很棒，某些習慣也可以相輔相成。但盡可能執行單一任務可以讓你的大腦習慣一次只專注做一件事，你該選擇某些例行活動做爲單一任務，例如遛狗、用手機（一次只開一個應用程式！）、淋浴、疊衣物，以便強化這項能力。

貫徹到底

如果你能沉浸在一件工作裡，例行活動就會變得更加容易。如果你想把一個新技能帶進生活裡，我建議你先從「單點聚焦」的方式開始。如果我每天打一小時乒乓球，我肯定會變成高手；如果你想每天靜心，參加一星期的禪七，會幫你奠定扎實基礎。我在這本書裡建議了許多改變生活的技巧，但如果你想同時做很多改變，那麼所有的改變都會變成同樣無足輕重。改變會在拆成小步驟和最優先的事情上發生。選擇一件你想改變的事，並擺在第一順位，貫徹到底，接著再進入下一步。

僧人會試圖讓自己沉浸在每一件正在做的事情裡。我們吃午餐時鴉雀無聲、靜心時間很長；我們不會只用五分鐘做一件事（淋浴除外，我們不會沉浸在淋浴裡）。我們擁有充裕時間，也習慣用幾小時進行單一任務。你不可能在現代社會達到跟道場同樣的沉浸度，但你的投資越大，回報就越大。如果是一件重要的事，那就值得你深入體驗。其實，每一件事都是重要的事。

我們都會習慣性拖延，甚至一心多用，包括僧人也是，但如果你多給自己一點時間，就有機會從散亂的心思回到專注上。如果你早上的例行活動時間有限，這就意味著你可能會因爲接了個電話或把咖啡灑出來，而上班遲到。如果你對學習新技能、了解某個概念，或組裝宜家家具感到沮喪，你就會本能地退縮；不過如果你全心投入，保證你會有意想不到的收穫（包括宜家家具最難組裝的 Hemnes 抽屜櫃在內）。

研究證明，長時間深入地專注一事，對大腦也有好處。難以自制地切換任務（例如史丹福大學研究中那些在記憶力和專注力上表現較差的多工處理者），會腐蝕專注力，因爲過度刺激了大腦裡的多巴胺（獎勵）通道——這也是上癮的必經途徑。我們會爲了獲得相同的快感，不由自主地給大腦越來越多刺激，進而越來越偏離焦點。但最後，令人諷刺的是，多巴胺的快感會讓我們得不償失，過多的多巴胺使身體無法製造和處理血清素（一種產生滿足感的化學物質）。如果你曾經用一天的時間接電話、開會，在亞馬遜訂書，在 Snapchat 上檢查訊息串，你知道當這一切結束時帶給你的疲乏感嗎？這就是多巴胺過多的後遺症。

容許自己擁有徹底沉浸其中的經驗，像是透過靜心、專注工作、繪畫、填字遊戲、除草，以及其他許多有助沉思的單一任務，不僅會提高生產力，實際上也會讓你感覺更好。

許多報章雜誌文章和手機應用程式，都鼓勵你每天做五分鐘靜心。我並不反對，但如果這對你起不了任何作用，我也不會感到訝異。每天花五到十分鐘做一種練習，是美國文化司空見慣的現象，但事實是，五分鐘能帶來的成果不大。有一個以上的朋友跟我抱怨：「傑，我七個月來每天靜心五分鐘，但一點效果都沒有。」

想像一下，如果有人告訴你可以連續一個月，每天跟一個吸引你的人相處五分鐘，一個月結束時，你們還是不會了解對方，更不可能相愛了。墜入愛河的情人會徹夜不眠地聊天，不是沒有原因的——也許剛好相反：兩個人因爲通宵達旦地聊天而墜入愛河。大海裡充滿了寶藏，但如果你只是在海面游泳，就看不到全部的珍寶。如果你抱著速成的想法，以爲靜心就能立刻排除雜念，你很快就會了解爲什麼沉浸其中需要時間和練習。

我剛開始靜心時，往往要花十五分鐘解決身體上的疑難雜症，接著還要再花十五分鐘解決腦子裡喋喋不休的雜音。這十三年來，我每天都靜心一到兩個小時，但還是需要十分鐘才能關閉頭腦的活動。我可不是說你必須每天花兩小時靜心，持續做十三年，才能獲益。重點不在這裡。我有信心，如果你用沉浸其中的心態練習，任何過程方法都管用。一旦突破障礙，全心投入以後，就能體驗到靜心帶來的好處。你會失去時間感，全然投入帶來的回報也會讓你在結束時還想再次回到那種經驗裡。

我建議你把沉浸式體驗當做常規練習的開場或一劑強心針。我告訴那位七個月來每天靜心五分鐘卻仍感到沮喪的朋友：「我明白了。時間很難撥出來，但如果你覺得五分鐘效果不夠，不妨參加一小時的靜心課，回來後再持續做每日十分鐘的練習。你或許會發現十分鐘的效果變大了。或者，你也可以嘗試一整天的避靜。」我以感情關係比喻：你們不再聊通宵，是因爲已經對彼此非常了解，就像老夫老妻，連聊個五分鐘都嫌長。像這種時候，我告訴他：「也許你可以和靜心安排一場浪漫假期。」

例行活動其實不像一般人直覺以爲的那樣，不但不會無聊和重複，在同一時間、同一地點做同一件事，反而給人發揮創意的空間。地點能量和時間記憶的一貫性，有助於我們活在當下，深入日常，而不會心猿意馬或感到挫折。建立一套例行活動，像僧人一樣訓練自己，找到焦點，並深刻地沉浸其中。

外在干擾一旦平息，我們就可以對治最幽微也最有力的干擾——腦袋裡喋喋不休的聲音。

第七章 心智

馬車伕的困境

當五感和心智都安定下來，
至高無上的道途就展開了。
——《石氏奧義書》（*Katha Upanishad*）

下雨了。雖然是季風時節已結束的九月，外面卻下著滂沱大雨。我真的需要在早上靜心前洗個澡。昨天大約有一百個僧人和我，從孟買搭了兩天火車抵達南印度。我們買的是最廉價的車票，不得不跟陌生旅客近距離一起睡覺。由於洗手間臭氣沖天，我決定用禁食方法避免如廁。我們是來朝聖的，住在海邊附近一棟倉庫式建築物裡。早上的靜心結束後，就要直接上課，因此現在是淋浴的最好時機。

我打聽淋浴間的方向，有人指著矮木叢裡一條潮溼的泥巴路。「步行約莫二十分鐘。」他說。

我低頭看一眼腳上的夾腳拖。太好了，這一趟路走完，我的腳會比現在更髒。何苦來哉？

接著，另一個聲音冒出來：「別偷懶，你必須準備早上的靜心。快去吧。」

我低著頭，朝著那條路前進，使勁踏著泥巴，試著不讓自己滑跤。每一步都讓我不悅，不只因爲路況，也因爲腦海裡的聲音不斷在扯後腿：「看吧！還不到淋浴間已經滿腳泥巴，淋完浴回來還是會弄髒。」

另一個聲音鼓勵我：「這麼做是對的。堅持你的承諾。」

終於，我抵達了淋浴間，前面一排白色棚間。我打開一扇門，抬頭望了一眼。雨水從漆黑的天空傾盆而下，沒有屋頂。眞的假的？我走進去，連開水龍頭的麻煩都省了。反正我們都洗冷水澡，而老天已經把冷水送來了。

站在淋浴間，我納悶這一趟所爲何來。可悲的露天淋浴、昨天那一輛骯髒的火車、大老遠跑來這裡受盡折磨。我大可留在倫敦那一間溫暖乾爽的漂亮公寓裡，享受百萬年薪的好日子，輕輕鬆鬆過活。

但在回來的路上，另一個聲音又誇我完成了一件有價値的事。冒著大雨去淋浴不是什麼高貴成就，也不需體力或勇氣，卻在考驗我忍受外在困境的能耐，讓我了解自己能在一個早上承受多少挫折。淋浴也許沒有讓我變乾淨，也沒有帶來神清氣爽的感覺，卻做了一件更有價值的事：強化了我的決心。

猴心

納拉揚（*Nārāyana*）在他的古印度典籍《箴言書》（*Hitopadeśa*）裡說，人的心智就像一隻被蠍子咬到、被鬼魂纏身的醉猴。

人平均一天會有七萬多個雜念。德國心理學家兼神經科學家恩斯特．波佩爾博士（Ernst Pöppel）的研究顯示，心智處在當下的時間一次大約三秒鐘。此外，我們的大腦會前後反覆思考，根據過去的經驗與對未來的期盼，不斷生出對當前的想法。《情緒跟你以爲的不一樣》（*How Emotions Are Made*）一書作者麗莎．費德曼．巴瑞特（Lisa Feldman Barrett）在播客上表示，大多時候「你的大腦不會對事件做出反應，只會不斷地……臆測可能會發生的事」。南傳佛教經典《相應部》（*Samyutta Nikaya*）裡把每一個念頭比喻爲一根樹枝，我們的猴心就漫無目標地在這些樹枝之間擺盪。這麼說似乎很有趣，但我們都知道這是千眞萬確的事實。這些念頭通常是恐懼、憂慮、負面思想和壓力：這星期的工作會發生什麼事？晚餐該吃什麼？今年度假的錢存夠了嗎？伴侶爲什麼遲到五分鐘？我爲什麼要來這裡？這些都是值得回答的眞實問題，但要是在一根又一根的樹枝、一個又一個念頭之間擺盪不定，是無法解決的。這是一座未經訓練的心智叢林。

《法句經》是彙集佛語智慧而成的經典。佛陀說：「弓工調角，水人調船，材匠調木，智者調心。」眞正的成長要從對心的了解開始，它會過濾、判斷和指導我們的經驗。但正如我去淋浴時感受到的衝突一樣，我們不會只有一個心智。我們越花時間評估、了解、訓練和強化與心智的關係，就越能成功地爲生命導航並克服挑戰。

這種在心智裡進行的戰鬥，包括日常生活中最小的想法（我必須現在起床嗎？）到最大的選擇（我是否該結束這段關係？）。我們每一天都要面臨這一類的戰鬥。

一位資深僧人曾跟我說過一個北美原住民部落切羅基族（Cherokee）的古老故事，最能說明一個讓所有人都苦惱的困境。老人告訴他的孫子說：「生活裡的每一個選擇，都是我們內在那兩隻狼的戰鬥。一隻代表憤怒、嫉妒、貪婪、恐懼、謊言、不安全感和我執，另一隻代表和平、愛、慈悲、善良、謙卑和積極。牠們在爭奪霸權。」

「哪一隻狼贏呀？」孫子問。老人回答：「你餵養的那一隻。」

「但我們怎樣餵養牠？」我問老師。

老師說：「藉由我們閱讀和聽聞來的資訊、相處的人、花時間做的事，以及我們關注和投入能量的事物。」

《薄伽梵歌》說：「對一個懂得駕馭心智的人來說，心智是他最好的朋友；但對一個被心智征服的人來說，心智是他的死敵。」用敵人來描述腦中歧異似乎有點強烈，但這說法再眞實不過。根據《牛津英語詞典》解釋，敵人是「積極反對或敵視某人某物的人」，以及「一個會傷害或削弱某物的東西」。

有時我們的心智會跟自己作對，先說服我們做一件事，接著又讓我們內疚或不舒服。這通常是因爲那件事違背我們的價值觀或道德感的緣故。普林斯頓大學和滑鐵盧大學兩名研究人員表示，一個錯誤的決定導致的嚴「重」性，不只是一種抽象的說法而已。他們要求受試者回憶自己曾經做過的不道德行爲，接著要求他們針對感覺自己身體有多重來評分。比起回憶中性記憶的人，回憶不道德行爲的人多感到自己的身體眞的變沉重了。

也有些時候，當我們想專注在某些事，像是工作計畫、藝術創作、房屋修繕、新的嗜好，心智不會讓我們稱心如意。當我們拖延時，研究人員所謂「應該的我」（覺得應該做，因爲對我有好處）和「想要的我」（實際想做的事）之間就會發生衝突。「我知道應該著手那個經營企畫書，但我想要看美網公開賽八強賽事。」

在我成爲僧人以前，心智會因爲風險太大而阻擋我做自己喜愛的事，卻容許我每天吃一根巧克力棒和喝一公升汽水，而無視於我想維持健康的願望。心智讓我跟別人比較，而不專注在自己的成長上；阻擋我主動接觸曾經傷害過的人，因爲不想在他們面前低頭示弱；縱容我對心愛的人生氣，因爲我在乎對錯勝過寬容。埃克納斯·伊史瓦蘭在《法句經》英譯本序言裡說，每天陷在念頭漩渦裡打轉的「我們，就像一隻尚未孵化的小雞，對生命的眞相一無所知。興奮與沮喪、福與禍、樂與苦，都是我們狹隘、密閉的小世界裡的暴風，而我們卻認爲這就是全貌了」。當佛陀終於抵達「無念」的悟境時，他會用破殼而出的小雞形容，確實有他的一番道理。

我是在道場裡學會如何防範這些帶有危險、自我破壞的念頭。念頭就像來去匆匆的烏雲，眞我則像那始終都在的太陽。我們不是我們的心智。

成人心智VS孩子心智

老師的說法是，把心智視爲一個獨立於自己的實體，有助於我們與之建立關係，就像與朋友來往互動或與敵人和談。

正如任何一種關係一樣，我們與心智溝通的品質也建立在過去的互動上。我們是激動奮戰或頑固而不願打交道？我們是一再重複同樣論調，或者會聆聽、妥協？大多數人不知道這種內在關係的來龍去脈，因爲我們從沒花時間反思過。

猴心是孩子，僧心是成人。孩子得不到想要的東西就哭，卻忽略了自己已經擁有的東西；孩子不認識眞正的價值，會樂於用一張股票換幾顆糖果。當我們受到挑戰時，孩子般的心智就會立刻反應——也許你會因爲受到羞辱而擺臭臉，或爲自己辯護。如果有人拔刀而出，這種被制約的自動化反應非常合適——你感到害怕，所以暴衝。但如果你因爲對方說了一句不中聽的話而採取情緒上的防衛，那就不理想了。我們不想在每一個情境下都被自動化反應掌控，也不想連那孩子般的心智一起消滅。孩子的心智讓我們自發、有創意和充滿動能，這都是極有價値的特質，但若任其主宰，就是墮落的開始。

這不由自主、被欲望驅動的孩子心智，可以被明智、務實的成人心智駕馭：「這麼做對你不好。」或「稍安勿躁。」成人心智會提醒我們消停一下、評估大局，花時間衡量預設反應，評斷是否適當，接著，再提出其他選項。明智的父母知道孩子需要和想要什麼，並決定什麼才能爲孩子帶來長期利益。

用親子關係來形容內在的衝突，暗示了孩子心智之所以能掌控我們，是因爲成熟的僧心還沒有開發、強化，或是沒有聽到它的聲音。當孩子遭受挫折、發脾氣時，我們就屈服了，接著會生自己的氣。我爲什麼要這麼做？我有什麼問題？

父母代表了比較明智的聲音，如果經過完善訓練，就會擁有自制、推理能力，而且可以是辯論賽冠軍。但這只能靠我們悉心餵養、給它力量。當它疲倦、挨餓或被忽略，力量就會削弱。

當父母不好好監督時，孩子就會爬上熱爐邊的櫥櫃拿餅乾罐，麻煩就會接踵而來。另一方面，如果父母控制欲太強，孩子也會受苦、懷恨，不願承擔風險。所有親子關係都一樣，取得兩者平衡是一場永無止境的挑戰。

覺察內在這兩種不同的聲音，是了解心智的第一步。開始辨識你聽到的聲音，會立刻幫助你做出更好的決定。

駕馭心智馬車

當你開始整頓腦袋裡許多不同的聲音時，你會對彼此衝突程度之大感到訝異。這根本毫無道理可言。我們的心智應該做對我們最有利的事才對啊，爲什麼要跟自己作對？麻煩就出在人會權衡不同來源的資訊：五感會告訴我們此刻最有吸引力的是什麼，記憶會回想過去的經驗，理智則會綜合評估長期來說最佳的選擇。

除了親子模式之外，僧侶還會用另一個比喻形容在大腦裡爭相角逐的聲音。《奧義書》把心智運作方式比喻爲一輛五頭馬車。馬車是人的身體，五匹馬是五感，韁繩是心智，馬車伕代表理智。這種描述當然比較複雜一點，不過請耐心聽我把話說完。

一個沒有受過訓練的馬車伕（理智）工作時會昏昏欲睡，讓五匹馬（五感）掌控韁

繩，任其把身體帶到牠們想去的地方。五匹馬在不加控制的情況下，就會對周遭事物做出反應。看到一堆鮮美的灌木叢就偏離道路去吃，有東西突然冒出來就受驚嚇。同樣地，我們的五感也會被眼前的食物、金錢、性、權力、影響等啓動。如果由車伕來掌控，他就會讓五馬遠離充滿短暫享樂和滿足的道路。

一個受過訓練的車伕是清醒、覺察、專注的，不會讓五匹馬來帶路。車伕會運用心智韁繩，仔細引導馬車朝正確的方向前進。

駕馭五感

把五匹放縱不羈的野馬交到一個懶惰的車伕手上，想想看會是什麼情況吧。切記，這五匹馬代表我們最先與外界接觸的五感。五感是欲望和執著的始作俑者，拉著我們走向衝動、激情和享樂的方向，最後導致心智癱瘓無能。僧侶會爲了駕馭心智而先制伏五感。佩瑪・丘卓說：「你是天空，其他的一切都只是天氣。」

中國少林寺的和尚是透過心智訓練駕馭五感的最佳範例。（注：

我從未受過少林和尚訓練，雖然我很想嘗試一下！）

少林寺有一千五百年歷史，少林和尚會定期演示一些看似不可能做到的眞功夫。他們能毫不費力且毫髮無傷地站上刀鋒、徒手劈磚、睡釘床。這些乍看像魔術般的功夫，其實是少林和尚透過嚴格的身心訓練，突破個人極限才練就出來的。

小孩子往往在三歲時就得入寺拜師學藝，長期鍛鍊和打坐。透過呼吸技巧和氣功這種古老的療癒法，少林和尚發展出超人般的眞功夫，能忍受攻擊和傷害等不舒服的情境。藉由培養內在平靜，他們可以免於身心和情緒壓力。

除了少林和尚以外，還有一些人也能展現不可思議的感官控制力。研究人員找來兩組受試者，分別是有靜心經驗的僧侶和沒有相關經驗的人，在他們腰部綁上透過高熱引發疼痛的熱刺激電流器。導電板會逐漸加熱，接著在最高溫時停留五秒鐘後再降溫。實驗發現，導電板才剛開始加熱，非僧人組受試者大腦裡的疼痛區就瘋狂似地活躍起來，好像導電板已經加到最高溫。這種被研究員稱爲「預期焦慮」的現象，在僧人組完全沒有出現；相反地，隨著導電板逐漸加熱，僧人的腦波活動幾乎維持在同樣的狀態。當導電板達到最高溫時，僧人的腦電圖出現高峰，但也只限於感受到疼痛的身體部位。多數人對疼痛有兩種覺受，肢體的和情緒的。對僧人來說，高熱會帶來疼痛，但他們沒有用負面的感覺來處理疼痛的體驗，也就是感覺不到情緒上的疼痛。僧人的大腦從肢體疼痛中復原的速度，也比另一組人來得快。

這是一種令人難以置信的高層次感官控制能力，遠超過多數人致力於發展的程度，但請務必將你的感官視爲通往心智的路徑。大多數人都是在視覺、聽覺、觸覺、味覺、嗅覺的主宰下過生活，聞到喜歡的點心味就想吃，看到一張海灘照就夢想著去度假，聽到一個詞就想起那個把它當口頭禪的人。

猴心被動反應，僧心主動面對。假設你每次上YouTube想要看一段影片，結果都會陷進去，從可愛動物影片跳到鯊魚攻擊人類的影片，接著又不知不覺地開始看西恩．埃文斯（Sean Evans）跟名人來賓吃辣醬。感官肆無忌憚地把心智從我們希望它安住的地方拉跑。不要挑逗你的感官，不要走上一條注定失敗的道路。僧人不會去脫衣舞酒吧殺時間。把被動的心智反應習性降到最低的最簡單方法，就是讓理智主動引導感官，遠離刺激，以免做出失控反應。就像馬車伕經過一片綠油油的沃野時，就知道該怎麼做，我們的理智也知道如何在經不起誘惑時拉緊韁繩。

任何感官輸入都能引發情緒，像是誘惑、煩惱或悲傷，都會讓那五匹野馬偏離車伕選定的道路。社交媒體或許會占用你想做其他事情的時間；一張照片或許會在你沒時間哀傷時，讓你憶起一個過世的朋友；前任（夫妻或男女朋友）穿過的T恤，或許會惹得你再傷心一次。我建議你在合理的範圍內，清除家裡那些會引發不必要感官反應的物品（或刪除這一類應用程式）；在清理的同時，觀想你也把心裡清乾淨。碰到不想要的心理觸因，像是父母常說的一個字或一首老歌，也可予以清理。想像自己像清除一件具體的實物一樣，把心裡也清乾淨。清除了這些心理和實體觸因以後，你就不會屈從、受影響了。不消多說的是，人永遠無法清除所有感官和觸因，也不會想這麼做。我們的目標不是讓心完全靜止無波，而是該弄清楚念頭的意義。這麼做有助於我們放下。但就短期目標而言，爲了強化與心智的連結度，我們可以調整看、聽、讀和吸收的內容，按部就班地避免觸發某些人事物的記憶。

從僧人的角度來看，透過自我控制訓練心智和能量，專注於自己的法，才是最大的力量。理想情況下，你可以用平衡且鎮靜的態度來處理任何一個看似艱難、具有挑戰性或有趣的事物，而不至於過度興奮或沮喪。

通常來說，大腦會對重複輸入聽而不聞，但一個受過訓練的心智就有能力在受干擾的情況下保持專注。

靜心是調節感官輸入的重要工具，但我們也可以藉由建立孩子心智與成人心智之間的關係來訓練自己。當父母說「打掃你的房間」而孩子不聽話時，就像你的僧心在說「改變你的行爲路線」而猴心開口道：「不用了謝謝，我寧願戴耳機大聲聽音樂。」如果父母生氣地說：「我叫你打掃房間！爲什麼不聽？」孩子就會再退縮一步。最後也許會屈從於父母的命令，但親子之間並沒有建立連結或對話。

挫敗的父母和任性的孩子鬥得越厲害，就越疏離。當內在戰爭發生時，你的對手就是自己的猴心。如果換一個角度設法合作，就能化干戈為玉帛，化死敵為至交了。這種關係的連結會遇上的挑戰是你們之間難免會有歧異，但至少雙方都想得到同樣的結果，好好合作。

想建立良好的合作關係，我們的理智還必須密切關注心智的被動反應模式，也就是所謂的潛意識。

冥頑不靈的潛意識

心智裡存在一些並非我們有意識選擇的直覺模式。想像你的手機裡有一個鬧鐘，每天早上都在同一時間發出鬧鈴聲。這一直是一個很棒的系統……直到假日來臨那一天，鬧鈴聲還是不管三七二十一地響起。鬧鐘就像我們的潛意識。潛意識裡已經預設一組日復一日運作的固定思想和行為模式，大部分人的生活都會沿著同一條或好或壞的舊路前進，除非我們積極地重新編寫，否則這些思想和行為永遠不會改變。

世界知名小提琴家約夏．貝爾（Joshua Bell）有一次決定在早上的交通尖峰時刻，到華盛頓特區地鐵站外街頭賣藝。他拿了一把罕見又珍貴的小提琴演奏，地上擺了一個捐款箱，開始演奏有史以來最困難的幾首小提琴曲。四十五分鐘過去了，幾乎沒有人停下來聆聽或打賞。那一場演出他賺了三十美元左右，而三天前，他在波士頓交響音樂廳用同一把小提琴演奏，一個像樣一點的位子票價就要一百美元。

沒有人停下來聽出色的演奏固然有很多原因，但其中之一必然是讓人們奮力穿過尖峰時刻人潮的大腦自動駕駛系統。試想，預設模式下的行爲讓我們錯失了多少機會？

「一再地做同一件事，卻期望得到不同結果，就是瘋狂。」（雖然大家都認爲這句話是愛因斯坦說的，但沒人找到出處。）多少人日復一日、年復一年做同樣的事，卻希望自己的生活有所轉變？

那些在腦海裡不斷反覆的念頭雜音，強化了我們對自己的信念。我們的意識還沒清醒到有能力編輯這些想法。你腦子裡不斷嘮叨些跟人際關係、金錢、對自己的感覺、你該如何表現有關的信念。像是聽到「你今天看起來眞棒」這類讚美時，我們下意識的回答卻是：「算了吧，他只是嘴巴說說而已。」聽到有人對你說：「你眞的是實至名歸。」你或許會對自己說：「哦，不，我可沒把握再做一次。」這些慣性反應遍布我們每一個生活層面。改變要從頭腦裡的用字遣詞開始，我們要在傾聽、策畫、選擇和轉換思想上多下點工夫才行。

試試看 **喚醒潛意識**

每天記下心裡聽到的雜音，也就是那些你知道自己並不想要的噪音。你不該視之為一張問題列表；反之，寫下心智發送給你的負面、打擊自己的訊息，例如：

- 你還不夠好。
- 你做不到。
- 你沒有做那件事的智慧。

馬車伕也會有在駕駛座睡著的時候。

好好投資有意識的心智

正如你不是你的心智一樣，你也不是你的想法。對自己說「我不配得到愛」或「我的生活爛透了」，並不會讓它變成事實，但這些自我打擊的想法確實很難改寫。我們過去都遇過各式各樣的痛苦、傷心和挑戰，光是走過那些已成往事的難關，並不意味著一切都結束了；相反地，過去的一切還會改頭換面，且通常會化爲打擊自己的念頭在腦中滯留不去，直到我們做出眞正的改變爲止。如果你還沒有療癒跟父母的關係，你就會繼續選擇一個能反映那些問題的伴侶；如果你不刻意改寫過去的心態，就注定重蹈覆轍，一再創造曾經讓你飽受煎熬的痛苦。

這麼說也許有點蠢，但重寫腦海裡的聲音最好的方法就是與之對話，實實在在地對話。從每天跟自己講話開始。隨意地以你的名字稱呼自己，在你感覺舒服時（所以可能不是第一次約會或面試時）大聲說出來。聲音蘊含力量，聽到自己的名字就會吸引你的注意。如果心智說：「你做不到。」你就對自己說：「你做得到。你有這個能力。你有足夠的時間。」

跟自己討論一項計畫或任務，會提升你的專注力和集中力，做起事來會更有效率。研究人員在一系列的實驗中，拿幾組照片給受試者看，要求他們從照片中找出特定物品。他們要求一半的受試者在找的時候重複唸出物品名稱，同時要求另一半的受試者保持沉默。結果重複唸的人尋找照片的速度明顯比沉默組還要快。研究人員的結論是，與自己交談不僅能增強記憶力，還有助於集中精神。心理學家琳達．薩帕丁（Linda Sapadin）補充道，跟自己說話「有助於釐清思想、關注重要的事物，以及幫助你拿定主意」。

接下來介紹幾個方法，能讓你找到新視角，把心智轉移到具有建設性的方向。

重塑框架

如果你跟大多數人一樣，那麼你的理智往往會指出心智的錯，但很少稱讚它做對的地方。這算哪門子的教養方式？

絕不會有變好的一天。

沒有人了解我。

我不夠好。

我的吸引力不夠。

我不夠聰明。

我們會找出自己最糟的一面，告訴自己說永遠不可能改變，這等同選一條最無法鼓舞人心的途徑。通往幸福的途徑有三種，且都以知識爲中心：學習、進步和實現。無論何時，只要我們正在成長，就會感到快樂，不會有對物質的渴求。如果你不滿意或批評自己，或感到絕望，不要讓這些阻擋你前進。找出你在哪些方面有所進步，你就會看到、感受到和欣賞你正在做的事情的價値。

用知識重新架構你對自我的批判。聽到自己說「我很無聊，我很遲鈍，我做不到」時，改爲對自己說：「我在努力。我在改進。」這是一個提醒，讓你知道自己正在進步。跟那個悲觀孩子的聲音建立關係。隨著你去閱讀、研究、應用和測試時，那個成熟的大人之聲就會放大。把讚美聲調大，不要放大失敗，而要放大進步。如果你在七天內有兩天早起，要像對開始有點進步的孩子一樣鼓勵自己；如果你完成了一半的計畫，就當成已裝了半滿的杯子看待。

除了放大自己的成長，我們還可以用「正向」重新框架不想要的想法。我們的猴心經常會嘮叨「我做不到」之類的話，你可以改寫爲「我可以靠著……方法做到」。

把「這件事我做不到」改成「我可以靠著……方法做到」。

把「我這方面很笨」改成「我正在花時間讓自己變好」。

把「我不可愛」改成「我正在接觸新朋友」。

把「我很醜」改成「我正一步步讓自己變健康」。

把「我無法處理一大堆事」改成「我正排出優先順序，剔除清單裡不必要的項目」。以解決方案爲導向的陳述，可以提醒你主動承擔責任，而非陷入一廂情願的想法裡萎靡不振。

除了運用話語重新架構心態，還要採取行動。克服言而不行的簡單方法，就是每天學

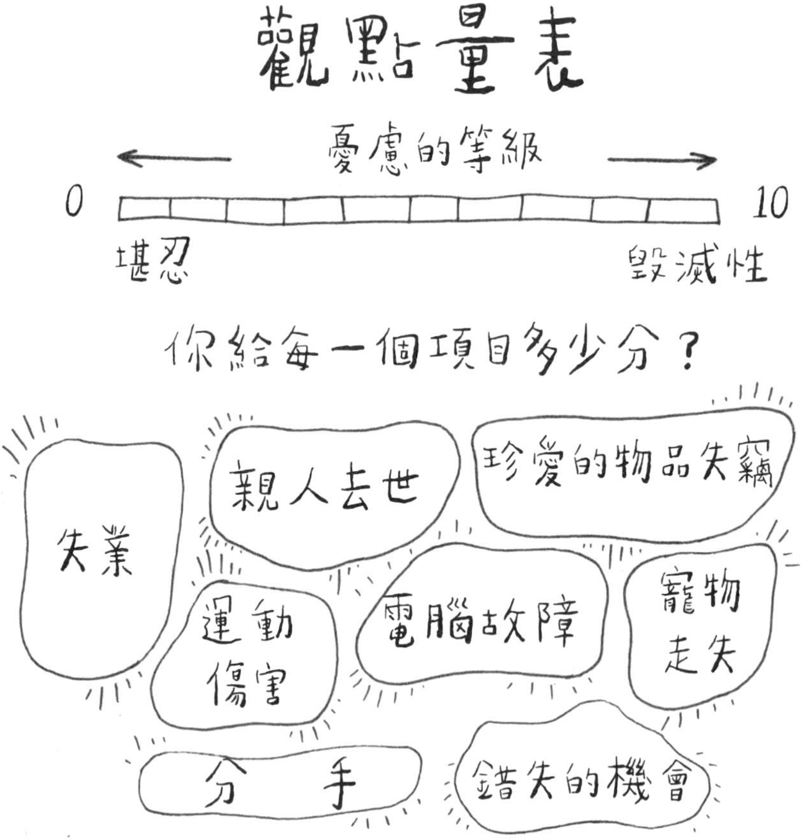
觀點量表
憂慮的等級
0
10
堪忍
毀滅性
你給每一個項目多少分？
失業
親人去世
珍愛的物品失竊
運動傷害
電腦故障
寵物走失
分手
錯失的機會

習一樣新事物。你不需要學些了不起的大事，也不必學困難的編碼或量子力學，閱讀有關某個人、城市或文化的文章有助於提升自尊，豐富你下一次對話的內容。你甚至可以一天學一個新單字，舉個例子：北美原住民因紐特人說的「iktsuarpok」，意思是不斷到窗口張望客人到了沒。在餐桌上分享這類新學會的單字，就能增進用餐氣氛。

我們可以把經歷過的許多挫折當成祝福，因爲正是這些促使我們成長與發展。試著以連續光譜的視角來看待負面想法和情境。我用醫生評估疼痛的方式，要求人們用零到十的量表，評估讓自己感到憂慮的事物。零分代表毫不憂慮；十分最糟，像是「我擔心全家人都會死」一樣恐怖（其實，這種程度應該要獲得十一分才是）。

能列爲十分的問題族繁不及備載，尤其你若在午夜時分評量。無法升遷的憂慮應該獲得十分；遺失珍愛的手錶——又一個十分。但如果你經歷過失去親人的巨大傷痛（每個人都遇過或未來會遇到），所在刻度就會隨之變動，視角也會跟著轉移：突然之間，失業不再是一大憂慮，而降爲可以忍受；遺失的手錶只是身外之物；你的身材也許不是十全十美，但仍能帶給你很棒的經驗。覺察深刻的痛苦，可以從更高的視角減少問題帶來的煩惱。當你必須面對一個毀滅力「十」足的煩惱時，擁抱它，花點時間好好療癒。這麼做不是爲了減少負面經驗的影響，而是爲了獲得更清明的視野。有時候，你必須實事求是，承認十就是十。

讓心智慢下來

有時候，用紙上作業來重新架構的效果最好。想像一隻卯足了勁在樹枝間穿梭不停的猴子，你得花點工夫才能吸引猴子注意，迫使牠專注。當心智處於急躁奔馳的狀態，也就是一些毫無建設性的念頭一而再地重複、感覺需要按暫停鍵時，花十五分鐘寫下每一個在腦海裡打轉的念頭。

某項研究要求一群大學生一連四天，每天十五分鐘，把過去爲他們帶來最大創傷的經驗裡「最深層的想法和感受」寫下來。學生不僅覺得這個經驗很有價值，而且有高達九十八%的人說他們還想再做一次，因爲過程中不只是享受到寫作之樂，健康也因此獲得改善。那些寫下創傷經驗的學生，去學校保健室的次數也減少了。研究人員得出的結論是，寫下來的好處之一，也許是能幫助學生把最糟的經驗條理清楚地描述出來。拉開自己與傷痛時刻的距離，讓他們客觀看待這些經驗，其中一名學生還希望改編這段經歷，寫下圓滿的結局。

作家克莉絲塔．麥克格雷（Krysta MacGray）對飛行充滿恐懼。她試過咬牙硬撐，試過邏輯分析，甚至喝酒壯膽，但每一次搭飛機前的幾個星期，她都會想像孩子在她墜機後的悲慘生活。於是她開始在部落格上發表與飛行恐懼有關的文章，試圖拉開自己與恐懼的距離。她發現自己正步上祖母的後塵。她的祖母一生拒搭飛機，也因此錯過許多事。所以，她開始列出一些値得搭飛機完成的事。雖然她還沒有完全克服飛行恐懼，但終於和丈夫一起搭了一次飛機去義大利度假。「寫下來」這件事本身不能解決所有問題，卻能幫助我們找出解決問題的關鍵視角。

如果你不喜歡寫，也可以對著手機講話，再重播錄音檔或唸出文稿（許多手機有聽寫功能）。把自己的聲音錄下來，會讓你處於觀察者角度，更客觀地看待自己。

另一個選項是重複一句日本武士的座右銘，也是僧人愛說的「與心爲友」。重複唸一句話會讓預設模式網路（大腦裡與雜念、我執有關的區域）安靜下來，心裡的猴子就會被迫停下來聽你說話。

對自己慈悲

當焦慮不安的猴心停下來傾聽時，你就可以懷著慈悲進行一場內在獨白。當焦慮的念頭生起，用慈悲回應，不要沉溺其中。「我知道你在擔心和煩惱，感覺自己無法應付，但你夠堅強，你做得到。」切記，重點在於不加批判地觀察。

我有個朋友在共享公司（Shareability）工作，我與他合作，請一組少女和她們的好姊妹做練習。我請少女寫下一些會影響自尊的負面想法，她們寫了「妳害怕」「妳毫無價值」「妳無足輕重」。接著，我請她們唸給自己的姊妹聽，就好像這些話是在說對方。她們都拒絕了。「這麼做不好吧，」其中一名少女說，「腦袋裡有這些念頭很正常，但說出口就另當別論了。」

我們會對自己說一些永遠不會對別人說的話，我們都知道「己所不欲勿施於人」的金科玉律。容我再說一次：**「用你給別人的愛和尊重來對待自己。」**

試試看　馬車伕的新劇本

1. 列出你對自己說的負面話語，在每一句話旁邊也寫下你如何把這想法說給你關心的人聽。例如，以下是少女們寫的句子，以及她們跟姊妹說的方式：

- 「妳害怕。」／「害怕是正常的。我該如何幫妳克服？」
- 「妳毫無價值。」／「妳感覺自己毫無價值，我們就來談談妳喜歡自己的地方。」
- 「妳無足輕重。」／「這些事讓妳感覺自己不重要。我們先列出讓妳覺得自己很重要的事，再探討改變的方法。」

2. 想像當你得知孩子、最好的朋友、表兄弟姊妹或親人正準備離婚時，你的第一個反應是什麼？你會對那個人說什麼？你會給他什麼建議？你或許會說：「我很遺憾，我知道你不好過。」「恭喜。我知道你吃了不少苦，但離婚的人很少感到後悔。」我們永遠不會對自己珍愛的人說：「你是白痴。你會跟那個魯蛇結婚，證明你也是一個魯蛇。」我們會給出愛與支持，也許會提供想法和解決方案。這就是我們應該對自己說話的方式。

我們對自我的描述可以定義自己。你說的故事裡充滿了喜悅、堅毅、愛和仁慈，或者充滿內疚、譴責、痛苦和失敗？找出能吻合你想要的情緒和感覺的新詞彙，懷著愛跟自己說話。

安住當下

當猴心忙著在過去和未來之間擺盪時，你很難知道該跟牠說些什麼。理查・羅爾

（Richard Rohr）神父寫道：「所有靈性的教誨（這不是過分簡化的用詞）講的都是如何安住當下……但問題是，我們幾乎都活在『當下』以外的地方，要不是回顧過去，就是擔憂未來。」

人都喜歡重溫快樂的回憶，和放不下一些痛苦的回憶。但懷舊和懊悔都是陷阱，不但讓人無法獲致新經驗，也會陷入未解決的過去以及／或美好的舊時光裡。過去無法改變，未來仍屬未知，適當的計畫和籌謀對於變化多端的未來多少有幫助，但當這些想法偏向反覆焦慮、擔憂或不切實際的渴望時，就會失去應有的效果。

無論是感到世界正在崩解，或只是工作不順，處於當下的挑戰無處不在。實際上，你從未有過百分之百活在當下的時候，這不是我們的目標。畢竟，沉湎於過去的美好時光或寶貴經驗、爲未來做計畫，都是拓展心理廣度的最佳方法，但不要把時間浪費在後悔或憂慮上。處在當下的練習可以幫助我們做到靈性導師拉姆·達斯（Ram Dass）的忠告：「活在當下此刻。」

當你的心智不斷在過去和未來之間穿梭時，記得在當下裡找線索。你的心智是否在找藉口或分散你的注意？不要思考過去或未來可能發生的事，和緩地引導心智回到當下，問自己幾個跟現在有關的問題：

當下這一刻缺少什麼？

今天有什麼不愉快的事？

我想改變什麼？

在理想情況下，當我們跟現在的自己對話，過去走過的那條由正負因素構成的人生道路就算不完美，也已引領我們來到這裡，讓我們可以接受現在的生活，並從這裡開始成長；以及在理想的情況下，我們也會以當前的脈絡思索未來，讓今天的承諾有實現的機會。

不被任何事物擁有

當我們像跟心愛的人說話一樣地跟自己對話時，就像在觀察孩子心智與成人心智之間起爭執時一樣，會在自己與心智之間拉開距離，好讓自己看得更清楚。前面討論過這個途徑：僧人會退出情境，讓自己變成客觀的觀察者，而不帶有情緒反應。第三章則談過遠離恐懼的方法，並賦予名稱「抽離」。

在水中挺立不動的白鶴，不會在乎身邊游過的小魚。保持如如不動能讓牠抓到更大的魚。

抽離是一種自制的形式，對我提過的各種自我覺察都會帶來無窮利益，但其源頭始終在我們的心智。《薄伽梵歌》對抽離的定義是：爲了做正確的事而做正確的事，因爲必須做，而不會擔心成敗。聽起來很簡單，但試想，要怎麼爲了做正確的事而做正確的事？這意味著擺脫自私自利、自以爲是、個人看法與想望。抽離意味著擺脫感官和欲望的掌控，讓你擁有客觀觀察者的視角。

只有抽離才能讓我們真正控制自己的心智。

我混合了幾個禪宗故事，並引入幾個新角色，好讓這些故事更能彼此呼應。其中之一是關於一名站在皇宮門口的比丘尼。她是知名聖者，國王接見她，問她想要什麼。「我想來這家旅店投宿。」比丘尼回答。

國王對她無禮的回答大吃一驚。「這裡不是旅店，是我的皇宮！」他高傲地說。

比丘尼問：「你來以前，這裡是誰的？」

國王兩隻手臂抱在胸前。「我的父親。我是王位繼承人。」他宣稱。

「他現在住這裡嗎？」

「他不在了。他死了。這是什麼意思？」

「在你父親之前的所有人是誰？」

「他的父親。」國王吼著。

比丘尼點點頭。「啊，」她說，「他們都在這裡住過一段時間，然後繼續踏上自己的旅程。我感覺這裡就像一家旅店。」

這個故事打開了一扇窗，讓我們看見永恆的幻相；近藤麻理惠的《怦然心動的人生整理魔法》爲我們開啓另一扇更近代的窗戶。近藤在這眞人實境秀裡幫助人們清理自己的生活，節目結束時，觀衆會一次又一次看到來賓爲了一場大掃除，流下悲喜交加的淚水，因爲他們清除一大堆執著不放的物品。執著會帶來痛苦，如果你認爲某樣東西是你的，或認爲你是某個東西，那麼你就會因爲那樣東西被拿走而感到痛苦。

先知穆罕默德的堂弟及女婿阿里說過的一句話，最能說明僧人對抽離的想法：「抽離不表示你一無所有，而是不被任何事物擁有。」我喜歡用這種不尋常的解釋來總結抽離的概念。人們通常認爲抽離是擺脫一切、無動於衷，但近藤麻理惠沒有叫大家不要關心、不要在乎，她要人尋找喜悅。其實，最偉大的抽離是置身於一切事物之中，但不被任何事物吞噬和擁有。這才是眞正的力量。

抽離也像大多數僧人努力實踐的事一樣，並非一個讓人抵達的目的地，而是一段必須持續且有意識進行的過程。身在道場，僧人除了思想和身分認同，幾乎可說是一無所有，但就連如此，要想修習抽離就已經夠困難的了。活在現代世界裡的我們，可以爲了修習抽離而努力，尤其是面臨爭辯或重大決定之類的挑戰時，希望盡快達到抽離境界。

不要在家嘗試

僧人會盡一切所能達到抽離境界，但我並不期望你這麼做。等我們先檢視過抽離的運作方式以後，會再討論更實用、甚至有趣的方法，對抽離與其帶來的好處做一番實驗。

禁食、禁語、在或冷或熱的環境中靜心，以及其他討論過的修習法，都能讓你和身體分開來，因爲你會因此明白那份不舒服有多少是你想像出來的。僧人測試抽離的另一方法是空手旅行。沒有食物、沒有住所、沒有錢，我們必須自力更生，明白自己能在極少需要下生活。這也讓人對自己擁有的一切心懷感恩。這些練習都能幫助我們把自己推到身心極限，建立堅決、韌性、勇氣，增強控制心智的能力。

我第一次做一日禁食時，一整天不進食也不喝水的頭幾個小時裡，我感到飢餓難熬。道場甚至規定禁食期間不能午睡，就是不讓我們利用睡覺來逃避飢餓感。我不得不用理智來安撫自己。爲了放下飢餓的念頭，我必須投入更崇高的事物中。

隨著時間過去，我體會到由於身體不需要考慮吃什麼、煮什麼或消化什麼，這其實能讓我擁有更多不同的能量。

禁食讓人擺脫對身體的執著，省下爲了滿足身體需求所耗費的時間。排除飲食能讓我們放下飢／飽、苦／樂、成／敗，我們會把能量和關注轉移到心智上。此後的禁食讓我養成運用那股能量來學習、研究、做筆記或準備演講的習慣，禁食時間從此變成一段充滿創意、沒有雜念的時間。

禁食結束後，我的身體會有疲憊感，但心理卻變得更強壯。身體在失去對食物的依賴下運作，讓我突破心智極限。我獲得了彈性、適應力和機敏，也讓我把禁食的經驗融入生活其他層面。

禁食是理智對肉體發動的挑戰，而長時間的靜默則引發截然不同的問題：當我擺脫了其他人的時候，我是誰？

我已進入三十天禁語期的第九天，我認為自己快要失去理智了。在此之前，我從來沒有一天不說話的，更別說是一個月。跟我同時進道場的一批僧侶，已經超過一星期沒有說話，不看、不聽，或以任何其他方式溝通。我是個話匣子，喜歡分享和聆聽別人的經驗，禁語快把我逼瘋了。我很快就想到：

- 一些很久沒聽的饒舌歌。
- 在僧人學校讀過和學過的所有內容。
- 其他人如何忍受禁語。

- 與前女友一段隨意的交談。
- 如果我有工作，此時此刻的我會做些什麼？（而不是在這裡當僧人，倒數能開口講話的日子。）

這些念頭都是在十分鐘之內冒出來的。

一個月的避靜期完全找不到任何出口。我別無選擇，只有向內觀照一途。我必須面對自己的猴心，跟它開始對話。我問自己：我爲什麼需要講話？我爲什麼不能安於自己的念頭？在靜默中，我能找到什麼別處找不到的東西？當心智開始遊蕩時，我又回來像這樣問自己。

剛開始，我發現靜默和寂定能幫助我在熟悉的活動裡發現新細節。更多的啓示接踵而來，不是透過言語，而是體驗：我發現自己與身體的每一部分都處於協調狀態。我能感受到緊貼皮膚的空氣，以及在體內遊走的氣息。我心裡一片空白。

一段時間過後，出現了其他疑問：我想加入一場對話，爲什麼？因爲我想跟別人產生連結。爲什麼？因爲我需要友誼讓自己感覺完整。爲什麼我會感覺友誼是即時的需要，而不是一種長期的慰藉？這是因爲我執想利用友誼讓我對這樣的選擇感到安全。接著，我看到了需要對我執下的工夫。

我經常在心裡一片空白的時候對自己複誦：「與心為友。」我也會想像心智和我互聯。心智的聲音很大、很熱鬧，有很多事在進行，但建立友誼的唯一方法就是展開對話，而這就是我正在做的事。

禁食和其他苦行提醒我們能承受的艱苦遠比想像的多，也能透過自制和決心克服感官的需索。大多數僧人，無論信仰流派為何，都要堅守獨身、限制飲食，並遠離主流社會。此外，還有一些極端情況。耆那教僧人尊者漢斯拉特納．維加依（Shri Hansratna Vijayji Maharaj Saheb）曾禁食四百二十三天（有幾次中斷）；即身佛是日本人對肉身成道的說法，僧人先以松葉、樹皮和樹脂為食，接著放棄飲食，繼續持咒，一直到身體石化為止。

你不必宣誓或吃松葉就能探索自身極限，甚至可以說，讓人無法成就不可能之事的原因，往往只有覺得自己不可能辦到的錯誤信念。一八五〇年（當時建成第一條標準的環形田徑賽道）到一九五四年這段長達百年的時間裡，人類跑完一英里的速度從來沒少於四分鐘。當時因為沒有人的跑速能少於四分鐘，也就沒有人認為這是一件可能做到的事——直到一九五四年，英國奧運選手羅傑．班尼斯特（Roger Bannister）決心打破這項紀錄。最後他以三分五十九秒四的成績跑完一英里，史無前例地突破了四分鐘障礙。奇妙的是，從那時起，賽跑選手就接二連三打破紀錄。一旦人們不再設限，就會一再衝破極限。

還有一些平凡人也會透過苦行來提高自己的表現，不斷有人實驗分享挑戰極限能幫助他們在日常生活中更認眞思考、態度更積極。接著就來探討運用苦行來抽離的方法。

練習抽離

我們到目前爲止討論過的心智訓練法都與抽離有關：成爲頭腦裡那些雜音的客觀觀察者、與有意識的心智開啓新的對談以重新架構想法、對自己慈悲、活在當下。不以直覺反應做自己想做的事，而要先主動評估情境以後，再做對的事。

把苦行當成你的抽離訓練營課程。與那些限制你的想法斷開連結，敞開心胸，迎接新的可能性，你會像接受戰鬥訓練的軍人一樣，發現自己的心智變得強大又有力，你的能力遠超乎你想像。

你可以嘗試各種苦行或挑戰：放棄電視或手機、甜食或酒；接受體能挑戰；戒掉閒聊、抱怨和比較。對我來說，最具威力的苦行就是在寒冷或酷熱的環境中靜心。擺脫寒冷唯一的方法就是內觀，我必須透過與心智對話的方式，轉移對身體不適的注意力。我現在還是會把這技巧用在健身，像是做仰臥起坐時，把覺知帶到沒有疼痛的身體部位。我不建議你用這方法處理心理上的痛苦，畢竟我不是禁欲主義者！但把注意力從肉體疼痛轉移開來的技巧，能讓你用正面意義忍痛。當你知道疼痛有價值時（在健身房鍛鍊強壯結實的身體，在炎熱的天氣爲孩子準備食物），你就能在身心兩方面推動自己，專注在重要的事物上，而不會因爲不舒服而分心。

正如前面提到的3S，我們先從覺察開始，也就是「指認」執著的對象。你在什麼時候會感到執著？什麼時候最容易執著？假設你想擺脫對科技的執著吧，你是因爲無聊、懶惰、害怕錯過什麼或覺得寂寞而使用科技嗎？如果你想戒酒，檢視你每天喝酒的頻率和時間。你是爲了放鬆、交朋友、獎勵自己或逃避現實而喝酒嗎？

一旦診斷出執著的問題何在，下一步就是「停止」和再思考。你想增加和減去什麼？你想花多少時間在科技上？用什麼形式？你想全數刪除哪一類應用程式，或者限制使用手機的時間？你或許在考慮戒酒，是否想試試一個月滴酒不沾，看看你對自己了解多少，或想限制飲酒量？

第三步是「調換」成新行爲。我推薦兩種通用方法，你可以從中選擇最符合自己個性的一種：僧人的方法是全心投入，如果完全沉浸其中的極端方式適合你，不妨承諾自己，在一個星期或一個月內完全排除社交媒體，或像前面提過的，一個月滴酒不沾；如果循序漸進對你更有效，那就先踏出一小步，再逐漸累進——以科技戒癮爲例，你可以限制上網時間，或只設一些限制，但不完全刪除某些應用程式。

決定你要如何運用騰出來的時間。如果你想減少看 YouTube 影片，那就找另一種能讓你放鬆或減壓的方法。靜心是我的第一選擇。如果你想減少花在社交媒體上的時間，你會把時間用在與人面對面而不是跟線上的朋友互動嗎？或許，你可以計畫選擇一些 Instagram 的照片來納入相簿或掛在牆上。運用騰出來的時間滿足同樣的需求，或拿來完成那些老是被延宕的計畫和待辦事項。

當我們想改變時，心智也許會先試圖反叛。找方法緩解過渡期的衝擊。如果我想少吃一點糖，閱讀糖與致癌關連的研究報導能強化心智，驅動我堅持下去。我妻子也特地為我準備了「最差勁的零食抽屜」，但其實裡面沒有「差勁」的東西，沒有垃圾食品，沒有滿足我口腹之欲的零食。我也會尋找能克制欲望的習慣。我發現從健身房回來以後，糖吃得比較少了。對我來說，去健身房會喚醒我的馬車伕。當我明白自己一直在用糖增加能量、改善情緒以後，我就會開始尋找其他有類似效果的健康活動。

一旦欲望初期的陣痛緩解以後，你就能感受到抽離的好處。你會找到新的清明感和視角，也會對猴心更有控制力，同時停止控制那些無法控制的事物。心智會安靜下來，讓你在沒有恐懼、我執、嫉妒或貪婪的情況下做決定。你會感到有信心，有能力擺脫幻相。雖然生活仍不盡完美，但你會如實接納，並看到一條清晰的道路。

定期對心智維修保養

抽離並不意味著完全忽視身心。身體是容納我們的器皿，因此很重要。我們當然必須照顧、餵養、保持身體健康，但容器畢竟只是一個載體，承載的是眞正的價値。正如前面討論過，心智是理智進行控制和約束時的重要平衡器。如果沒有馬車、馬匹和韁繩，馬車伕的選項就會受限，他的速度會慢下來，或者無法靠自己跑遠路，或是無法搭載疲憊的旅客，送達目的地。我們不是要消除頭腦裡的聲音或搭載這些聲音的身體，而是要引導到正確的方向，但這意味著馬車伕的重任是無止境的。

我們拖著疲憊的身體、吐著難聞的口氣起床，每天早上都要刷牙和淋浴，不會因爲需要清洗而批判自己。肚子餓的時候，我們不會對自己說：噢，天哪，我糟透了。我怎麼又餓了？當你感覺缺乏動力、注意力不集中、焦慮或糊塗，而且馬車伕又虛弱無力時，要保持同樣的耐心和理解。喚醒馬車伕就像淋浴和進食一樣，是日常練習的一部分。

「全世界最快樂的人」馬修．李卡德說，我們應該把內心的平和當做一種技能來培養。「反覆咀嚼悲傷和負面情緒，」他說，「會強化悲傷和負面的感覺。但如果你培養慈悲、喜悅和內在的自由，就會建立韌性，讓你自信地面對生命。」我問他要如何培養這些技能，他說：「訓練大腦，畢竟只有你的心智能把外在世界轉譯爲樂或苦。」

好消息是，你練習得越多，花費的努力就越少。就像定期鍛鍊肌肉一樣，技能也會變得更有力量、更加可靠。如果能做到每天清理，溫和地把那些無用的思想重新導向，心智就會變得純淨、平靜，為成長做好準備，我們也得以在新挑戰變得難以管理之前就予以處理。

正如《薄伽梵歌》的忠告：「培養菩提心或對眞知的明辨力，把智慧落實在行動上，讓自己知道眞／假、虛／實、眞我／假我、聖／俗、眞知／無知，知道眞知如何帶來啓明和解脫，無知又是如何掩蓋智慧，讓你陷入束縛之中。」

我執往往阻礙人獲得眞知，把心智導向一時的念頭和外在形象。接下來，我們要檢視我執如何影響心智，以及縮減它對眞我的影響力。

第八章 我執

你追我跑

放棄一切私欲，擺脫「我」與「我的」的我執牢籠，
就會得到永遠的解脫自在。
——《薄伽梵歌》2:71

梵語的「vinayam」是「謙卑」或「謙虛」的意思。謙卑的人會敞開心胸學習，是因爲知道還有很多自己不知道的事物。可見自以爲無所不知正是學習的最大障礙，而這種虛假的自信就根植於我執。

《薄伽梵歌》把眞我與假我之間做了一番區別。眞我是人的本質，是讓我們覺知並覺醒於實相的意識；假我是編造出來的身分，目的是打造並維護最吸引衆人關注、最偉大的全知的我。然而，相信假我會保護你，就像把紙盔甲當成鋼鐵衣一樣。你走上戰場，抱著

假我能保護你的自信，但只要一把奶油刀就能輕易刺傷你。《娑摩吠陀》（*Sama Veda*）說：「財富的傲慢會摧毀財富，力量的傲慢會摧毀力量。同樣地，知識的傲慢也會摧毀知識。」

戴上我執的面具

不加約束的我執會傷害我們。為了展現自己是最偉大和最聰明的人，我們隱藏了自己眞實的本性，展示在世人面前的是一個面具人格（persona）。面具人格是關於我們是誰、想成為誰、希望如何被看到，以及在某個特定時刻的感受加總起來的複雜體。我們單獨在家時是某一個人，但向世界展示的卻是另一個版本的自己。在理想情況下，這兩個我之間唯一的區別是，那個公諸於世的面具人格會努力表現體貼、關心和慷慨的樣子。但我執往往會半途殺出，不安全感讓我們想說服自己和別人相信自己與眾不同，因此我們設計出一個不誠實的版本，想讓自己表現得更有學問、成就與自信。我們把膨脹的自我呈現在他人面前，竭盡所能地保護好希望別人感知到的那個我。西元第四世紀的僧人埃瓦格里烏斯·龐蒂古斯（**Evagrius Ponticus**，又名隱士埃瓦格里烏斯〔**Evagrius the Solitary**〕，僧人往往會取一個很酷的名號）寫道：「傲慢是『使靈魂墮落最強大的力量』。」

虛榮與我執攜手並行，為了展現亮麗的自我，我們付出巨大的努力。我們梳妝打扮，是為了讓自己感到舒服和體面（一套「制服」就能輕易達到目的），甚至是因為喜歡特定衣裝的顏色或款式。但我執想要的不止於此，它還要我們的外表引人注目，驚豔全場，贏得讚美；我執在讓別人刮目相看的過程中尋找自信和愉悅感。有一張華倫．巴菲特和比爾．蓋茲並肩而立的迷因照片，標題是：「一張一千六百二十億美元的照片裡看不到古馳腰帶。」我毫不反對時尚名牌腰帶，但重點是，如果你對自己的本我感到滿意，就不需要向別人證明自己的價值了。

深入思考真我和面具人格的差別，思索你在獨處時，在沒有人批判、你也不想討好別人的情況下做出的選擇。只有你知道自己會選擇靜心或看Netflix影片、小睡或跑步、穿休閒褲或名牌服飾；只有你知道自己吃的是沙拉，還是一大包女童軍餅乾。想想那個沒有其他人在場、不必在乎別人看法、沒人會提供你任何東西時冒出來的自我。這是你瞥見真我的一刻。正如格言說的：「當沒有人看你時，那個你才是真實的你。」

我執讓我們成了騙子

我執竭盡所能，試圖引人注目，以至於玩弄比自我膨脹更高一籌的手段，甚至驅使我們撒謊，但這麼做往往適得其反，到頭來只會讓人醜態畢露。美國脫口秀主持人吉米・金摩（Jimmy Kimmel）拍攝《整人單元》（*Lie Witness News*）時，派了一組攝影團隊去美國加州的科切拉音樂節，虛構幾個樂團名稱，隨機採訪路人對這些假樂團的看法。採訪者首先對兩名年輕女孩假稱：「我今年最喜歡的樂團之一，是施洛莫醫生和GI診所。」

「對，他們一直都很棒。」其中一名女子說。

「對，看他們的現場表演讓我很興奮。」另一個女孩又補一句，「我認爲他們會成爲很棒的現場演奏樂團。」

「你有去看他們在羅拉帕洛查音樂節的表演嗎？」

「不，我沒去。我好生氣。」

接著，採訪者又問：「妳們也像我一樣迷上肥胖瘟疫樂團嗎？」其中一人熱切回答：「我喜歡他們的整體風格，很棒的類型。有點創新，是新出道的樂團。」

我執渴望別人的認可、承認、讚賞——我是對的、我高人一等、我要打壓別人、我要讓自己高高在上。我執並不想從本質上變好，只是想表現出更好的模樣。靠著虛張聲勢度日，佯裝成那個不是自己的人，到頭來只會四不像。

法蘭克・艾巴格納爾二世（Frank Abagnale Jr.）的回憶錄與同名改編電影《神鬼交

鋒》（*Catch Me If You Can*），說的就是靠著假我混吃騙喝的典型故事。男主角是才華橫溢的騙子，憑著模仿的高明本事，混充飛行員和外科醫生等他從未做過的專業工作。我執的包裝讓他把天賦發揮在低劣自私的目的上，因而迷失自我。他出獄後，把同樣的技能和才華發揮在安全顧問工作上，老老實實過生活。眞正的自我，也就是健康的自我形象，來自爲最高目的實踐自己的法。或許是服刑期間有了反思和謙卑的時間，他終於找到一條實現更高目標的途徑。

我執打造的虛假階級

建立一個自信和學識淵博的門面，並不是假我說服自己和別人相信自己很棒的唯一策略。它還會無所不用其極地打壓別人，以爲如果別人「矮我一截」，那自己必然是特別的人物。我執透過身材、教育程度、資產、宗教、種族、國籍、汽車、衣服，對自己和他人進行高低優劣的排名，極盡一切所能地對別人做不利的批判，只因爲他們跟自己不一樣。

想像一下根據使用的牙膏品牌給人分族群等級，這顯然是荒謬無比的區分法。用身體部位或出生地爲標準，也同樣是錯誤的畫分。爲什麼膚色會比血型更重要？我們都來自同樣的細胞。達賴喇嘛說：「在燦爛的陽光下，許多不同語言、服飾，甚至不同信仰的人聚在一起。然而，我們都是人類，都有獨一無二的『自我觀』，也一樣想避苦趨樂。」

第五章討論過印度種姓制度如何錯誤地區分人的稟賦。認定婆羅門階級一出生就優於其他人，因此他們應該在政府擔任要職，就是以我執驅動的思想來詮釋個人的天賦能力。謙卑的聖人會平等地對待眾生，這就是僧侶不吃動物的原因。《薄伽梵歌》說：「完美的瑜伽修行者是眞正看到眾生一體的人，包括他們的快樂和苦難。」

當我們被成功沖昏頭時，往往會忘記眾生平等的事實。無論你是誰或有過什麼成就，要注意你是否會因爲自己設定的身分，而期望或要求特殊待遇。在人生舞台上，沒有人應該比別人擁有更好的座位。你可能在門票發售前一晚排隊等候幾小時，或爲了好座位而多花錢，或由於劇院感激你的支持而給你好座位；或者，你也像大多數人一樣，只能冀望自己會得到好位子。但如果你覺得自己有權獲得更好的待遇，那就深入挖掘這種感覺的根源。是什麼讓你自覺比其他觀眾更優越？**傲慢的我執渴望別人的尊敬，謙卑的工人會激發別人對他的尊重**。

我經常思考要怎麼做才能讓我們把彼此視爲世界公民。我爲「愛沒有標籤」公共服務活動廣告委員會拍影片時，在美國奧蘭多跟人們討論「脈衝夜店」槍擊事件的影響，並聽社區住民講述他們如何在這場悲劇後重新凝聚人心。我認識了夜店附近一座教堂的牧師泰莉．史迪．皮爾斯（Terri Steed Pierce），她的教會主要是由LGBTQ（女同、男同、雙性與跨性別者）所組成，以及教民主要爲白人和異性戀的喬爾．韓特牧師（Joel Hunter）。他們兩人在悲劇發生後因爲一起合作而成爲朋友。「有人會因爲我們的對話而找到希望。」皮爾斯牧師說。韓特牧師補充道：「這就是改變未來的基礎。」正如皮爾斯牧師說的，他們是「兩個志同道合、希望改變世界的人」。

這段美好的友誼也點出一個問題：「**為什麼人會因為一場悲劇才聚在一起？**」我執讓我們走上一條道路，在這條路上，我們更重視自己，以及那些被我們視爲「同類」的人。爲什麼我們會走上這一條路，直到有一天被推土機剷平爲止？人人平等的前提，可以讓我執無法胡作非爲。當你認爲某人的地位或價值低於你時，把視線轉回來看向自己，找找看，爲什麼你的我執會感到受威脅？僧人的核心價值就是以平等的崇敬和尊重對待每一個人。

批判別人前，先看向自己

即使沒有刻意隔離不同族群，我們還是難免給人分等級或排除異己，透過批判別人（包括同事、朋友和家人）來提升自己。有一個禪宗故事，講述四個和尚靜心七天七夜，第一天進行得很順利，但到了傍晚，因爲負責點燈的和尚仍然端坐不動，其中一個和尚終於忍不住開口：「朋友！該點燈了！」

第二個和尚轉向他。「你打破了禁語的規定！」他喊道。

第三個和尚也加入陣容：「傻瓜！你們都犯了禁語戒！」

第四個和尚望著他們，臉上露出一抹驕傲的微笑。「好，好，太好了，」他自誇說，「看來我是唯一守默的人。」

故事裡每一個和尚都譴責別人說話，也因此都犯了同樣的戒規。這就是批判的本質：總會以不同的方式反射到自己身上。在批評別人沒有達到高標準行爲的同時，我們也同樣沒能達標。

在許多情況下，批判是爲了轉移別人或自己的注意力，以免看到我們自己的缺點。「投射」是一個心理學名詞，意指我們傾向於把自己不想處理的情緒或感覺投射到別人身上。我們投射的次數其實非常頻繁！因此，在批判別人以前，稍停片刻，問自己：我尋找別人的過錯，是爲了不讓自己或別人看到我的不安全感嗎？我把自己的弱點投射到他們身上了嗎？即使我沒有犯那些錯，我有比被我批判的人好嗎？因爲每個人的情況都不同，我不能告訴你前兩個問題的答案是什麼，但第三個問題的答案始終是「沒有」！

我執是成長的障礙

我執玩弄的這些伎倆會把我們困在無知當中。正如法蘭克·艾巴格納爾二世沒有付出當飛行員或醫生的努力一樣，我們在打造假我表相上付出的努力，也會使自己偏離學習和成長的正道，甚至不是高明騙子的人也會因此錯失了學習和成長的機會。你坐在人群裡，只想等著某人講完話時，趁機說出你精采的故事或機智的見解，根本沒吸收對方講話的重點。你的我執只想跟對方一較長短，隨時準備展示自己聰明風趣的一面。

當我們渴望展現自己的無所不知時，就會遽下論斷，聽而不聞，錯失了朋友寶貴的新觀點。一旦我們有了定見，就不太可能改變。播客節目《講理》（*Rationally Speaking*）主持人朱莉亞·加萊夫（Julia Galef）在TED演講的主題是「爲什麼明明是你錯了，還認爲自己是對的？」（Why You Think You're Right Even When You're Wrong），她把這種僵化思維稱爲「士兵心態」。士兵的職責是保護和捍衛自己這一方，與之相反的是「哨兵心態」。加萊夫說：「哨兵心態意味著即使不樂見情勢的變化，也要盡可能準確了解陣地的最新情況。」士兵對國家有承諾，因此重視連貫；哨兵要探查現況，因此重視事實。士兵心態根植於防禦和部落主義，哨兵心態根植於好奇心和探祕；士兵重視站在自認爲對的一邊，哨兵重視客觀資訊。加萊夫說，我們是士兵還是哨兵，與智力或教育程度關係不大，而與我們對生活的態度更有關係。

當發現自己出錯時，會感到羞愧還是感激？當發現某項資訊與過去一貫的信念牴觸時，會自我防衛還是充滿興趣？一個無法敞開心胸的人會拒絕學習、成長和改變的機會。

組織文化的我執

我執不只會限制個人看事物的觀點，政府、學校和組織（在心胸狹窄者的領導下）也會因爲無法超越所知，最終只能形成一套我執文化。民選官員爲自己的選民以及／或捐款人奮戰，對支持者以外的世界及後代子孫毫不在乎。歷史教科書是以勝者角度寫成，組織以一切依照前例的思維行事，而不隨著外在環境變通。二〇〇〇年，網飛（Netflix）聯合創辦人里德．哈斯廷斯（Reed Hastings）有意把四十九％的公司股份賣給百視達（Blockbuster），卻遭到拒絕：十年後，百視達破產，而今天網飛至少擁有一千億美元市值。「這是我們一貫的作法」或「我已經知道了」這類話語裡隱含著失敗的危險。

百視達和網飛的故事在科技界廣爲人知，因此當我在一次研討會上跟七十多位行銷總監分享這個故事時，我問他們：「你們有多少人在我分享這個故事時，感覺自己已經知道我要說些什麼了？」大約一半的人舉手。我告訴他們，相信自己已經知道需要知道的事，正是這些公司面臨的問題。當你假設自己知道時，就等於設下一道無法跨越的障礙，錯失了潛在的學習機會。萬一那則故事還有言外之意呢？（這一點本身就是它的言外之意。）你可以對熟悉的內容聽而不聞，也可以視爲更深入的反思點。即使你自認爲已經知道故事內容，也要試著在每一次聽到時都當做新的體驗。

有一位日本大學教授去拜訪南隱禪師。南隱沏完茶，把訪客的杯子倒滿後，還是繼續倒。教授看著茶滿溢而出，終於忍不住開口：「杯子已經滿了，茶倒不進去了！」

「你就像這個杯子，」南隱說，「心裡裝滿了見解和臆測。你不先把杯子清空，我要如何跟你開示禪法？」清空自己，才能裝進知識和有益的經驗。

我執會孤立你

據說，羅馬將軍凱旋歸國時，按習俗會有個奴隸在他的耳邊低語：「記得你是凡人。」不管戰功多彪炳，受多少人擁載，他仍像其他人一樣只是一介凡人。如果你在比賽占了上風，要提防，我執會孤立你。不要活在一個自以爲特別、而以差別心待人處事的世界裡。

飾演漫威英雄鋼鐵人的小勞勃·道尼（Robert Downey Jr.）在訪談裡也說過相同智慧

的現代版。在家裡他不是鋼鐵人，他說：「我回到家，聽不到粉絲對我喊『哇！』而會聽到（我老婆）蘇珊問：『你把蒙蒂放出去了嗎？你讓貓跑出家裡了嗎？』我會說：『不知道。』她說：『我不認爲牠在家裡，去外面找找看。』」這提醒他（和我們），即使是電影巨星，回到家裡也只是平凡人。如果你相信自己是鋼鐵人，那應該是因爲你的確有鋼鐵人般的高超本領；如果你得到他人禮遇，那是因爲人們欣賞你，但當你要求或自覺有特權時，你就是在要一份不屬於自己的尊重。

我執的雙面刃

正如水能載舟亦能覆舟，把我們硬撐起來的假我也會輕易拆我們的台。當我們的弱點暴露出來以後，曾經誇我們出色又成功的我執就會失去防禦能力。沒有了面具人格、謊言和偏見，我們只是空殼子罷了。這是《神鬼交鋒》的主人翁法蘭克落網時必然有的感覺。戴面具的我執經常會轉爲低自尊，而我們會在這兩種情況下，過度執迷在自己和他人對我們的觀感裡。

你一手打造出的高高在上神話，只能維持一段時間。就算你不打破我執，生命也會替你打破。

我在道場生活那三年，始終爲了健康問題而掙扎。我的身體也許不是我，但我仍需要透過這軀殼活在世上。最後我在筋疲力竭、消瘦、迷失的情況下住進醫院。

我在醫院接受兩個月阿育吠陀治療。僧人來探望我，讀經給我聽，但我還是感到很孤單。在這一段孤獨的生活裡，我體會到兩件事。

首先，我的身體不適合我想過的生活方式；第二，也更讓我困擾的是，道場的生活也許不是我的天命所在。我想傳播智慧的動力與僧人的框架格格不入，我有一股想用更現代的方式分享觀念和哲理的衝動。這也許是我的法，但不是僧人生活的目標，也不是神聖的實踐之道。

我不知道僧人生活這條路是否適合我。

這想法擊中我的要害，讓我深感不安。我無法接受離開道場的事實。我想知道這股懷疑是否來自我不健康的身體狀態。我目前的心態適合做決定嗎？

出院後，我又去倫敦接受進一步的治療。有一回，我跟我的靈性導師拉德納特尊者一起開車兜風，我把心裡的想法告訴他。他聽了一會兒，問我幾個問題後陷入思考。他接著問道：「有的大學生當教授，有的當企業家。哪一種比較好？」

「都不好。」我說。

「你的訓練結束了。我認爲你還是繼續走自己的路吧。」

我啞口無言，沒想到他這麼快就斬釘截鐵地選了一邊。我可以看出他不認爲我是失敗者，但我會不由自主地往自己身上投射。我失敗了，他要跟我分手。正如他說的：「問題不是你，是我，我們的方法行不通。」

放棄師父、計畫和夢想的念頭不只讓我難以招架，對我執來說，這也是一記當頭棒喝。我在這個地方、在這個世界投入太多心血，未來的計畫全都建立在這一決定上，但我知道這不是我的路，我的師父也知道不是。我無法在這裡實現我設定的目標。此外，我爲了投入僧人生活，已經邁出這麼重大的一步，向家人、朋友和所有認識的人宣告我的決定，我執陷在失敗的憂慮裡無法自拔。我以爲進入道場是我這一生最困難的決定，但想不到離開道場更難。

我一無所有、漫無目標、身無分文、灰心喪志，背著二萬五千美元的學貸搬回父母家。買一些巧克力會讓人有點興奮感，但這只是解決存在危機的間接之道。離開倫敦時，我胸懷改變世界的壯志，如今回到倫敦，卻沒人知道我做過什麼，也沒人了解這麼做的價值何在。我的父母不知道該如何跟我互動，也不知道該如何告訴親友。親戚來跟父母打聽，想知道我的頭腦清醒了沒；大學同學想知道我會不會找一份「眞正的」工作。他們想說的是：「你當和尚失敗了嗎？你的『什麼都不想』也失敗了嗎？」

我最大的夢想摧毀了，我能感受到這給我執帶來的沉重打擊。這是我一生中最難熬、最丟臉、瓦解得最徹底的一刻，也是最重要的人生經驗之一。

雖然僧人們全力支持我離開的決定，但走出道場卻顛覆了我對身分認同和一切作爲的信心。我的世界動搖了，自尊心也跟著直線下墜。低自尊是我執膨脹的反面：一面是無所不能，另一面是一無是處。

如果我不是躊躇滿志、有高度靈性的人，那我就是失敗者；如果我不偉大，那我就是無比悽慘。這兩種極端都有問題。往往要透過洩了氣的我執，才能讓你看清膨脹的我執如何高估自己。我變得謙卑了。

謙卑：我執的萬能藥

我執是雙面人，會在這一刻說你無所不能，下一刻卻說你一無是處。任何一種說法都會讓我們看不清眞實的自己，而眞正的謙卑會讓人看見兩極之間的中道。我在某方面表現出色，在其他方面卻不然。我的意圖良善，但不盡完美。在我執的全能或無能之外，謙卑讓我們了解自己的弱點，進而想加以改善。

《薄伽梵往世書》（*Bhagavata Purana*）第十篇裡，創造之主梵天向至尊克里希納祈禱。梵天向克里希納道歉，因爲祂在創世過程中過於志得意滿；後來他遇到了克里希納，才終於承認自己只是一隻螢火蟲罷了。

螢火蟲在夜晚發光時會想，瞧，我的光多亮、多神奇啊！我把整個天空都照亮了！但白天一到，無論螢火蟲多麼亮，牠的光都會變得微弱不堪，甚至隱而不見。這時牠就明白自己的微不足道。梵天自以爲是祂在照亮世界，但當克里希納的陽光普照時，祂才意識到自己只不過是一隻螢火蟲罷了。

在我執的黑暗裡，我們認爲自己特殊、強大且舉足輕重，然而，當我們把自己放在浩瀚的宇宙裡，卻看到自己只扮演了渺小的角色。如果想像螢火蟲那樣找到眞正的謙卑，就必須在太陽出來時看清眞實的自己。

記住兩件事，忘記兩件事，學習謙卑

在道場裡，通往謙卑最直接的途徑就是做一些簡單的雜務，也就是那些不會讓你成爲關注焦點的粗活。我們用水管沖洗大罐子，在菜園裡拔野草，沖洗廁所（最苦的一項）。重點不只是完成需要做的工作，也是爲了防止僧人罹患大頭症。我談過自己對這一類工作缺乏耐性，爲什麼要浪費自己的專業能力來這裡撿垃圾？僧人說我沒抓到重點。有些工作會強化能力，有些能塑造品格。那些不必動用大腦的活動讓我煩心，但我到後來才了解，做一些對心理沒有挑戰性的工作，能挪出反思和內省的空間。這種工作畢竟還是有價值的。

道場那些平凡的雜務無法在現代社會裡如法炮製，但任何人都可以嘗試這種簡單的心理鍛鍊，讓自己更能在日常生活中覺察到我執。

道場教我們記住兩件事，忘記兩件事。

要記住的兩件事是：我們對他人做過的壞事，以及別人對我們做過的好事。專注於自己做過的壞事，會迫使我執記得自己的不完美，並有所懺悔。這讓我們腳踏實地。記住別人爲我們做過的好事，會讓我們以謙卑之心面對自己需要別人的事實，並對收到的禮物心懷感恩。

要忘記的兩件事是：我們做的好事，以及他人對我們做的壞事。念念不忘自己的善行會讓我執增長，因此要忘記這些行爲。另外，也要放下別人對我們的不好。這並不意味著我們必須與傷害自己的人成爲好朋友，但心裡窩藏憤怒和怨恨，會使我們把關注焦點放在自己身上，而不會以更廣闊的視野看待一切。

我的靈性導師拉德納特尊者在倫敦寺院談自我實現的特質時，讓我想到另一種思考方式。他說，人要像鹽巴一樣，只有食物裡的鹽巴太多或不足時，我們才會注意到鹽巴的存在。沒有人會說：「哇，這一道菜的鹽巴太完美了。」當鹽巴放入的分量恰到好處時，沒有人會察覺它的存在。謙虛爲懷的鹽巴承擔了五味不調的過失，卻不會爭奪五味俱全的功勞。

一九九三年那年，瑪麗．強森（Mary Johnson）的兒子拉拉蒙．伯德（Laramiun Byrd）才二十歲，在一場聚會裡跟人發生爭執，被十六歲的奧希亞．以色列（Oshea Israel）槍殺。奧希亞因謀殺罪入獄長達十五年。瑪麗或許有憎恨別人最充分的理由，她也眞的痛恨奧希亞，但最後，她驚訝地發現自己不是唯一受傷的人，奧希亞的父母也因此失去兒子。瑪麗決定爲同樣遭遇的母親成立名爲「重生」的支持團體，並且納入孩子殺了人的母親。瑪麗認爲，如果不眞正寬恕奧希亞，她就無法與兇手的母親相處，因此她主動去監獄探視奧希亞。兩人見面時，奧希亞要求擁抱她。瑪麗說：「我站起來時，感覺一個東西從腳底升起，離開了我。」他們初次見面後，便相約定期會面。奧希亞出獄後，瑪麗請房東同意讓奧希亞搬到大樓來住。「無法原諒會像癌症一樣，從內到外啃噬你。」瑪麗說。她戴了一條墜子有兩面的項鍊，一面是兒子的照片，另一面是仍然無法原諒自己的奧希亞。毗鄰而居的他們，一起走訪監獄受刑人和上教堂，也談論彼此的故事和寬恕的力量。

謹記自己的錯誤，忘記自己的成就，就會約束我執，增加感恩之心，這是最簡單有效的謙卑之道。

覺察我執

隨著覺察力增強，我們會開始注意讓我執蠢蠢欲動的特定時刻或環境。我的道場曾派遣僧人團體，前往斯堪的納維亞半島展開背包客徒步旅行，並在沿途城市的市中心舉辦即興靜心活動。我們遇到的大多數人都很熱情，對健康有興趣，也對靜心抱著開放態度。在丹麥一個停留點，我走到一位紳士面前，問道：「你聽過靜心嗎？我們很樂意教你。」

他說：「你不能找點有意義的事幹嗎？」

我的我執蠢蠢欲動了。我想說：「我不是笨蛋，我聰明得很！我是一所優秀大學的畢業生！我可以賺進百萬年收，不必幹這種事——這是我自己選擇要做的！」我眞想讓那傢伙搞清楚狀況。

但是，我反而回答：「祝你愉快。如果你想學，有空再來。」

我能覺察到我執的反應。我注意到了，但拒絕縱容，不任其胡作非爲。這就是克制我執的實例。我執不會消失，但我們可以觀察，以此約束我執對我們的掌控力。

眞正的謙卑是比壓抑我執退後一步。在倫敦寺院的一堂課裡，一些僧人的態度魯莽，像是嘲笑所做的練習、在禁語時高談闊論。我望著寺院的住持蘇塔帕，希望蘇塔帕師父罵他們幾句，他卻沉默不語。下課後，我問師父為什麼要容忍這種行為。

「你看到的是他們今日的表現，」他說，「而我看的是他們已走了多遠。」

師父記得那些僧人做過的好事，忘記壞事。他沒有把他們的行為當成自己的反映，或表示對他尊重與否，而是採取了更長遠的、與自己無涉的客觀觀點。

如果有人對你態度惡劣，我不建議你像師父一樣容忍。有些苛待是不能接受的，但你不妨把視角放大，把這個人的行為放在一個更大的畫面裡看——他是不是疲憊了？他是不是很沮喪？他有比之前改善了嗎？——在你讓我執介入前，先考慮導致這個人做出這種行為的可能因素。每個人都有故事，而我執有時會選擇忽略背後的故事。不要認為所有事都是衝著你來，你會發現很多事往往與你無關。

抽離我執

住持師父和我都採取同樣的途徑，讓我執噤聲。我們擺脫了制約反應，變成客觀的觀察者。

我們認為自己就是那些獲得的成就，認為自己就是我們從事的工作，認為自己就是我們的家，認為自己就是我們的青春和美麗，但你要明白的是，無論你擁有什麼技能、功課、財產或原則，這都是別人給你的，而那個給你的人也是從別人那裡獲得的。

以下這段話不是直接摘錄自《薄伽梵歌》，而是書中對抽離所做的結論：「**今天屬於你的東西，昨天是別人的，明天也會屬於另一個人。**」

無論你靈性上的信仰是什麼，當你認知這一點，就會眞正看見自己僅是一個器皿、工具、保管人；你只不過是世界最高力量的管道。你該感謝自己的老師，並把這份禮物用於更崇高的目的上。

抽離就是解脫。當我們不再用成就定義自己，所有壓力就會瞬間釋放。我們不必做到第一名，不必成爲全丹麥最令人動容的客座僧人，我的老師也不必看到學生時時刻刻目瞪口呆地讚嘆奇蹟。

抽離會激發感恩的心。當我們放下所有權，就會明白自己所有的成就都是在別人的幫助下完成，包括父母、老師、教練、老闆、書籍，就連那些「獨創」的知識和技能，其實也都來自別人的作品和研究。當我們爲自己的成就心懷感恩時，會記住不要因此沖昏頭。

在理想情況下，感恩會激發我們成爲獨樹一格的老師，以某種方式傳遞我們所獲得的一切。

試試看　轉化我執

留意以下四個有助於你與我執脫勾，進而深思熟慮、做出有效回應的良機。

1. 遭受羞辱時：觀察你的我執，用寬廣的觀點看對方的負面情緒，對情境做出回應，而非羞辱本身。
2. 接受讚美或褒獎時：藉機感謝幫助你改善這項特質的老師。
3. 與伴侶爭執時：追求是非對錯、想壓過對方的欲望，來自你的我執不願意承認自己的缺點。切記，你也許是對的，但你還可以再進一步，設身處地看對方的立場。一天以後，再看看你有什麼感覺。
4. 想壓過別人時：聽別人說話時，我們常用某個故事，來表現自己比對方更優越；反之，你該好好傾聽，以了解和認可對方。保持好奇心，先別談論任何與自己有關的事物。

走出失敗的泥淖

當我們感覺不安時——像是沒達到職涯或人際關係的目標，或自己設定的其他里程碑——這種時候往往不是我執出來捍衛，就是自尊心降到谷底。任何情況都與我們有關。擔任心理治療師的前天主教修士托馬斯·摩爾（Thomas Moore）在《靈魂的關懷》（*Care of the Soul*）中寫道：「被失敗徹底擊潰，好比『消極的自戀自憐』……若能在想像中感恩自己的失敗，就能把失敗與成功重新聯繫起來。一旦失去這種聯繫，工作就會陷入成功的自戀式幻想和失敗的悽慘感受。」謙卑來自接受你當前的處境，不視之爲你眞我的反映。接著，你就能運用想像力找到成功了。

莎拉·布萊克利（Sara Blakely）想攻讀法學院，但兩次都沒能通過法學院入學考試。沒當成律師的她，花了七年時間挨家挨戶銷售傳眞機，但她從未忘記父親的訓勉。每天吃晚餐時，父親不會問她和哥哥「你們今天在學校做了什麼」，而是「你們今天做什麼失敗了」。失敗意味著有嘗試去做，而嘗試往往比即時的結果更重要。當莎拉有想開公司的想法時，她知道唯一的失敗就是不去嘗試。她用攢下來的五千美元創辦了斯潘克斯（Spanx）女性內衣公司，在十五年後變成了億萬富翁。我們不冒險的原因往往是害怕失敗，而歸根究柢，就是恐懼我執會受到傷害。如果能克服自己會被失敗打倒的想法，我們的能力就會呈現指數型成長。

我個人像莎拉那樣的啓示發生在倫敦，也就是我離開道場後的一星期左右。

我以前相信，我的法是以僧人身分傳播智慧和助人；如今雖然回到童年時代的家，我並不想將就更低下的目的。我能做什麼？我們家並不富有，我不能悠閒地等答案來找我。我害怕、緊張、焦慮，我在道場練習時所有該戒絕的事都朝我一一反撲。

有一天晚餐後洗碗時，我看著水槽上方的窗户。窗外是一片花園，但在黑暗中，我只能看到自己在玻璃窗上的倒影。我琢磨著如果現在還在道場，我會做什麼？現在是晚上七點，我或許正在讀經、做研究或去講課的路上。我用一點時間觀想自己走在道場的小路上，去圖書室上晚課。接著又想到，這裡和道場的時間是一樣的。我現在有一個選擇：我可以像在道場一樣善用時間，讓這個晚上變得有意義、有目的，或者選擇在自艾自憐和後悔中浪費時間。

我放下氣餒的我執，領悟到身爲僧人，我受過處理焦慮、痛苦和壓力的技巧。我已經不在那個可以用自然、容易的方式達到這些目標的道場，但我可以把在那裡學到的東西，放在喧囂、複雜的現代社會裡做測試。道場就像學校，這就是學校給我的考試。我必須工作賺錢，不會有同樣多的時間修行，但修行的品質卻取決於我。我沒辦法一天花兩個小時讀經，但可以只讀一節經文，並落實在日常生活裡。我無法透過清理寺院來淨化心靈，但可以在打掃家裡的同時學習謙卑。如果我認爲自己的生命毫無意義，它就會毫無意義；如果能找到方法活出自己的法，我就能做到自我實現。

我開始像要去上班一樣每天打理自己；我把大部分時間花在圖書館裡，廣泛閱讀有關個人成長、商業和科技的資訊。我謙卑地重新成爲生活的學生，這是一個讓我重新進入這個世界的有力方法。

受害者心態是彰顯於外的我執，讓你相信最糟的事總會發生在自己身上，相信自己拿了一手爛牌。

失敗時不要屈服於受害者心態，反而要把當下視爲一個讓你腳踏實地的謙卑之錨。接著再問自己：「什麼能讓我恢復信心？」信心不會來自一個無法控制的外部因素。我無法控制別人給我一份工作，但我專注於找到一個方式來做自己、做自己喜歡的事。我知道我可以在這個基礎上建立信心。

建立信心，而非我執

諷刺的是：如果你假裝自己知道一件事，或許你會發現，用在僞裝信心和滋養虛榮心的能量，與用在練習和培養眞信心的能量一樣多。

謙卑能讓你清楚看到自己的優缺點，讓你腳踏實地練習、學習和成長。信心和高自尊能幫助你接受眞實的自己，謙虛爲懷，接受自己的不完美，進而努力彌補。別把膨脹的我執與健康的自尊混爲一談。

我執希望自己人見人愛，高自尊意味著別人不喜歡也無妨；我執自認無所不知，自尊則認爲可以跟任何人學習；我執想證明自己，自尊想表達自己。

下一頁那張圖表不只區別了膨脹的我執和健康的自我價值，也可以做爲增強信心的指南。仔細觀察就會發現，我們現在培養的自我覺察，有助於建立一些謙卑與自我價值交織而成的特質。你不擔心人們會說什麼，反而會過濾別人的意見。你不拿自己跟別人比較，反而會淨化自己的心靈，著手自我改善。你不會證明自己，反而想成爲自己，這意味著外在的想望不會讓你分心，你會有意圖地活在自己的法裡。

我執	自尊
懼怕別人會怎麼說	過濾別人的說法
與別人比較	與自己比較
想證明自己	想做自己
無所不知	以任何人為師
假裝堅強	允許脆弱
想要別人尊敬自己	自重重人

積小贏為大勝

積累小勝能建立信心。奧運游泳金牌得主潔西卡・哈迪（Jessica Hardy）說：「我的長期目標是我認爲的『夢想』，而短期目標則是那些每一天或每一個月都可以獲得的東西。我希望短期目標能讓我感覺良好，更有實力爲長期目標做充分的準備。」

試試看　**寫下你真正想要有信心的領域**

從健康、職涯、人際關係這三個領域中挑選一個。

寫下能讓你在此領域感到有信心的事，而且要是具體、可實現的。

把它拆解成一些小勝利，也就是今天就能夠實現的小目標。

明智地尋求回饋

自信意味著在不考慮別人的想法下決定自己想成爲誰，但也意味著在別人的啓發和引導下，成爲最好的自己。花點時間與有療癒能量、有智慧、且以服務爲導向的人在一起，你會感到謙卑，同時也會產生邁向療癒、智慧和服務的動機。

需要回饋時，明智地選擇提供回饋的對象。我們常在尋求回饋時犯以下兩個錯誤：向所有人徵詢一個問題的意見，或者向一個人徵詢所有問題的意見。徵詢對象太廣泛，就會得到各式各樣的選項，反倒讓你不知所措、困惑和迷失其中；另一方面，如果你把所有難題都丟給一個人，對方會不堪重負、左支右絀，甚至厭倦承擔你丟給他的包袱。

取而代之的做法是，你要在特定領域培養不同的諮詢小組，並確保你選擇合適的人處理正確的挑戰。第十章會深入討論如何物色有能力、有品格、懂關懷和言行一致的人。目前，爲了獲得有效回饋，不妨先考慮來源問題：這人是權威嗎？他有經驗和智慧提供有用的建議嗎？如果你明智地選擇對的顧問，你就會在需要時得到正確的幫助，而不會引起對方不耐。

僧人尋求回饋的途徑是分別求助於上師（guru，指導者）、聖者（sadhu，其他的老師和聖人）和經論（shastra，經典）。我們要平衡三種來源，保持一致。生活在現代世界的我們，許多人沒有「指導者」，就算有，我們或許會把這跟現代社會的老師歸爲相同類別。當然，也並非所有人都會遵守經典的教誨。僧人要尋求的是可信賴的回饋來源，那些只爲你最好的利益著想，卻會提供不同觀點的人。選擇最關心你情緒健康的人（通常是親朋好友，擔任上師角色）、鼓勵你在智力和經驗上成長的人（那些可以成爲老師或良師益友的人，擔任聖者的角色），以及與你有共同價值觀和人生目標的人（宗教指導者以及／或科學事實，擔任經典的角色）。

要時時留心那些不在意料之中的回饋，有些最有用的回饋往往不請自來，甚至是無意識的。透過密切注意人們非言說的反應，磨練你的我執：他們的表情是有興趣還是無聊？他們煩躁、焦慮、疲倦嗎？同樣地，你也該在這裡尋找人們的一致性。當你談論某個主題時，會有很多不同的人心不在焉嗎？這或許是你該適可而止的時候了。

當人們提出意見時，我們必須仔細與明智地揀選收到的內容。我執想相信自己最懂，因此會快速地把回饋當做對它的批評；另一方面，一個洩了氣、信心不足的我執，會在還沒收到回饋之前就以爲別人要開口批評。如果你寄出的應徵信收到一封制式回函：「抱歉，我們收到很多應徵信。」這就不是有用的回饋，因爲信裡完全沒提到任何與你有關的事。

解決這些障礙的方法就是過濾別人的回饋。反思，但不要評斷；保持好奇心，不要不懂裝懂。提出能釐清疑慮的問題，提出能助你定出實際改善步驟的問題。

確認對方的批評是否眞誠的簡單方法，就是了解對方是否願意投資你的成長。他只是在陳述你的問題或缺點，或想幫助你改變──如果對方沒有採取行動助你改變，那他有至少提出改善的方法嗎？

徵求和收到回饋時，要確定你知道自己想要如何成長。回饋通常不會告訴你要遵循的方向，只會推動你朝著自己的道路邁進。你需要自己做決定，然後採取行動。依循以下三步驟──徵詢、評估和對回饋做出反應──會增加信心和自我覺察力。

試試看

有效取得回饋

選擇一個你想改善的領域──或許是財務、心理、情緒或身體上的問題。

尋找該領域的專家指導。

提出問題，釐清細節，以及如何把獲得的指導實際應用在自己身上。

問題範例：

- 你認為這條路對我實際可行嗎？

- 你對展開的時機有什麼建議？
- 你認為別人已經注意到我這方面的表現了嗎？
- 這是需要我回頭修正的建議（例如道歉或糾正），或是指導我如何前進的建議？
- 你的建議需要承擔哪些風險？

別掉入虛張聲勢的陷阱

如果你有幸成功，記得凱旋歸國的羅馬將軍聽到的那句忠告：切記，你只是凡人；切記，你會有死的一天。不要被成就沖昏頭，反而要與成就保持距離。感激你的諸位老師和他們給你的一切；提醒自己記得你是誰，記得你爲什麼做了這一份帶來成功的工作。

記住自己做過的壞事，忘記做過的好事，能讓你從宏觀角度看待自己的偉大。我念高中時，因爲種種愚蠢的行徑三度停學。我爲自己的過去感到羞愧，但這麼做卻讓我腳踏實地。我現在能回顧過去，心想，無論今天有人怎麼說我，或我對自己的成長過程有什麼看法，我都找到讓我保持謙卑的錨了。那些錨讓我記得我的過去，記得我如果沒遇到那些啓發我改變的人，可能會變成什麼樣子。我跟所有人一樣，都是透過各種選擇、機會和工作，才走到現在的位置。

你不是你的成功或失敗。

取得成就以後，要繼續保持這種謙卑。當你得到別人的稱讚、表揚或獎勵時，要抱著不迎不拒的態度，要優雅以待，事後再提醒自己你爲此付出的辛勞，認可你做的犧牲。然後問自己，是誰幫助你發展這項技能？想想你的父母、老師和良師益友，你今天的成就，來自別人爲你付出的時間、金錢和精力。你要謹記在心，並感謝那些教你技能的人，讓你獲得今天的認可。與他們分享成功，會讓你保持謙卑的態度。

真正的偉大

與別人比較時，你不該自覺渺小，但與目標相比，你應該感覺自己微不足道。我在面對成功時保持謙遜的方法，就是繼續把目標往前推進。衡量成功的標準不是數字，而是深度。僧人不在乎打坐時間有多長，而會問你入禪有多深。李小龍說：「我不怕練過一萬種踢法的人，但我害怕把一種踢法練一萬次的人。」

無論我們得到什麼成就，都可以繼續追求更大的規模和深度。我不關心虛榮指標，我常說，我要廣傳智慧，但要用有意義的方式傳播。如何在不失去密切連結的情況下觸及許多人？在全世界的人都得到療癒和幸福以前，我的工作不會有結束的一天。持續追求更高的目標——好比超越自我、社稷、國家、地球——體悟到終極目標永無實現之日，就能讓我們常保謙卑。

事實上，謙卑的目標是沒有止境的。

當你感覺自己抵達目標的那一刻，代表一段新的旅程又展開了。這個悖論適用於許多事：當你感到安全，就是你最脆弱的時候；當你感到無懈可擊，就是你最虛弱的時候。紀德說過：「相信那些尋求眞理的人，懷疑那些已經找到眞理的人。」你常會在行善時感覺良好，活得快樂，你會說：「我得到了。」但這往往就是你摔一跤的時候。如果我坐在這裡說我沒有我執，我就是在胡說八道。克服我執是一項練習，不是一種成就。

眞正的偉大是用自己的成就教導別人，別人再教給其他的人，你的成就會呈現指數型成長。與其把成就看成地位，不如把你在別人生活裡扮演的角色當做最有價值的貨幣。當你的視野擴大以後，你就會明白即使那些最有成就的人，也是從服務中獲得最大的滿足感。

無論你給別人多少幫助，都不要自豪，因爲還有很多需要你去做的事。凱拉西．沙提雅提（Kailash Satyarthi）是推動孩童脫離剝削的兒童人權行動主義者，他成立的非政府組織拯救了成千上萬名孩童，但當記者問他，獲得二〇一四年諾貝爾和平獎的第一個反應是什麼，他回答說：「第一個反應？好吧，我不知道自己的作爲是否值得這個獎。」沙提雅提的謙卑來自他知道該做的事還有很多。這些人成就了偉大的事物，但仍懷著謙卑，自覺微不足道。這讓我們看到人類最強大、最令人欽佩、著迷的特質。

我們深入探討了你是誰、你如何過有意義的生活，以及你想改變些什麼，這種大幅成長無法一蹴可幾。爲了助你一臂之力，我建議你把觀想納爲靜心練習的一部分，這是一種能讓你療癒過去，並爲未來做準備的完美方式。

靜心練習

觀想

僧人會在靜心時用觀想對治心智。閉上眼睛，把心智帶到另一個時空，就開啓了療癒過去、爲未來做準備的機會。下一部也會運用觀想的力量幫助我們踏上新旅程，改變看待自己的方式，以及如何看待自己在這個世界的獨特目的。

觀想能讓我們重溫過去，改編我們講述的個人史。假設你因爲對已故的父母說的最後一句話而痛恨自己，那麼，在心裡觀想自己看著父母說你有多愛他們，雖然不會改變過去，但不同於懷舊或追悔，這能療癒你的心。

如果你對未來懷有希望、夢想和恐懼，也可以在事情發生以前先處理自己的感覺，以強化應對新挑戰的能力。我經常在演講前觀想自己在台上演講的樣子。你不妨這樣想：在一個人造的世界中看到的任何東西，像這本書、桌子、時鐘，無論是什麼，都是先存在於某個人心裡之後才變成實物的。想要創造一樣東西，我們必須先想像出來。這就是觀想如此重要的原因。無論內在建構什麼，都可以在外部建構出來。

每一個人都會在日常生活中觀想，而靜心有機會讓這件事被刻意執行且有成效。無論過去或未來、無論是大是小，你都可以運用觀想，從情境裡提取能量，帶進現實生活中。比方說，如果你在讓你感到快樂、放鬆的地方靜心，你的呼吸和脈搏會轉換、能量會變化，你就會把這種感覺帶進現實生活。

觀想與實際去做那件事，啓動的大腦網路是相同的。克利夫蘭醫學中心的科學家發現，一連十二個星期想像小指肌肉收縮的人，他們的小指頭增加的力量，幾乎與在同一時期實際做手指鍛鍊的人一樣多。付出的努力是一樣的，觀想在身體裡創造了眞正的改變。

我說過，任何地方都可以靜心。觀想能幫助你在混亂情境下放鬆心情。有一次，我花了兩、三天時間搭一輛擁擠、骯髒的火車，從孟買到印度南部。我發現在車廂裡很難打坐，便對老師說：「我現在不想打坐，等火車停下來，或這裡平靜一點再說。」

老師問：「爲什麼？」

我說：「因爲我們在道場都是這麼做的。」我習慣在被湖泊、長椅和群樹圍繞的寧靜道場裡靜心。

他說：「你認爲你快死去的時候平靜嗎？如果你現在不能靜心，臨終時能嗎？」

我領悟到在平和的狀態下接受靜心訓練，是爲了讓我們有能力在混亂時靜心。從那時起，我就會在飛機上、紐約市中心、好萊塢靜心。當然，還是會有其他事物讓我分心，但靜心的目的不是要消除令人分心的事物，而是要予以管理。

我在指導靜心時常說：「如果心念散亂了，回到正常的呼吸模式。不要感到沮喪或煩惱，只須輕柔地把注意力帶回呼吸、觀想或持咒就好。」當你分心時，靜心並沒有中斷；只有當你追逐妄念，失去專注，心裡想著「噢，我靜心的本事太差了」，修練才會因此中斷。靜心的一部分就是練習觀察腦中浮現的想法，放下這些念頭，再回到關注的目標上。注意，如果你覺得一點也不困難，這表示你還沒有做對。

重要提示：選擇觀想正面事物。觀想負面事物會陷入痛苦的思想和影像裡。靜心時，腦袋是會不由自主蹦出各式各樣的「壞念頭」，但若是主動想像自己陷入陰暗的迷宮裡，絕不會帶來任何好處。重點應放在觀想一條走出陰暗的道路。

觀想有兩種類型：固定式和探索式。固定式觀想是有人口頭引導你：想像你在海灘上，感覺腳下的沙粒。你看到藍天，聽到海鷗的聲音和海浪的撞擊聲。探索式觀想則要你自行想像細節。如果我要靜心學員想像一個讓他們最放鬆的地方，有人也許會看到自己在濱海公路上騎單車，另一個人也許會想起童年愛待的樹屋。

試試看

觀想練習

以下是幾個可以嘗試的觀想法。我也鼓勵你上網下載應用程式，或拜訪靜心中心，有很多方法能幫助你。

依以下步驟，展開觀想練習：

1. 找到舒適的姿勢——坐在椅子上、端坐在墊子上或躺下來都可以。
2. 閉上眼睛。
3. 壓低視線。
4. 盡可能讓自己感到舒適。
5. 把你的覺知帶到平靜、平衡、自在、寂定與平和上。
6. 雜念生起時，輕柔地將心智帶回平靜、平衡、自在、寂定與平和上。

身體掃描

1. 把覺知帶到自然的呼吸模式。吸氣、呼氣。

2. 把覺知帶到身體。覺察身體與地面、座位接觸，或沒有接觸的部位。你也許會發現足跟有接觸地面，但足弓沒有。或者下背接觸到床面或墊子，但背部中間卻稍微拱起。覺察這些微妙的觸感。

3. 開始掃描身體。

4. 把覺知帶到腳部，掃描腳趾、足弓、腳踝和足跟。覺察不同的感受。你也許感到放鬆，也許感到疼痛、壓力、刺癢，或其他完全不同的感受。覺察這一點，接著觀想你吸入正面、有助提升、具療癒力的能量，把任何有毒負能量以吐息送出。

5. 往上移動，覺察雙腿、腿肚、腿脛和膝蓋。同樣地，只要掃描並觀察感受就好。

6. 想法散亂時，輕柔地把注意力帶回身體。不要勉強或有壓力，不要評斷。

7. 某一刻，你也許會遇到以前沒有覺察過的疼痛。與那疼痛同在，觀察它。吸氣三次，呼氣三次。

8. 你也可以在掃描不同部位時，對身體表達你的感恩。

9. 從腳底一直做到頭頂。你可以按照自己喜歡的方式，緩慢或快速移動，但不要急。

創建神聖的空間

1. 觀想自己在讓你感到平靜和放鬆的地方。也許是海灘、自然步道、花園或山頂。
2. 當你在這個空間裡走動時，感覺腳下的土地、沙子或水。
3. 不要睜開眼睛，向左看。你注意到什麼？觀察，然後繼續前進。
4. 向右看。你注意到什麼？觀察，然後繼續前進。
5. 覺察身邊事物的顏色、紋理和距離。
6. 你能聽到什麼？小鳥、水或空氣的聲音？
7. 感覺臉上的空氣和風。
8. 找一處平靜、舒適的地方坐下。
9. 吸入平靜、平衡、自在、寂定與平和。
10. 呼出壓力與負面情緒。
11. 當你感覺需要放鬆時，就去這個地方。

處在當下與心理圖像

通常我們擁有的心理圖像是因為重複同一個活動才形成，而不是我們自行選擇的。觀想可以刻意地把片刻化為記憶，所以請運用觀想來創造記憶或捕捉喜悅、快樂和目的。你也可以用來與舊記憶做深刻連結，回到讓你感到快樂和人生有目的的時空。如果要創造記憶，就睜開眼睛；如果要重新連結，就閉上眼睛。

我運用一種稱為「5、4、3、2、1」的抗焦慮技巧。方法是找五個你可以看到的東西，四個可以摸到的東西，三個能聽到的東西，兩個能聞到的東西，以及一個可以品嚐的東西。

1. 先找五個你可以看到的東西。找到這五個東西以後，逐一把注意力放到每一樣東西上。
2. 現在找四個可以摸到的東西。想像你在觸摸、感覺它們，注意不同的紋理。輪流把焦點從一個轉移到另一個。
3. 找三個能聽到的東西。把焦點從一個轉移到另一個。
4. 找兩個可以聞到的東西。是花嗎？是水嗎？是沒有實物的對象嗎？把焦點從一個轉移到另一個。
5. 找一個可以品嚐的東西。
6. 既然你已經關注完每一個感官，就吸入喜悅和快樂。把喜悅和快樂帶進身體裡，用自然的微笑回應其帶給你的感受。

7. 現在你已經永遠捕捉到這一刻，你可以隨時透過觀想回來。

第三部

付出

第九章 感恩

世上最強大的解藥

對萬物心懷感恩，包括平凡的事物在內，
尤其是平凡的事物。
——佩瑪·丘卓

學會觀想的靜心練習之後，就可以準備向外看自己與別人的互動。擴大感恩之心是當今相當普遍的主題（我們都有福報），但光只是把感恩的標籤貼在特定的時刻，並不同於深入挖掘福報的根源、眞正地爲自己擁有的一切心懷感恩。

本篤會修士大衛·斯坦德爾—拉斯特把感恩定義爲：「當你認知一個與貨幣價值無關的事物對你有價值」的時候，內心產生的感激之情。

朋友的一句話、友好的手勢、一次機會、課程、新枕頭、摯愛的人恢復健康、一段充滿至樂的回憶、一盒純素巧克力（給個暗示）。用感恩心展開每一天就會開啓通往機會而非障礙的大門。你會被創意而非抱怨所吸引。你會找到新的成長方式，而不會屈服於讓你縮小選擇範圍的負面意見。

這一章要擴展我們對感恩的覺察力，並討論感恩的好處。然後再練習尋找讓我們每天感恩的理由，學習何時與如何對小禮物和最重要的禮物表達感恩。

感恩好處多

你很難相信感謝確實能帶來相當的好處，但科學證據就擺在眼前。感恩會促進心理健康、自我覺察、人際關係和滿足感。

爲了實際衡量感恩的好處，科學家要求兩組人維持寫日記的習慣。第一組要記錄他們感激的事，第二組要記錄他們感到煩燥或惱怒的時刻。感恩小組的報告顯示，他們在一天結束時感到壓力變小。在另一項研究中，研究員要求那些抱怨心裡充滿雜念的大學生，在上床前十五分鐘列出讓他們感恩的事。感恩日記使參與者減少雜念，幫助他們獲得更好的睡眠品質。

試試看

養成寫感恩日記的習慣

每天晚上用五分鐘寫下讓你感恩的事物。

如果你想親自實驗，那就花一星期記下你的睡眠時間。接下來的一星期開始寫感恩日記，每天早上記下前一晚的睡眠時間。看看會有什麼改善。

感恩與心智

當擅長擴大負面情緒的猴心，試圖說服我們相信自己無用和毫無價值時，比較理性的僧心就會反駁，指出別人對我們付出的時間、精力和愛，爲我們付出許多努力。對他人付出的善意表達感恩，與個人自尊有密不可分的關係。因爲如果我們自覺毫無價值，他人對我們的慷慨相助也會變得毫無價值。

感恩還能幫助我們克服深藏內心的痛苦。不妨試試同時懷著嫉妒和感恩的感覺。你很難想像，對嗎？**當你存在感恩之中，就不會往其他不好的地方去**。根據加州大學洛杉磯分校（UCLA）神經科學家柯亞力（Alex Korb）的說法，人的確無法同時關注在正面和負面感受上。當我們心懷感恩時，大腦會釋放多巴胺（一種有獎賞作用的化學物質），讓人想再次擁有那個感覺，這會把感恩變成習慣。柯亞力說：「一旦你開始看到可以感恩的事物時，大腦也會跟著尋找更多需要感恩的事物。」這是一個良性循環。

多年科學研究顯示，感恩在克服實際創傷中扮演重要角色。二〇〇六年發表的越戰退伍軍人研究發現，感恩程度較高的人，創傷後壓力症候群發生率較低。如果你有過分手、失去至愛等任何讓你感情蒙受沉重打擊的事件，感恩就是解決之道。

感恩能帶來身心兩方面好處。阻擋感恩的有毒情緒會導致身體發炎，這是許多慢性疾病，包括心臟病在內的前兆。

研究顯示，懂得感恩的人不僅感覺更健康，更可能參加健康活動，並且會在生病時尋求照護。

感恩對健康帶來的益處不勝枚舉。杜克大學醫學中心生物心理學部負責人P·穆拉利·多雷史瓦米博士（P. Murali Doraiswamy），接受ABC新聞訪問時表示：「如果（感謝）是藥物，那會是全世界最暢銷的藥，具有維持所有主要身體器官系統健康的價值。」

每天表達感恩

如果感恩對你有好處，那麼更多的感恩就會帶來更多好處。因此，讓我們談談如何增加日常生活裡的感恩。僧人會時時刻刻對每一件事表達感恩。正如佛陀在《經藏》裡開示：「比丘們，你們當如是訓練自己：『心懷感激和感謝，不忽視他人施予的最小恩惠。』」

我最難忘的一堂感恩課，是在抵達道場幾天後領受的。

一位資深僧人要求新來的僧人寫下自己認爲不該有的一次經驗。我們在筆記本上書寫時，現場鴉雀無聲。我挑了少年時代被好友背叛的事件。

十五分鐘左右，我們彼此分享寫作的內容。一名新修描述妹妹早夭的痛苦，其他人寫的是事故或傷害，有的談自己的失戀。分享結束後，老師說我們選擇的經驗都符合題意，但他指出，大家都選擇負面經驗，沒有人寫一件只憑著幸運或別人的善意，而非個人的努力換來的神奇事件——不應該擁有的奇妙事件。

我們會習慣性認爲自己不應該有災禍，應該得到祝福。我們開始思考自己的好運：出生在富裕、資源充足的家庭；對我們的付出多於我們付出給他們的人；能讓我們改變生命的機會。我們太容易忽視別人給我們的東西，甚至沒有感覺，也不會表達感恩。

這次練習讓我第一次對一向視為理所當然的生活心懷感恩。

我在九歲左右，第一次和父母去印度遊訪。在回旅館的路上，計程車停在街口的紅燈前。我看到窗外一名同齡女孩的腿。女孩身體的其餘部分彎進一個垃圾桶裡。她好像在翻找食物之類的東西。當她站起來時，我震驚地發現她沒有手。我眞的很想幫她，但計程車離開時，我只能無奈望著她。她注意到我在看她，對我微笑，我也回她一個微笑，而那是我唯一能做的事。

回旅館後，那個女孩的遭遇讓我心情低落，一直後悔自己沒有採取行動。我想起倫敦的社區。我們太多人都有聖誕節的禮物清單、生日派對和各種嗜好才藝，而社會上卻有一些在生存邊緣掙扎的孩子。這對我是一次覺醒。

家人到旅館餐廳吃午餐時，我聽到一個孩子抱怨菜單沒有他喜歡吃的東西。我感到震驚。我想起我們可以選擇各式各樣的餐飲，而那個女孩的菜單卻是垃圾桶。

或許那時年幼的我還不懂得如何表達，但那一天確實讓我看見自己擁有的太豐富了。我和那個女孩最大的不同，在於出生的環境和父母。事實上，我父親來自離孟買不遠的城市浦那的貧民窟。我是他付出大量努力和犧牲的產物。

在道場做感恩練習時，我覺察九歲時的感覺，對自己擁有的一切心存感恩：生命、健康、安逸、安全，以及對擁有衣食和愛的信心。這些都是我憑白得到的禮物。

爲了對宇宙的恩賜表示感激，並變成一種習慣，僧人的每一天都是從感恩開始——不折不扣的感恩。我們在睡墊上醒來以後，會翻身趴著禮拜大地，用一點時間感謝它提供給我們一切，擁有能看見萬物的陽光、能行走的大地、能呼吸的空氣。

試試看

在日常落實感恩

- **早晨感恩**：讓我猜猜看：你早上醒來後第一件事就是查看手機。也許這是讓大腦開始運作的簡單、低影響做法。但正如先前討論過，這不是展開一天的正確基調。只要一分鐘的練習。（如果你累得想睡回籠覺，務必設定貪睡鈴。）翻個身，趴在床上，雙手合十，頭低下。花點時間思考生活中的好事：讓你為之振奮的空氣和光、那些愛你的人以及一杯等著你喝的咖啡。
- **食物感恩**：地球上平均每九個人就有一人在挨餓度日，這相等於八億左右的人口。選擇一天中的一頓飯，花一點時間先謝謝食物再進食。從北美原住民的飯禱汲取靈感，或自己擬一段感恩的話。若有家人也可以彼此輪流擔任主禱。

世界各地都有古老而永恆的感恩法門。

美洲的原住民有豐富的感恩傳統。佛教學者及環保運動主義者喬安娜·梅西（Joanna Macy）分享過一種儀式。美國紐約州中西部的奧農達加郡（Onondaga）學童，每天早上都從感恩開始。老師會說：「讓我們集中心念，感謝我們的長兄太陽每天帶來光明，讓我們能看到彼此的臉孔，讓種子有成長所需的溫暖。」同樣地，北美原住民莫霍克族人也有部落的祈禱詞，向人、大地之母、水域、魚類、植物、食用植物、草藥、動物、樹木、鳥類、東西南北四風、雷祖父、太陽大哥、月亮祖母、星星、啓明的老師和造物主謝恩。

想像一下，如果我們都在一天的開始，感謝生活中那些最基本和必需的禮物，世界會變成什麼樣子。

試試看

感恩靜心

想隨時進入感恩狀態，建議你試試以下靜心練習。

O NAMO BHAGAVATE VASUDEVAYA

道場誦經時都會先唱誦這句咒語（參閱第三部最後的「靜心練習」），提醒我們感恩那些傳承經典的古聖先賢。我們也可以用類似的方式表達讚美，感謝為我們帶來洞見和指導的老師與聖賢。

我感恩……

坐下，放輕鬆，做完呼吸練習後，重複：「我感恩……，」盡可能多填幾個想感謝的對象。這練習會幫助你立刻重新聚焦。可能的話，試著找出感恩的元素，以此重構突然冒出的負面想法。如果負面情緒仍不斷冒出來，也可以用日記或語音筆記提醒自己。

喜悅的觀想

觀想時，帶自己回到讓你喜悅的時間和地點。讓那種喜悅感再度進入心裡。觀想結束後，把那份喜悅帶在身上。

感恩的實踐

把感恩納入日常活動的一部分很容易，但我有一個不算小的要求：我要你隨時隨地心懷感恩。即使生活不盡完美，也要像鍛鍊肌肉一樣訓練感恩的心。如果你現在就開始訓練，這股力量就會隨著時間逐漸增強。

瓊．吉科．哈利法克斯（Joan Jiko Halifax）禪師說，感恩能轉化「貧窮心態」。她解釋這種心態「與物質上的貧困無關。當我們陷入貧窮思維時，就會專注在自己缺乏的東西上，感覺自己不值得愛，卻忽略了已經擁有的一切。有意識地練習感恩是擺脫貧窮心態的出路。貧窮心態會腐蝕我們的感恩心與人格的完整性」。

布萊恩．艾克頓（Brian Acton）體現了這種有意識的感恩實踐法。他應徵推特公司的工作時，已在雅虎工作十一年。但即使他有豐富的工作經驗，還是被推特公司拒於門外。他收到消息後發布一條推文：「被推特總部拒絕。沒關係。如果被接受也得忍受漫長的通勤時間。」他接著應徵臉書的工作。沒多久，他發了一篇推文：「臉書拒絕我。這是我與一些出色人物聯繫的大好機會。期待生命的下一次冒險。」他毫不猶豫地把自己的失敗發布在社交媒體上，除了對這些機會表達感恩以外，沒有表達任何其他的想法。經歷這些挫敗以後，他終於用自己的時間開發一款應用程式。五年後，臉書用一百九十億美元收購布萊恩．艾克頓共同研發的WhatsApp應用程式。

拒絕錄用艾克頓的公司，失去了低價取得WhatsApp的先機。他沒有因爲遭拒而採取貧窮心態，反而心懷感恩等待良機。

不要急於遽下論斷。一旦你把某個事物標記爲不好時，你的心智就會這麼相信了。反之，你要對挫敗心存感恩。讓生命的旅程用自己的步調和迂迴的方式前進。宇宙也許爲你預備了其他計畫。

有一個和尚每天都要從井裡挑兩桶水，其中一個桶子會漏，但他也不修好那個破桶子。有一天，一個路人問他爲什麼繼續挑漏水的桶子。和尚說，好水桶那一邊的小路寸草不生，但漏水桶那一邊的小路卻因爲澆灌而開滿野花。「我的不完美把美帶給周圍的一切。」他說。

在蹣跚學步的幼年就失聰、失明的海倫．凱勒寫道：「一扇幸福的門關閉時，另一扇門會開啓。我們經常花太長時間盯著那扇關閉的門，卻看不到已經爲我們打開的另一扇門。」

當事情不如意時，告訴自己：「還有更好的東西等著我。」如此而已。你不必想著：我很感激丟了工作！當你執著地說「這個就是我要的。這個才是唯一的答案」時，所有能量都會卡在「這個」上面。當你說「這個行不通，但還有更多適合我的東西」時，能量就會轉移到充滿可能性的未來。你對可能的結果態度越開放，就越能把感恩化為行動。大衛．斯坦德爾—拉斯特修士說：「人們通常認爲感恩就是說『謝謝你』，好像這是感恩最重要的面向。感恩生活最重要的面向是對生命的信任……用這種方式生活，就是我所謂『感恩的生活』，因爲那樣一來，你就會把每一刻當做一份禮物……這時你會停下來問自己：『此時此刻的機會在哪裡？』你會尋找，然後充分利用機會。事情就這麼簡單。」

如果老闆不贊同的你的意見，先停一下再反應。花點時間思考：我能從這一刻裡學到什麼？接著再尋找感恩點：也許你會感謝老闆想幫助你改善，或者謝謝他給了你辭職的好理由。

當你趕上一班巴士時，通常會鬆一口氣，接著又回到日常活動裡。反之，先暫停。花點時間想想你擔心錯過那班巴士時的感覺。用這個記憶讓你感謝自己的好運。如果你錯過那一班巴士，你就會有時間反思，用宏觀的角度來看待其他可能的情境——另一輛巴士來了，你沒有被車子撞到，情況也可能更糟。

在慶祝勝利和哀悼損失以後，我們會刻意以遠觀方式看這兩種情況，懷著感恩和謙卑之情接受，繼續前進。

試試看 **後見之明的感恩**

想一件你沒有在事情發生時及時感恩的事。你受過的教育？一個教過你的人？一份友誼？有沒有讓你倍感壓力的計畫？對一個不滿的家人應該負的責任？或選一個你已不會感覺痛苦的負面結果，像是分手、解雇、壞消息。

用點時間思考如何讓這次經驗值得你感恩。會以意想不到的方式讓你受益嗎？這次計畫是否能幫助你發展新技能，或贏得同事的尊重？你與那個家人的關係，有因為你慷慨負起責任而永遠改善？

想一件正在發生或預期會發生的不愉快事件。做個實驗，對一個不可能接受的人表達你的感恩。

表達你的感恩

我們已經擴大了內心的感恩之情，讓我們再進一步轉向外在，表達出來。

雖然我們有感恩之心，但很多時候不知道如何對外表達，其實感謝和回報有許多種不同的方式和深度。

表達感恩最基本的方法就是跟對方說謝謝，但誰會願意停留在基本的表達方法上？盡可能具體擬出讓你感謝的項目。想想聚會後可能會收到的感謝信。至少會有人跟你說：「感謝你，昨晚的聚會太棒了！」另一個人或許會說：「謝謝你昨晚的招待，食物很棒，我喜歡你為朋友做的那些有趣又香甜的土司。」具體說出感恩項目會讓對方更受用。我們得到具體的感恩越多，就感覺越好。

關鍵在於：朋友很高興參加聚會，他們用心撰寫的感謝信也會帶給你喜悅。對每一個人來說，感恩來自你體會別人為你的付出。這是愛的回饋環路。

善意和感恩是共生體

根據佛陀的教導，愛的回饋環路必須由感恩與善意一起發展，和諧運作。善意既容易也困難，正如誠心想別人好，思考什麼事能讓他們受益，並努力讓他們受益一樣。

如果你曾經為他人的利益做出犧牲，那麼你就很容易體會別人為你付出的努力和精神。也就是說，善意的行爲會教導你如何展現善良，因此你本身的善意會讓你眞心感恩。善意教導你如何感恩。這就是寫一封深思熟慮的感謝信會發生的事：你舉辦聚會的善意，激發朋友的感恩心。你的感恩引發她對你的善意。

善意與隨之而來的感恩會產生漣漪效應。佩瑪．丘卓建議：「先善待自己，再讓你的善意擴散到整個世界。」在日常的交往與互動中，我們總希望別人變得友善、慈悲、付出，誰不會這麼想呢？但把這些特質吸引到生命裡的最好方法，就是自己培養這些特質。科學研究早就顯示我們的態度、行爲，甚至健康，都會感染社群互聯網裡的成員，但並不清楚這是否只是因爲我們習慣跟同類來往的緣故。因此，哈佛大學與加州大學聖地亞哥分校的兩名研究員，著手研究善意是否會感染不認識的人。他們設計一種遊戲，把陌生人分成四人一組，每個人分配二十分。他們私下指示參賽者，告訴他們可以決定要保留多少積分給自己，多少積分貢獻給小組共同的積分。他們在每一回合結束時重新編組，因此參賽者不會知道是誰把分數貢獻給小組的，但會知道貢獻分數的人有多麼慷慨。隨著比賽的進行，那些得到隊友分數的人，會在後續的比賽中貢獻更多的分數給小組。善意會引發善意。

當你參與善意與感恩的交流時，你就會不可避免地感覺自己是接受感恩的一方。接收別人的感謝時，必須提防我執作祟。人很容易迷失在自以爲偉大的幻想中。僧人受到稱讚時會設法抽離，並同時記得我們付出的一切，從來都不是自己的。想要以謙卑的態度接受感恩，首先要感謝對方對你的關注。我們要對他們的關注和意圖表達感恩。在對方身上尋找好的特質，並讚美那個特質來回報對方。

然後，把你得到的感恩當做對老師表達感恩的機會。

陌生人的善意

僧人會透過小小的互動練習感恩。有一次，我心煩意亂地跳進優步（Uber）。汽車停在原地很長一段時間後，我才留意並問司機，是不是有什麼問題，他說：「沒有，我在等你跟我打聲招呼。」這對我是一記警鐘，提醒我用更謹慎的態度跟人打招呼。

簡短而直截了當的方式可能更有效、更專業，但用自動駕駛的方式過生活，卻會阻礙我們，讓我們無法分享把人聯繫在一起的那份情感。研究員在芝加哥的火車上，進行鼓勵通勤者跟陌生人攀談的研究（不限主題和時間）。結果顯示，勇於主動攀談的人擁有更正面的通勤經驗。大多數通勤者會預期相反的結果。研究員進一步調查後發現，他們擔心的不是造成陌生人的不愉快，而是害怕主動交談的尷尬，擔心會遭到對方拒絕。但事實並非如此，大多數陌生人都樂於跟陌生人攀談。努力與周圍的人建立聯繫，會創造表達感恩的機會，而不會隱藏自己。

想想各種其他人一起參與的日常活動：通勤、工作計畫、購物、送孩子上學、與伴侶閒聊。這些充斥生活的小事件能帶給我們多少快樂，有很大程度取決於自己。具體來說，取決於我們把多少善意帶進互動裡，以及我們能從這些活動裡獲得多少別人的感恩。

試試看　感恩的觀想

花一點時間想想別人給你的三樣東西：

1. 某個人對你表現的小小善意。
2. 一份對你很重要的禮物。
3. 一件能讓你一天比一天更好的東西。

閉上眼睛。把自己帶回這些行為發生的時空裡，重溫那種感覺，包括景象、氣味和聲音。懷著敬畏的態度重新體驗，並以更深入的方式沉浸在這些感受中。

觀想完畢後，認知這些發生在你身上的小事。不要忽視，也不要視為理所當然。

接下來，花點時間進入你被照顧、想念和愛的感覺裡。這會增強你的自尊和自信。最後，要知道感覺很棒不是最終的目標。讓這個反思引導你帶著愛回饋給那些付出愛給你的人，或者把愛與關懷傳遞給那些缺少愛與關懷的人。

透過服務表達感恩

若不只想偶發性地關愛他人，你可以積極地激發和增加感恩之情。人們以爲擔任志工和服務是對不幸者的付出，但他們對捐助人付出的感恩也一樣多。服務能幫助我們把憤怒、壓力、嫉妒和失望等情緒轉化爲感恩。這一點可以透過更寬廣的視角來轉化。

「是什麼原因讓你來找我？」一個有智慧的老婦人問站在面前的年輕男子。

「我能看到周圍的喜悅和美，但仍感到隔著一段距離。」男子回答，「我的生命充滿痛苦。」

老婦人默默不語。她慢慢倒了一杯水，遞給傷心的年輕人。接著，她拿出一碗鹽巴。

「放一點在水裡。」她說。

年輕男子猶豫一下，捏了一小撮鹽巴。

「多一點，抓一把吧。」老婦人說。

年輕人一臉狐疑地放了一匙鹽到杯子裡。老婦人點頭示意年輕人喝水。他喝了一口，做個鬼臉，把水吐到骯髒的地板上。

「感覺怎麼樣呀？」老婦人問道。

「謝謝妳，心領了。」年輕人悶悶不樂地說。

老婦人知情地笑了。她把那碗鹽遞給年輕人，帶他到附近的一個湖邊。湖水清澈冰冷。「放一把鹽到湖裡。」她說。

年輕人照著她的指示做了，他丟進去的鹽巴都溶到湖水裡了。「喝一杯吧。」老婦人說。

年輕人跪在湖邊，捧起一把湖水。

他抬起頭，老婦人又問了同樣的問題：「感覺怎麼樣啊？」

「清涼可口。」年輕人說。

「能嚐到鹽味嗎？」老婦人問道。

年輕男子靦腆地笑了。「一點也沒有。」他說。

老婦人跪在男子旁邊，也嚐了一口湖水，說道：「鹽是生命裡的苦。苦是恆常不變的事實，但如果你把鹽放在小杯子裡，喝起來就是苦的；如果你放在湖裡，就嚐不到苦味了。擴大你的感官，擴大你的世界，痛苦就會減輕。不要做小杯子，要成爲一座大湖。」

視角變得更寬廣，會幫助我們減少大量痛苦，並感激自己已經擁有的一切。透過付出就能獲得寬廣視角。《英國醫學會公共衛生期刊》（*BMC Public Health*）一篇研究報告指出，擔任志工服務能降低憂鬱，增加整體幸福感。我住在紐約的那段時間裡，一個叫「爲孩子做斗篷」（**Capes for Kids**）的慈善機構，到皇后區一所小學，幫助貧困學童縫製超人英雄斗篷。做斗篷的志工孩子親眼看到他們的作品和贈禮對貧童產生的影響。這有助於他們明白自己擁有太多東西。當我們清楚看到別人的掙扎時，也能運用自己的才能稍微改善他們的世界時，心裡就會立刻激起感恩的浪潮。

試試看　透過擔任志工體驗感恩

服務能拓寬視野，緩解負面情緒。試著每個月或每星期進行一次志工服務，你就會知道，沒有任何事能比做志工幫你更快速發展和激發你展現感恩。

深度感恩

向那些對我們意義最深遠的人，無論是過去影響或正在影響我們的親朋好友、老師和導師表達感恩，往往是最困難的一件事。

試試看　寫一封感恩的信

選一位你非常感恩、也容易表達感激之情的人。

寫下清單，列舉對方讓你感恩的寬大特質和價值。他們支持你嗎？他們有愛心嗎？他們品格完整嗎？接著思考你分享時會使用的特定用語和時間。想想未來跟他們見面時要做的事和想說的話。（如果他們過世了，可以這麼開頭：「如果能再見到你，這就是我要對你說的話。」）用筆記內容寫一封感恩信。

可能的話，試著親自表達你的愛和感恩。或者寫便條、傳訊息或打電話，明確表達你對那個人的感恩，以增加彼此的快樂。

有時候，你愛的人會抗拒親密關係，對你敷衍了事。在這種情況下，你要站穩立場。接受感恩需要柔軟和敞開的心態。我們會因爲怕受傷而阻擋這些感覺。如果對方抗拒，不妨試著換方法。花點時間思考那個人最能接受的感恩方式。某些情況下，書面表達感恩，是讓雙方有時間和空間處理這些感覺的最簡單方法。

當你寫感恩信給一個對你意義重大的人時，試著讓他們也感受到你被幫助時感受到的關懷和愛。寫信比口頭感恩更能持久表達你認可他們的慷慨與價值。這種認可會加深連結，激發你們互相體貼和付出。據我們所知，也會在社群裡引發漣漪效應。

寬恕後的感恩

你或許會想：我的父母傷害過我，憑什麼要我對他們表達感恩？人一生中都會遇到一些不盡完美的人，尤其跟我們愛恨糾葛的人，因此很難激發你的感恩心。然而，感恩不是非黑即白。我們會對一個人的某些行爲（不是全部）心存感恩。如果你們的關係很複雜，那就接受複雜性。試著寬恕他們的失敗行爲，感恩他們爲你付出的努力。

然而，我絕對不是在建議你感恩一個傷害過你的人。你不必感恩生命中的每一個人。

僧人對於創傷沒有特殊的看法立場，但重點是先療內再治外。以自己的步調，在自己設定的時間裡進行。

＊＊＊

我們很容易認爲感恩是對我們得到的東西表達感謝，僧人也會有同感。但如果你問一個僧人感恩讓他得到了什麼，他的答案就是：所有的一切。生活的複雜性其實充滿了禮物和功課。既然我們永遠無法看穿複雜的事物，那何不對現狀和未來的可能性表達感恩？透過日常練習，從你的內在出發，並透過行動（如何看待自己的生命和周圍的世界），擁抱感恩。感恩會引發善意，這樣的精神會在整個社群裡迴盪，把我們最高的意圖感染給周圍的人。

感恩是萬德之母。母親分娩時，感恩會帶來所有慈悲、韌性、信心、熱情等正面特質，幫助我們找到意義並與他人建立聯繫。下一章要討論人際關係，一起探討我們與別人共處時想扮演誰，想把誰接納到自己的生命裡，以及如何跟對方維繫有意義的關係。

第十章　人際關係

觀察人群百態

每個人都是一個有待探索的世界。
——一行禪師

人們常把僧侶想像成離群索居的隱士，但我做僧人的經驗卻永遠改變了與他人交往的方式。回倫敦後，我發現所有人際關係都比受戒前好多了。這種改變甚至發生在愛情上，而這對獨身的僧人來說就更驚訝了，畢竟我在道場時沒有跟任何女性有過感情關係。

設定人際期望

道場的村莊氛圍有助於滋養友情、互相支持與服務的情懷。「藍色寶地」（Blue Zone）組織以世界上最長壽、最健康地區爲主要研究對象，組織共同創辦人丹．布特納（Dan Buettner）看到了世人對這種社區的需要。除了飲食和生活方式之外，布特納發現長壽與社區在許多方面息息相關：家人之間的親密關係（家人會在你需要時照顧你）、擁有共同信念和健康的社交行爲。這在本質上其實需要一整個村莊的力量。

道場也像「藍色寶地」一樣是洋溢著相互依存、合作和服務氛圍的社區，鼓勵每個人不僅要照料自己的需要，也要照顧別人的需要。還記得「生物圈二號」園區裡那些扎根不深、無法抵禦強風的樹木嗎？紅杉的情況卻又另當別論了。你會以爲這種以高大著稱的紅杉，需要深厚根基才能生存，但實際上它們根基短淺。紅杉的韌性來自根系蔓延的廣度，能夠在樹林裡繁衍得最茂盛是因爲彼此盤根交錯，強者和弱者通力合作，共同抵擋大自然的力量。

愛的迴圈

在人人互相照顧的道場社區裡，我最初抱持的期望是：其他的僧侶會直接回報我付出的關懷和支持，但實際的情形卻複雜得多了。

我在道場第一年很懊惱，向一位老師求教。「我很沮喪，」我說，「我覺得自己付出很多愛，但感覺不到任何回報。我有愛心，會關懷、照顧別人，但他們不會這樣對我。我不懂。」

僧人問：「你爲什麼要付出愛？」

我說：「因爲這就是我的本色。」

僧人說：「那又爲什麼期待回報呢？而且，你仔細聽。每當你付出任何能量，包括愛、恨、憤怒、善意，之後都會收回，無論以任何形式。愛就像一個迴圈，無論你付出什麼愛，那個愛總會回到自己身上。問題出在你的期望。你以爲會收到接受愛的那個人付出給你的愛，但事實不見得如此。同樣地，你也不見得會回報那些付出愛給你的人。」

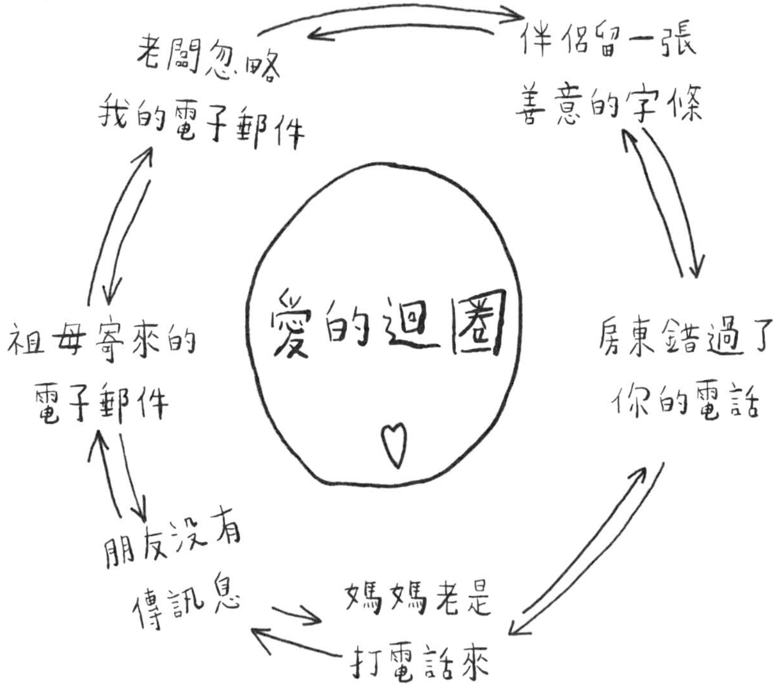
愛的迴圈
老闆忽略
我的電子郵件
伴侶留一張
善意的字條
房東錯過了
你的電話
媽媽老是
打電話來
朋友沒有
傳訊息
祖母寄來的
電子郵件

他說得對。我們經常會愛上一些不愛我們的人，卻又不用愛回報那些愛我們的人。

我想起自己的母親，她總會放下手邊工作接我的電話。她絕不會錯過我和妹妹的電話。她心裡有說不完的話想對我傾訴。當我因爲別人不回訊息而倍感挫折時，母親卻盼望著接到兒子的電話！

老師描述的愛的迴圈改變了我的生命。缺乏感恩是讓我們感受不到愛的原因。當認爲沒有人在乎自己時，那就需要進一步自我檢視，並明白我們付出的愛會透過多種來源回到自己身上。從更整體的意義上來看，我們付出的一切都會回到自己身上。你的行爲無論好壞，也都會回報到自己身上，這就是業報的例子。當我們有不被愛的感覺時，就要問自己：我幫助別人的次數有像我要求別人的幫助一樣多嗎？誰對我付出許多，卻沒有得到我的任何回報？

慈悲的互聯網

僧人會把散播愛與關懷視爲慈悲的互聯網，而不只是一對一的交流，這不是沒有道理的。僧侶相信不同的人有不同的目的，每一個角色都會用自己的方式爲個人的成長做出貢獻。我們有同儕的友誼、有可以指導的學生、有可以學習和服事的老師。這些角色並不完全與年齡和經驗有關。僧人隨時都安處於循環裡的某一個階段，認爲這些角色不是固定的。今天是你老師的人，明天可能是你的學生。有時候，資深僧侶會跟我們一起坐在地上，聽新進僧侶講課。他們不是去那裡督導我們，而是去學習的。

試試看　**領導與追隨**

列出你的學生和老師名單。寫下學生可以教導你的事物，以及老師可以跟你學習的事物。

四種信任

在道場我因爲別人沒有回報我付出的關懷而感到懊惱。當我們對生活的目標沒有清晰的認識時，經常會對別人抱持過高期望。思考以下四個典型，我們都在尋尋覓覓擁有這些特質的人，希望他們能進入我們生命。你會辨識出是哪些人，相信大多數人至少會各知道一個身邊符合這四種典型之一的人。

能力（Competence）——我們會信任一個有能力者的意見和建議。這人擁有解決問題的正確技能，是某個領域的專家或權威，有經驗、參考價值以及／或在Yelp評論網站上擁有高評等。

關懷（Care）——我們會想知道那人是否在乎我們交給他處理的情緒問題。真正的關懷意味著他們會考慮對你最有利，而不是對他們最有利的事。他們關懷你的福祉，不是你的成功。他們念茲在茲的是你最大的利益。他們相信你。他們會超越職責範圍支持你，幫助你前進、陪你去看醫生、幫你計畫生日派對或婚禮。

品格（Character）——有些人會有嚴謹的道德準則和毫不妥協的價值觀。當我們不確定自己想要或想相信的事物時，就會向這些人求助。當我們處於相互依賴的伙伴關係（親密關係、事業夥伴、團隊）中時，品格就顯得特別重要。這些人言行一致，有良好的聲譽、穩健的意見和實事求是的建議。他們值得信賴。

始終如一（Consistency）——始終如一的人也許不是一流的專家，也許沒有最崇高的品格或最深切的關懷，但他們可靠、一直都在且有求必應。他們會陪你共度苦樂逆順的時光。

4種信任

能力	關懷
擁有解決問題的正確技巧，是該領域的專家或權威。	關懷你的福祉與最大的利益，而不是你的成功。
品格	**始終如一**
有強烈的道德準則和不妥協的價值觀。	可靠、一直都在、需要時隨時陪伴在側。

沒有人會高舉牌子大聲宣告他們能提供什麼給我們。你要觀察人的意圖和行動，他們的言行前後一致嗎？有以身作則，展現自己推崇的價值嗎？他們的價值觀與你相符嗎？我們從對方的行爲中學到的，多過於他們的口頭所承諾嗎？透過這四種信任典型，了解自己爲什麼會被某個人吸引。你們是否能建立友誼、同事或情人的連結關係。問自己，我建立這一份關係的眞正意圖是什麼？

這四種信任典型就像我們會出於本能尋求和要求的基本特質，但注意，我們很難找到一個人是既關心你，又擅長每一個領域，還具有最高品格，而且永遠會爲你抽出時間。我生命中最重要的兩個人是史瓦米（尊者，我的師父）和母親。史瓦米是我仰賴的靈性導師。我對他的品格賦予最高度的信任。但當我詢問他，我想離開埃森哲公司轉往媒體界發展時，他說：「我不知道你該怎麼做。」他是我最重視的顧問之一，但期望他對我的生涯抉擇提供意見是愚蠢的，何況，以他的智慧也不會不懂裝懂。我母親也不是提供生涯規畫意見的最佳人選。她像許多母親一樣，最關心我的福祉，像是我的心情和食衣住行，始終如一地關心我，但不會在經營管理上提供任何建議。我也不必因爲母親不關心我生活的每一個面向而生氣。反之，我應該省掉不必要的時間、精力、注意力和痛苦，只要感恩她提供給我的一切就好。

我們很容易期望每個人最好都一應俱全，提供我們所需的一切。這等於在爲自己設定高不可攀的標準。要知道找到那種人和成爲那種人都同樣困難。四種信任典型能幫助我們謹記對他人應有或錯誤的期待。就連你的伴侶也無法全天候提供你所要的關懷、品格、能力和始終如一。關懷和品格，可以，但沒有人是無所不能的。雖然身爲你的伴侶理應相當可靠，但沒有人能始終如一地滿足你的需要。我們會期望伴侶成爲自己的一切，希望「你使我完整」（謝謝你傑瑞．馬奎爾，在電影《征服情海》說出這句經典台詞），但即使在終身相許的結合裡，也只有你才能成爲自己的一切。

與道場那些非家人或沒有關係的人一起生活，給了我們更實際的視角。顯而易見地，道場裡沒有任何人能夠或應該扮演每一種角色。有趣的是，《今日心理學》雜誌有一篇心理學家J．派屈克．史維尼（J. Patrick Sweeney）上校，對伊拉克軍事領導階層進行的實地研究報告。同樣地，史維尼也提出了「3C理論」：能力（competence）、關懷（caring）和品格（character）的論點。不同之處在於，他發現這三個特質是使士兵信任領導者的必要因素。軍人和僧侶的生活都要遵守一套常規和原則，但僧侶不會跟隨領導人，也不必置身戰場冒險犯難。像僧人一樣地思考人際關係，不要強求4C俱全，根據一個人實際的付出，而不是你希望他們給你的東西，設定貼近現實的期望。即使對方沒有4C俱全，你還是可以從他們身上受益。

你也應該像他們一樣貼心地付出給他們。與朋友或同事相處時，養成習慣問自己：我能先付出什麼給他們？我能提供什麼服務？我是老師、同儕，還是學生？我能給這個人4C中的哪一個？發揮一己之所長，要像史瓦米一樣，不提供自己沒有的專業知識，就會建立更有意義的關係。

試試看 **對信任的反思**

選擇生活中的三個人（同事、家人和朋友），思考他們帶進你生活裡的是哪一個C。對他們心存感恩。感謝他們。

上述練習不是要你給別人貼標籤。我解釋過，我反對標籤，因爲標籤會把多采多姿的生命化約爲非黑即白。僧人之道是尋找意義，吸收前進所需的養分，不是把自己鎖在批判裡。當我們運用4C的過濾器時，就能看到自己的慈悲互聯網是否足夠廣泛，足以指導我們穿越複雜和混亂的生活狀態。

即使知道4C越廣泛越好，但我們當然也能從單一典型的多重觀點中獲益。母親的關懷不同於導師的關懷。一個有品格的人或許會提供很棒的愛情建議，但另一個人或許能幫你度過一場家庭紛爭。一個始終如一的朋友，或許會在你分手時去陪伴你，但另一個朋友卻能隨時提振你的精神向前邁進。

打造你自己的家

我們必須敞開自己，迎接新的連結，才能找到生活的多樣性。以下道理對任何年齡的人都一樣，所謂成長就是能夠接受以下事實：原生家庭也許無法提供我們所需的一切。我們當然可以接受養育你的人不能提供你所需的一切。事實上，你有必要保護自己不受某些家人的不良影響。我們爲家人設定的標準應該跟其他人一樣。如果與家人關係緊張，不妨隔著一段距離愛他們、尊敬他們，同時又從更大的世界裡結合自己需要的新家人。這並不表示你應該忽略自己原生家庭的家人，但當我們接受可能成爲新家人的朋友時，寬恕和感激就會容易得多了。與全人類有某種程度上的聯繫感，會對原生家庭發生問題的人帶來正面療癒效果。

世界一家

當你進入新團體時（就像我進入道場一樣），你就是處於清白無染的狀態。你沒有家人和朋友之間那種已經建立的期望，也沒人知道你的過去。在這種情況下，大多數人都會急於尋找我們的同類，但道場卻揭示另一種可行做法。我不需要複製原生家庭的模式，只要建立小型的、舒適的信任圈就好。道場裡每一個人都是我的家人。當我們一起到印度和歐洲旅行，跟人們建立連結時，我認知到全世界的人都是我的家人。正如甘地說的：「與全世界的人爲友，把全人類視爲一家人是處世的金科玉律。」

人們爲了學習、成長和分享經驗而建立的團體，像是家庭、學校和教堂，有助於我們把人歸類：這些是跟我一起生活的人，這些是跟我一起學習的人，這些是跟我一起禱告的人，這些是我希望幫助的人。但我不會因爲某個人不符合這些歸類，就貶低他的意見或存在的價值。除了一些有實際目的的限制以外，沒有哪一些人會比其他人更值得我關注、關懷或幫助。

一旦你不再時時刻刻把人視爲單獨的個體，就更容易把他們視爲一家人了。尚．多明尼克．馬丁（Jean Dominique Martin）在一首著名的詩裡說：「人們會因爲一個理由、一個季節或一生的情緣，而進入你的生命。」這三種歸類是基於關係持續長短而分。一個人可能會把一個可喜的變化帶進你的生命。就像新的季節一樣，他們以興奮、著迷的方式帶給你能量的轉換。但就像所有季節一樣，那個人的季節也有結束的一天。另一個人或許為了另一種理由進入你的生命，幫助你學習和成長，或者在艱困時支持你。他就像刻意派來給你，幫助或引導你通過一段特別的經驗，等事過境遷以後，他在你生命裡的核心角色就會減少。還有一些會陪伴你一輩子的人，他們會在你最順遂與最艱困的時刻陪伴你，即使你一無所有，也會愛你。當你思考這些歸類時，切記我在前面提過的愛的迴圈。愛是一份沒有附加條件的贈禮。這意味著並非所有關係都能無限期地承受同樣的強度。切記，你也是別人不同時期的季節、理由和一生的情緣。你在別人生命裡扮演的角色，不見得等同於他們在你生命裡的角色。

我最近跟一小群人有持續且親密的接觸，但這並沒有改變我與全人類的聯繫。因此，我要請你擴大視野，超越你認識的人和舒適區，看到陌生人和你不了解的人。你不必與所有人成為朋友，但要公平看待，把每個人都當做平等的靈魂，都具有增長你知識和經驗的潛能。他們都在你的關懷圈裡。

試試看

用實際的態度面對友誼

列出你過去一兩個星期內在社交場合見過的人。在第二欄裡，辨識這些人是季節、理由或終生的朋友。這當然是在做我鼓勵你不要做的貼標籤。我們必須允許人們的角色有流動性。粗略地勾勒目前的社交生活全貌，能讓你了解交往的人群是否平衡──提供刺激、支持和長期關愛的一群人。在第三欄裡，思考你在每一個人生活中扮演的角色。你有為自己收到的東西做出回饋嗎？你可以在哪一個部分、用什麼方法付出更多？

信任是贏來的

一旦對關係建立合理的期望，你就會比較容易建立和維持信任的關係。信任是每一種關係的核心，意味著我們相信一個人會對我們誠實，會以我們的利益爲考量，守承諾、有信心，而且在未來忠於這些意圖。注意，我並不是說那人永遠是對的，也不是說對方會完美地處理所有挑戰。信任針對的是意圖，不是能力。

當重視的人讓我們失望時，信任的打擊就會波及我們所有的關係。即使是最有善意的人也會變，或者不會跟我們走同一條路。其他人也有很多跡象顯示他們的意圖跟我們沒有交集，但我們往往忽略了。有時候，當我們有更多覺察力時，就會知道有些人從一開始就不該信任。別人的行爲不是我們能夠掌控的，那究竟要如何信任別人呢？

信任的四個階段

信任感可以延伸到任何人，從計程車司機到事業夥伴，再到情人都有可能，但顯然我們還達不到那種人盡可信的程度。重要的是注意自己對某一個人的信任程度，以及對方是否眞的贏得了我們的信任。

全美一流的婚姻專家之一約翰．高特曼（John Gottman）博士，就試圖找出導致夫妻之間持續發生衝突的根源，而不是只解決一次衝突的治標方法，結果又回頭過一樣的日子。他研究來自全美各地不同社經、種族背景的夫婦，包括新婚夫婦、準父母，有配偶服役的家庭。總體而言，信任和背叛是所有夫妻最重要的關係課題。他們描述問題的詞彙略有不同，但問題根源都很相似：我能相信你會對我忠誠嗎？我能信任你會幫忙做家事嗎？

我能相信你會聆聽我、支持我嗎？

夫妻有充分理由把信任列為最優先考量。根據蓓拉·迪波洛（Bella DePaulo）博士的研究，人們的互動中有五分之一的比例是不誠實的。研究員要求七十七名大學生和社區的七十個人，一連七天追蹤自己的社交活動，要他們記錄所有交流和說謊的次數。我知道你在想什麼：要是他們虛報說謊的次數怎麼辦？為了鼓勵受試者誠實記錄，研究員會先告訴受試者該問卷不會受到批判，只是用來了解導致說謊行為的基本問題。他們還告訴受試者，實驗是為了讓他們有機會更了解自己。最後結果顯示，學生報告他們的互動有三分之一屬於不同程度的謊言，而社區居民的互動有五分之一的說謊成分。這也難怪世上有這麼多人會有信任問題了。

在討論我執的問題時，我們知道說謊是為了給人留下好印象，讓自己表現得比眞實的自己「更好」。但一旦謊言被拆穿時，對雙方造成的損害會比誠實以對來得大。如果一開始就沒有運用有效的方法播下信任的種子，就會種下不信任和背叛的雜草。

我們對何時與如何給予信任並不謹愼。要不是太容易信任別人，就是對所有人都不信任。這兩種極端都對人有害無益。信任所有人讓你容易受騙和失望；但不信任任何人又讓你活在狐疑和孤獨裡。我們給予別人信任的程度，應該對應於跟那個人相處的經驗，並要經歷以下四階段。

信任的階段

中性的信任

一個人的正面特質無法與
信任對方與否相提並論

契約式信任

你幫我，我就幫你

相互式信任

雙方都信任對方，
也相信未來仍會互相支持

純粹的信任

無論發生什麼事，對方都會支持你

中性的信任：不輕信一個剛認識的人是正常的。你也許認爲對方風趣、迷人、能帶來喜悅，但這些正面特質無法與信任相提並論。這些特質只意味著你認爲這位新朋友很酷。我們傾向於把信賴度與可愛可親的程度混爲一談。一項針對陪審員對專家證人觀感的研究顯示，陪審員要是認爲專家證人很討喜，其獲得的信賴度也偏高。我們也容易信任被自己認爲有吸引力的人。《以貌取人：信任遊戲中的美貌與期望》（*Judging a Book by Its Cover: Beauty and Expectations in the Trust Game*）一書的合著者瑞克．威爾遜（Rick Wilson）說：「我們發現，有吸引力的人，由於獲得更高的信任度而發生『美貌溢價』效果；但如果有魅力的人沒有達到人們的期望，就會發生『美貌懲罰』的狀況。」當我們把討喜或吸引力與信任畫上等號時，必然會帶來高度失望。態度中立地信任他人勝過因錯誤的理由或盲目相信別人。

契約式信任：這個層次的信任是我從「激性」（前面提到人的衝動模式）得來的靈感。這種信任會讓你專注於短期結果。契約式信任是一種對價關係。這種信任表達的是：「我付晚餐的費用，你答應還錢，我相信你會做到。」你安排一場約會，指望那人會赴約，那你的期望就到此爲止，別無所圖了。契約式信任有其用處。人都會與大多數萍水相逢的人建立契約式信任關係，然而，其中也隱含著希望對方能信任我們的期望。我們在內心深處可能希冀與對方有更多的聯繫，但這時必須善用明辨力。過度期望那些只表現出契約式信任程度的人，可能還言之過早，甚至會惹禍上身。

相互式信任：當你幫助一個人，期望他以後在未知的將來投桃報李，這時契約式信任就會進入更高層次。如果契約式信任取決於雙方事先同意的特定交易，那就會有更大的發展餘地。這階段的信任來自「悅性」，也就是先前提過發自善良、正面與平和的行動。每個人都希望信任關係可以達到這種層次，美好的友誼通常可以做到。

純粹的信任：最高層次的信任是純粹的善意，也就是你知道無論發生什麼情況，你們都會彼此支持。大學籃球教練唐．邁爾（Don Meyer）曾交給球員一張白紙，並要求他們在紙上畫一個代表「散兵坑」的圓圈。邁爾要求他們在圓圈上方寫下自己的名字，然後在左、右和下方各畫一條線，並在每一條線上列出他們想在散兵坑裡填寫的隊友名字。被選入散兵坑次數最多的正是球隊的隊長。你要明智地選擇納入散兵坑的對象。

如果要你依層次畫出一張顯示信任人數的圖表，結果可能會像一座金字塔：很多人落在底部的中性信任區，較少人落在中段的契約式信任區，以及接著再上一層的相互式信任區，但只有極少數的人會落在位於頂端的純粹信任區域範圍內。

無論你對自己畫出的金字塔有多不滿意，都不要無緣無故把下層的人拉到上層，這只會讓你失望而已。我們犯的最大錯誤，就是假設別人都像自己一樣待人處事，相信別人也會重視我們所重視的價值。我們相信自己想在關係裡要的，就是別人想要的。聽到別人說「我愛你」時，會一廂情願地認爲對方跟我們說的「我愛你」是同樣意思。但如果我們誤認爲每個人都是自身的反映，就看不到事物的本然。我們會照自己想要的方式看人、事、物。

互信需要耐心和承諾。互信建立在對另一個人眞正了解的基礎之上，儘管雙方是多麼獨立的不同個體，有著多不同的世界觀。避免任意推定的方法就是密切觀察對方的言行。當人們向你展示他們的信任程度時，你要相信他們。

我要你感恩那些値得信任的人，並爲那些信任你的人感到榮幸。如果你對一個人有中性的信任，那也很酷。接受人們的現狀，給他們成長和證明自己潛能的機會。當我們讓信任自然發展時，就會開始建立長期的信任關係。

信任來自每一天的練習

人際關係很少會達到雙方都敢說「我絕對了解這個人，他也絕對了解我」的地步。就像一條不斷逼近、但從未觸及另一條線的曲線一樣，你永遠不會達到那個交會點，讓你能放心地說：「我完全信任他，他也會永遠完全信任我。」信任會受到各種大大小小的威脅，需要你逐日強化與重建。

每天用以下方式建立與強化信任：

- 做出並兌現承諾（契約式的信任）。
- 對你關心的人表達眞誠的讚美和建設性批評；盡全力提供支持（相互式信任）。
- 當對方處境惡劣、犯錯或需要大量時間的幫助時，支持他（純粹的信任）。

活在有意圖的愛裡

我們現在已擁有一些工具，可以用來評估別人在自己生命裡扮演的角色。接下來看如何深化現有的關係，並建立牢固的新關係。僧人因爲放下傳統的家庭角色，因而擴大與人類的連結。同樣地，獨身戒也讓他們釋放了被愛情消耗的精力和關注力。在你把這本書扔到房間的另一頭以前，我必須聲明我不建議一般人獨身。獨身戒是嚴苛的承諾，也不是每個人必守的戒律，但的確帶給我一些想跟你分享的啓示。不妨說，我的分享是爲了不讓你走上獨身的路吧。

戒酒？對我來說輕而易舉。戒賭？我本來就很少賭博，而且我十六歲開始就不吃肉了。其中，放棄愛情是我最難做到的犧牲。獨身戒聽起來很荒謬，甚至不可能做到，但我知道其背後的用意，是想節省人浪費在愛情的努力和能量，而把力氣用在與自己建立關係上。可以想成像放棄吃糖一樣費力，哪一個心智正常的人會放棄美味的冰淇淋？但我們都知道其中必有充分的理由：保持健康與長壽。每當我看到僧人時，就知道他們做了正確的決定。還記得「全世界最快樂的人」馬修．李卡德嗎？我遇過的僧人都很年輕，也一副很快樂的樣子。愛情的糾葛並沒有帶給我滿足感，所以我才會願意嘗試自制和紀律的戒律實驗。

我出家時，有個同事問我：「咱們還能談什麼？以往愛聊的話題都是女孩。」他說的對。我這一生大部分時間都沉浸於探索愛情之中。我們會看無數的愛情連續劇和電影是有原因的，但這類無止境的娛樂，正像世上任何一種娛樂一樣，須占用大量做正事的時間。如果我那三年都在約會，或擁有一份穩定的感情關係，而不是在道場修行的話，我就不會變成今天這樣了解自己優點和眞實面目的我了。

僧人的梵文是「**brahmacharya**」（譯注：梵行、淨行、獨身），可以解釋爲「能量的正確使用」。在約會的世界裡，你一走進夜店就會環顧四周，尋獵最吸引你的對象。或者，你會在線上瀏覽潛在伴侶，而絲毫不考慮要花多少時間勾搭。想像一下，如果你能買回那些時間，如果你能收回投資在沒有結局的關係裡的那些時間。這種關注和集中就可以用在創造、友誼、內省和事業上。不過，這並不表示每一段失敗的關係都是浪費時間。相反地，我們會從每一次犯錯中學習。但想想爲了這段關係花費掉的時間吧——收發訊息，想知道對方是否跟你一樣，試圖把那人變成你心中想要的模樣。如果我們愼思自己的需求和期望，那些時間和能量就會發揮在更好的用途之上。

性能量不只是用來獲得歡愉。它是神聖的、有生育的力量。想像在妥善的駕馭下，它能在我們內在創造些什麼。認證合格的性教育家瑪拉．馬德隆（Mala Madrone）說：「有意識地選擇獨身，是一種利用自己的能量，並駕馭生命潛能的強有力的方法。這也能強化你的直覺、擴大極限，了解兩情相悅的眞義，包括區分生命和身體眞正願意的接觸和互動。」但我們卻把能量浪費在屈就別人的理想，或把自己塑造成你認爲對方想要的樣子，或懷疑對方的移情別戀上。約會的關係裡充滿焦慮和負面情緒，先撇開自己是否做好安家立業的準備不談，光是物色「眞命天子／天女」的壓力就夠龐大了。

一旦把追求愛情這元素去除，我就不再扮演「男朋友」的角色，不再要帥地討女性歡心，也不再沉迷於情欲之中。我發現與女性朋友的聯繫（也包括所有的朋友在內）越來越有深度。我擁有更多的身心空間和能量來接納他們的靈魂。我的時間和關注找到了更好的去處。

同樣地，我不建議你放棄性生活（你當然可以這麼做），但如果你允許自己獨身，讓自己專注於生涯、朋友和內心的平和，那會是什麼樣的情景呢？神職哲學家保羅．田立克（Paul Tillich）說：「人類的語言明智地感知到獨處的雙重意義：既創造了『孤獨』表達獨處的痛苦，又創造了『孤寂』表達獨處的榮耀。」

我用當僧人的三年時間培養自我覺察，三年結束時，我已有能力對關係提出正確的問題了。

我也許沒有把所有清醒的時間用在悅性（善的模式）上，但我知道自己要往哪裡去，也知道那種感覺。我有機會成爲我想約會的那個人。我沒有爲了快樂而尋找別人，反而努力地讓自己成爲那個人。

吸引力VS連結度

強化的意圖提供給我們更清晰的視角，來評量自己爲什麼會被某些人吸引，那些理由是否符合個人價值觀。建立聯繫有五個主要的動機，注意，這些動機並不只限於對愛情的憧憬：

1.肉體的吸引力：你喜歡他們的長相，被他們的外表、風格或存在所吸引，或者喜歡別人看到你們在一起。
2.物質：你喜歡他們的成就、權力以及／或成就與權力帶來的財物。
3.知性：你喜歡他們的思想，他們的談話和觀念會激發你。
4.情感：你們有很好的連結。他們了解你的感覺，也會增加你的福祉。
5.靈性：他們跟你共同擁有最深層的目標和價值觀。

當你辨識出吸引你的元素以後，你是被他整個人還是一部分吸引，就變得顯而易見了。根據我的經驗，大多數被別人吸引的人，都會提到三項特質的不同組合：外貌、成功和知性。但這些特質與長期、穩固的關係並沒有關聯。

僧人相信人的外貌不是他們眞實的身分，因爲身體只是靈魂的器皿。同樣地，一個人的財產也不歸他所有。你肯定無法用財產來判斷一個人的品格！即使你被某人的智力吸引，也無法保證這會導致有意義的結合。這三種特質與長期穩固的關係無關，但確實能顯示出你跟另一個人之間的化學反應。而最後的兩項元素情感和靈性，才是指向一個更深遠、更持久的連結感，顯示你們彼此的互容性。

重質不重量

我們在關係中消耗和接受的能量，重點在於品質，而非數量。我經常聽到心懷愧疚的父母（通常是媽媽）說，他們長時間工作，不能定時與孩子相處，讓他們感到難過。一項有關母親工作時間影響的首次大規模研究顯示，重要的是與孩子在一起的時間質量，而不是數量。（這意味著與家人相處時請收起手機。）

我不是父母，但我知道自己小時候隨時都能感受到媽媽的能量。我從來沒有盯著時鐘測量過她陪伴我的時間。我的母親也要工作，因此我從小就上托兒所。我對托兒所毫無記憶，也沒有母親不在身邊的痛苦回憶，但我卻記得她來接我的情景。她總是笑咪咪地問我當天過得好不好。

這一點也適用於所有關係。如果你在餐桌講電話，沒有人會願意跟你一起吃晚飯。這就是我們會把時間和精力混爲一談之處。你也許跟一個人相處一小時，但只用了十分鐘的精神。我不能花很多時間陪伴家人，但當我跟他們在一起時，總會全心全意與他們同在。我寧可專注地跟他們相處兩個小時，也不要心不在焉地陪他們度過整個週末。

僧人會用存在與關注來表達愛。道場從不用時間多寡來衡量關愛或投入程度。我提過，沒有人會在靜心結束後問你花了多少時間，而會問你的禪定有多深。如果你們每天都一起吃晚飯，那很棒，但你們對話的品質如何？用僧人的思考管理你的能量，而不是時間。你是否有把全副的存在和關注給予某個人？

試試看

逮捕偷走你專注力的賊

時下大多數人都在專注力之戰中打了敗仗，勝利者是螢幕。要在一段時間內把全部關注都投注在一個人身上的唯一方法，就是把螢幕關掉。

想把應有關注獻給生命裡某一個人，那就坐下來，好好對手機、筆電、電視的使用方式訂立一套規則。選特定的活動，付出你心無旁騖的優質時間。達成關閉手機的協議，把手機放在另一個房間或留在家裡。一開始也許會是一大挑戰，通訊軟體的對話會因此延宕，朋友和同事因為無法聯絡到你而感到沮喪。但設定好這些界限會讓雙方建立新期望：溝通的中斷不會引起尷尬；朋友和同事也會接受你不能全天候待機的事實。

六種愛的交流

大多數夫妻不會坐下來擬訂一份價值觀清單，找出彼此的共同點，但只要我們對自己了解清楚以後，就能用更有意圖的方式與他人連結。《教誨的甘露》（*Sri Upadesamrta*）裡談到六種愛的交流，鼓勵人們在結合中一起成長。（交流有三種；每一種都包括付出和接受，加起來一共是六種。）交流幫助我們建立以慷慨、感恩和服務為基礎的關係。

禮物：從事慈善工作，接受任何一種形式的回報。這麼說似乎很直白，甚至有唯物主義之嫌——我們都不想花錢購買對方的情意，但思考一下有意圖地付出意味著什麼。你會在情人節那天送花給伴侶嗎？這是非常傳統的做法，不妨思考一下送花是否能帶給伴侶最大的喜悅。

就拿送花為例吧。你是在六個月前經過一家花店，琢磨過她喜歡什麼花，進而特別為這一天做好準備呢，還是偷偷發一則訊息給她的閨蜜，打聽該買什麼花呢？（當然，這兩種做法都比網購玫瑰花更有心，至少比完全忘記要好！）情人節是示愛的最佳時機，或者一個突如其來的舉動會更有意義？你有花時間思考一個生病的朋友真正想要什麼嗎？也許他要的不是物品，而是行動、服務和我們的時間。幫他洗車、辦一些活動、履行一些義務，或者帶他去風景好的地方走走。

你也可以用同樣的體貼對待一份收到的禮物。你會感恩別人爲禮物付出的努力嗎？你了解對方送禮的原因和意義嗎？

交談：傾聽是我們能給予別人最體貼的禮物之一，是表示自己在乎對方經驗的最好方法。有意圖地傾聽，意味著找出話語背後的情感。提問題，進一步了解對方，把你聽到的資訊融入你對那個人的了解裡。盡量記住對方說過的話，並就相關部分繼續追問。傾聽還涉及營造信任的氛圍，使人有受歡迎和安全的感覺。

試試看

把對話變成一份禮物

在理想情況下，你會試著定期在對話中這麼做，但這一次要專注和有意圖地做。選擇一個對你很重要的人，像是朋友、親戚、伴侶，一起吃飯或散步。在這一段時間內，把手機關掉，把所有專注力放在對方身上。討論內容不設限，保持好奇心。如果沒有話題，那就先問一些開放性的問題，慢慢引導到對他很重要的話題上：你最近有什麼心事？你與某某某的關係還好嗎？仔細聽，繼續追問。分享自己的經驗，不要把對話轉到自己身上。幾天後，寫電子郵件或發訊息追問。

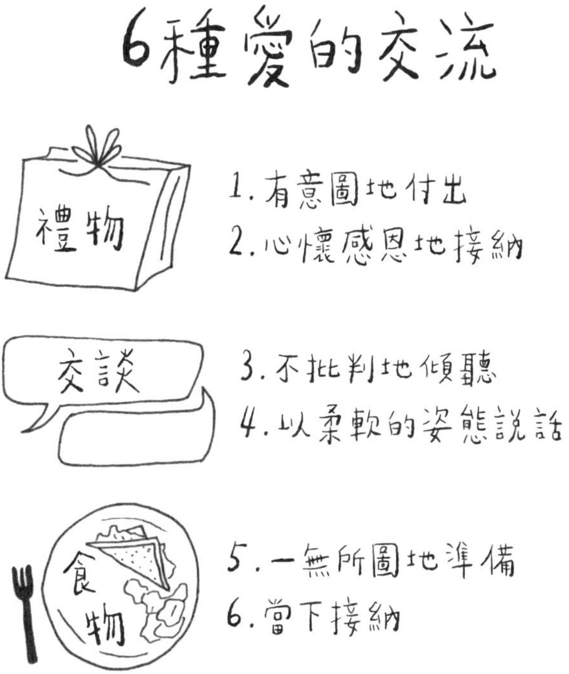
6種愛的交流
禮物
1.有意圖地付出
2.心懷感恩地接納
交談
3.不批判地傾聽
4.以柔軟的姿態說話
食物
5.一無所圖地準備
6.當下接納

食物（精神食糧）：當然，《教誨的甘露》寫作時的世界不同於今日，我在此用「經驗的交流」這個廣泛的意思來詮釋食物的交換，也就是用有形的方式表達對身體或精神的關懷和服務，例如，按摩，爲家人創造放鬆的空間，或播放他們喜歡聽的音樂。我的妻子離開了心愛的家人，搬到紐約跟我一起生活。這種關懷和慷慨的行爲對我生命的滋養，讓我一言難盡。她來到紐約以後，我介紹她認識其他的婦女朋友，幫助她尋找社群與歸屬感。我們交換的經驗不一定完全吻合，但總會尋找對方最需要的東西。

這六種交流可以是不假思索又空洞，也可以有眞正的深度和意義，但千萬別在沒有給人嘗試的機會以前就妄加批判。沒有人能讀懂別人的心思。如果你的室友或伴侶沒有猜到你希望他們辦一場生日派對，那也不是他們的錯。反之，你要清楚、坦誠說出自己的需要。

試試看

提出你的要求

告訴生命中的重要人物，讓他們知道你喜歡的愛的表達方式。如果我們不告訴別人自己想要什麼，就會期望他們懂自己的想法，並經常為了他們沒有這麼做而加以批判。這星期你要真誠說出你要的方式，不要等他們預測你想要些什麼。

1. 想一個你對愛人曾經有過的抱怨。（不要過度找碴！如果腦海一片空白，那是好徵兆，你可以直接跳過練習。）

2. 追根究柢尋找問題的根源。你真正不滿的是什麼？你或許發現自己需要愛的對等交流。你需要更多分享和聯繫的時間嗎？（對話）你感覺對方不感激你的付出嗎？（禮物）你需要更多的支持嗎？（食物或其他服務行為）

3. 清楚表達，不要批判。你要說：「這麼做會讓我有更多被愛和感恩的感覺。」不要說：「你做錯了。」這種方式能為伴侶提供連結的途徑，這對他們來說更容易理解，也比較能做到滿足你的需求。

為愛做準備

這六種愛的交流能為任何親密關係奠定基礎，但我們大多數人都在尋找「真命天子／天女」。知名的哈佛大學格蘭特研究（The Harvard Grant Study）用七十五年的時間，追蹤二百八十六名哈佛大學生，並在過程中收集與他們有關的大量數據。研究員整理數據後發現，「愛」這個因素能可靠地預測受試者的生活品質。受試者可能擁有其他一切成功的外在指標，像是金錢、發達的事業、健康的身體，但一個沒有親密關係的人是不會感到快樂的。

我們都會把不同程度的自我覺察帶進關係裡。透過線上測驗和約會程式的幫助，我們列出了想要的伴侶條件，像是幽默感、關懷和外貌，卻很少考慮自己眞正需要什麼。我們想如何得到關懷？讓我們有被愛感覺的是什麼？

一行禪師在《怎麼愛》（*How to Love*）裡寫道：「通常，我們對別人的迷戀不是因爲自己眞的愛和了解對方，而是爲了轉移自己的痛苦。當我們學會愛和了解自己，並對自己有慈悲心以後，才能眞正地愛和了解另一個人。」我在道場的生活結束以後，準備建立一段關係（不是一些朋友認爲的是在離開當時）。我認知到自己想要什麼樣的伴侶。我知道什麼特質會跟我互補，什麼不會。我知道生命中需要的是什麼，也知道自己必須提供什麼。我尋找正確關係的能力進化，是因爲我進化了。

巧的是，那個後來成爲我妻子的女人拉蒂．德夫魯基亞（Radhi Devlukia）已經具備這種自我認知。她不需要經歷我的旅程，就知道自己想要一個有靈性連結、高道德標準和價值觀的人。我相信她如果沒有我，也會過著很好的生活。但我知道，如果在進入一份認眞的關係以前，沒有花時間先對自己下一番工夫，我的生活就會大不同，甚至充滿痛苦。

「強烈衝擊」（Massive Attack）樂團認爲愛是一個動詞。《老爸行不行》（*Dan in Real Life*）這部電影裡說愛是一種能力。達賴喇嘛說：「愛是沒有批判。」愛也是耐心、是仁慈。顯然，愛才是你需要的一切。我們的文化對愛的定義，多得令人心生疑惑。我回倫敦後的第一次約會，雖然我有僧人經驗，懂得有意圖與慈悲的自我探索，但還是會感到困惑。

我已經知道我喜歡她。我在大學創辦的「放聲思考」社團，在我離開以後還持續了好幾年。我回倫敦後一直與社團保持聯絡，也會回去參觀和演講。拉蒂是團員，聽過我的幾場演講，也是家妹的朋友。一群社團的朋友，包括我和拉蒂在內，聯合起來爲英國的孩子組織一場反種族主義和霸凌的慈善活動。我有跟拉蒂約會的經驗，但在這種情況下看到拉蒂，讓我對她有更多的了解。我看過每一個團員對她的敬重。她會提出一些有趣的意見和很酷的點子。我有機會目睹眞正的她，而不是任何人都能在一小時的相處時間內，扮演線上個人檔案描述的樣子。他們也許會扮演自己最好的一面，但這並不能提供一副有關那個人的完整樣貌。

我仍沒有一份全職工作，但我一直在兼家教。我撙節一個月的收入，請拉蒂去看

《女巫前傳》（*Wicked*）音樂劇。接著又去義大利餐廳 Locanda Locatelli，一家超過我收入水準的米其林二星餐廳用餐。

她很有禮貌，但並沒有被我的殷勤打動。她事後告訴我：「你用不著如此破費。」她坦言自己理想的約會是逛超市、買個麵包之類的。我感到大惑不解。誰會想要這種約會？

自從當僧人以來，我沒有發展任何親密關係，而且，我還沒有把靈性的自己和過去那個愛約會的自己調整過來。我感覺自己像是腳踏兩個世界。雖然受過僧人訓練，但我不知不覺中又回到以前的關係模式，那種根據媒體、電影和音樂，認爲對方會想要什麼，而不運用自己的覺察力。以我個人喜歡禮物和豪奢的方式示愛。有一段時間，我會在毫無提示的情況下持續地揮霍買禮物給她。我搞錯了，她完全無動於衷。她不是那種愛慕虛榮的人。即使在道場生活幾年，我仍會受外界或個人喜好的影響，沒有仔細觀察她的喜好。經過幾次失誤以後，我終於覺察到了。感謝上天，她嫁給我了。

如果你不知道自己要什麼，就會發出錯誤訊號，吸引錯的人。如果沒有自我覺察，你就會尋找錯誤的特質，選擇錯的人。這就是本書從頭到尾都在討論的工夫。在沒有了解自己以前，你就還沒有做好愛人的準備。

有時候，我們發現自己不斷重蹈覆轍，老是吸引同一類互不相容的伴侶，或者明知故犯地選擇他們。如果發生這種情況，這不是你倒楣，而是提示我們要下工夫的線索。僧人的觀點是，你試圖尋找能幫你減輕痛苦的人，但只有你能減輕自己的痛苦。如果你不努力克服，痛苦就不會離開你，還會繼續干擾你的決定。在你面前冒出來的問題人物，反映的是你尚未解決的問題。他們會不斷出現，一直到你學會需要學習的功課爲止。依洋拉．凡贊特（Iyanla Vanzant）對歐普拉說：「……過往的傷口沒有療癒以前，你還會繼續淌血。你可以用食物、酒精、毒品、工作、香煙、性愛止血，但血最後還是會滲出來，汙染你的生活。你必須找到力量，揭開傷口，把手伸進去，拉出阻止你前進的痛苦核心、記憶，與之和平共處。」

一旦打開自己的包袱，療癒自己（大部分），你才算準備好要建立一份付出的關係。你不會希望關係來解決問題或塡補漏洞。沒有人能讓你完整，你不是一個半滿的杯子。你不一定要完美無瑕，但必須站到願意付出的位置。你不會榨取別人的養分，反而會滋養他們。

維持愛的鮮活

切記，我們在前面談論心智時，曾說過快樂來自不斷學習、進步和成就。然而，我們往往會隨著關係的延長，而渴望再回到初戀或蜜月階段的濃情蜜意。你多少次對自己說「我希望再度擁有那種感覺」或「我希望能回到那時候。」但回到一起吃晚餐或初吻的地方，不會喚回所有的魔幻力量。許多人太執迷於重建相同的經驗，以至於無法騰出空間，讓新經驗發生。你在建立一份關係時，實際上就是以充滿能量和敞開的方式創造新記憶。愛會因爲創造更多新記憶而常保鮮活，讓人持續共同學習和成長。新經驗會把刺激帶進生活，建立更牢固的連結。我可以建議很多種夫妻一起從事的活動，但其中幾個我最喜歡的是來自僧人經驗。

1. 在舊事物裡尋找新奇：記得僧人在同一條步道上找一塊特殊的石頭嗎？你也可以睜開眼睛，看你目前生活所在的世界。在工作日中選一天，安排一頓燭光晚餐。你們可以在睡前讀一本書給對方聽，而不要盯著手機。到家附近一起散步，在鄰近住宅區挑戰尋找某一類型的郵箱，或比賽看誰會成爲第一個發現野鳥的人。

2. 尋找新的相處方式：心理學家亞瑟・艾隆（Arthur Aron）的研究發現，夫妻一起從事新奇刺激的活動，會強化彼此的連結。我和妻子開始一起玩密室逃生遊戲。遊戲的玩法就是把你們鎖在一個房間裡，自己尋找出路。工作人員會提供一些線索，但你們必須共同努力解決這難題中的許多步驟。聽起來也許有點嚇人，但其實充滿了樂趣。你們會在一起學習中犯錯。在這公平的賽場裡，沒有人的經驗或專業知識會多於別人。當你們一起嘗試實驗時，會感覺在生活的各個領域都一起成長。你們甚至可以試一些眞正令人害怕的活動，例如：高空跳傘或走出舒適區以外的其他活動。記得我們在面對恐懼時發現的好處嗎？與恐懼一起遊戲，就是練習進入深層的恐懼，與伴侶分享，感受他們的支持，再一起轉化恐懼。

3. 一起服務：服務能爲生命增加意義，無論主辦慈善活動、送食物給街民或一起教學。與伴侶共同服務，也會讓你們的連結增添意義。我在僧人生活時期最有聯繫感的經驗，來自我參與的集體計畫。我提過那一趟兩天的恐怖火車之旅、一起種樹、蓋學校的經驗。我們不把注意力放在關係的挑戰上，而是針對現實生活問題建立共同的觀點；與更高目標連結時會生起的感恩，進而把感恩帶進我們的關係裡。我知道許多夫妻是在擔任志工時認識的，因此，如果要尋找合適的伴侶，先找一個符合自己心意的活動。如果你們是在志工之類的活動裡相識，那麼一開始就已有很深的共同點，而且有可能建立更深一層的結合。

4.一起靜心和唱誦：當一對剛吵完架的夫妻進入一個房間，你就會感受到他們散發出來的負能量。跟伴侶一起唱誦也會發生同樣影響力。他們會把各自的能量帶到同一個地方，這就是名副其實的琴瑟和鳴。（參閱第三部最後的「靜心練習」。）

5.最後，一起設想雙方都想從關係裡獲得什麼。當你們知道對彼此都很重要的是什麼以後，就會估算出自己願意適應的程度了。在理想情況下，你們會努力活出自己的法。一份最好的關係，則會讓你們一起活出法的境界。

克服心碎

我們很難清楚知道何時會有傷心的危險，但我要明確指出一點：對已經擁有的心存感恩與安於不足是有區別的。若我們仍受孩子心智的想法所控，就會被那些對我們不利，卻讓我們暫時感覺良好的人吸引。不要把自尊寄託在別人身上。沒有人應該受到語言、情感或肢體上的虐待。獨處是比較好的方式。你也不該允許一份虐待、操縱或有毒的關係轉爲友誼。那種驅力不會改變，相信我。

在每一段關係裡，你都有機會設定自己期望的喜悅，以及可接受的痛苦程度。沒有一段關係是完美的，但如果喜悅永遠達不到某種高度，或始終停留在低層次，除非你們都付出很多努力，否則這份關係就永遠不會改變。你願意承受的失望也適用於同樣的方法。你們的連結可能起步較慢，需要一段時間才能彼此了解，但如果一直無法達到令彼此滿意的層次，你就需要決定該繼續留下或該走自己的路了。

我知道這麼做並不容易。當你與一個人共同度過了美好時光，或投注心力，或把自己交給一個人時，就會很難放下這段關係。藏傳佛教比丘尼丹津．葩默（**Jetsunm Tenzin Palmo**）指出，我們經常誤把執迷當成愛。她說：「我們以為對親密關係的把持和執著顯示出我們的愛。實際上，那只是會給人造成痛苦的依附感。因為我們越執著，就越害怕失去。如果我們輸了，當然會受苦。」總結來說，緊抓著一個錯誤的人，會比放下那人帶來更多的痛苦。

我建議克服心碎的策略與僧人對自我的觀念，以及如何找到通往平和與目的的道路有直接的關係。無論我們有什麼想法，都不要逃避。給自己評估和改變的空間。**指認、停止、調換**。

感覺每一個情緒。你也可能轉移心碎的痛苦，但這種緩解只是暫時的。如果你否認自己的感受，最後還是會以其他方式感受到痛苦。研究人員追蹤即將入學的大學新鮮人，想了解他們如何適應過渡期。他們發現那些傾向壓抑情緒的人，擁有的親密關係與感受到的社會支持都比較少。相反地，思考一下對方在這種情況下給你什麼感覺。你或許想用書寫或錄下來的方式表達自己的感受。閱讀你寫出來的內容，或再客觀地聽一遍錄音。你有聽出任何重複出現的模式嗎？

你也可以針對問題靜心，問自己對失落的感覺。我們喜歡重播情緒：有多完美，可以是什麼樣子，會如何發展。與其反思關係破裂前的浪漫，不如專注在現實上。你對這一段關係有什麼期望？你失去了什麼？你對這個人的失望與他是什麼樣的人或不是什麼樣的人有關嗎？探索你的情緒，直到發現痛苦和破壞的根源為止。

向情境學習。電影、音樂和其他媒體，會以有限且不正確的訊息告訴我們愛應該是什麼模樣。利用分手的眞實經驗，設定你在新關係中應該有和需要有的期望。切記，你的期望可以不同於分手的人以及／或下一個進入生命裡的人。你哪一個最大的期望沒有實現？對你來說，重要的期望是什麼？關係中的什麼是好的，什麼是壞的？你在這段破裂的關係中扮演什麼角色？與其在原地痛苦，不如起而研究關係的運作方式，有助於你從下一段關係中識別出自己想要的東西，以及可能需要努力的地方。

相信自己的價值。你也許在分手時低估了自己，但你的價值不是建立在對方完全欣賞你的能力上。如果你將對自己的認同裹覆在關係之中，那麼你感受到的痛苦就是在告訴你，必須犧牲部分的身分認同。如果你期望一個人能滿足你所有的需求，那麼一旦他們離開，當然會將你的生命掏空一部分。利用你恢復單身時，與一些你想相處一輩子的人，建立擁有共同利益的社區。想讓自己完整，就需要成為那個能讓自己快樂的人。

等待，不要急著再約會。切記，如果你還沒有療癒過去的傷痛，或許就會錯失機會，因而無法與美好到不可思議的人建立一段不可思議的連結。不要把約會當做反擊或報復手段。這只會造成更多的傷害和遺憾，進而傳播痛苦的病毒。反之，花一點時間更深入地了解自己，建立自尊，投注個人成長。**在親密關係中迷失自己的人，必然會陷入心碎的結局**。

僧人之道就是培養覺察力、對治和修正。建立關係前或進入關係以後，都要退後一步，評估並確保我們了解自己的意圖，然後再進入約會的世界裡冒險，或者帶著自我覺察和愛回到舊關係裡。**指認、停止、調換**。

人往往會把注意力轉向外在，探討如何解決生活中親密關係發生的問題。現在，我們來到一個更寬闊的關係裡了。我提過在道場裡那種超越家人聯繫，能團結和連結所有人的更大力量。天體物理學家奈爾．德葛拉司．泰森（Neil deGrasse Tyson）說：「我們都在生物的基礎上彼此連結，跟地球有化學的連結，跟宇宙的其他部分有原子的連結。」知道這一點以後，我們就必須從宇宙裡尋找生命的眞正意義。

第十一章 服務

前人種樹，後人乘涼

無知者為一己之利工作……，
智者為世界的福祉服務……。
——《薄伽梵歌》3:25

我還是道場的新修時，跟一群僧人被丟到村莊裡，身上沒有錢、沒有食物。我們的任務是在三十天内找到回道場的路。

天氣不錯，有人提供一處可以遮風避雨的倉庫。我們把墊子留在倉庫就去村莊冒險了。村民在簡單搭起的小木屋裡賣食物、香料和雜貨。小屋之間的空地上掛著一串串洗好的衣物。大多數人都騎單車或步行，有些孩子打著赤腳。

不受束縛，沒有計畫，我們第一個感覺到的是恐懼。恐懼讓我們爲生存而竭盡全力。我們向村民乞討，印度人天性慷慨，經常會拿麵包、水果或硬幣給一身修行打扮的人。我們參觀寺廟，廟裡發放名爲「普拉薩」（prasad）這種供神後免費送人的食品。我們在生存的焦慮下，用自私和囤積的手段獲取安全感。

第二個星期處境好轉了。我們開始幫忙手提重物的人，或幫助小販推車換取糧食。我們很快就發現敞開自己的心靈會鼓勵他人仿效。收到的捐贈跟剛來村莊的時候沒有太大不同，但這種交流讓我們感到一股溫暖的慈悲和布施。我感覺自己已經學到這一趟旅程要教導我們的功課。我們自以爲一無所有，事實上，幾乎沒有任何身外之物的我們，卻仍可以付出自己的勞力。

然而，到了最後一個星期，我們在飽食無虞的情況下，有能力注意一些更深層的事情。儘管我們空手而來，但仍擁有某一類型的財富，那就是我們比許多村民都更強壯、更有能力。大街上有老人、孩童和殘疾人士，他們的需求遠超過我們。

「我感覺很難過。」一位僧人說。「對我們來說，這只是短期的經歷，但對他們來說，卻是一輩子的承受。」我補充說。

「我們能在這個村莊做的不只是求生存而已。」我們想起海倫·凱勒的格言：「我因爲沒有鞋子穿而哭泣，直到我看到一個沒有雙腳的人。」不幸的是，這是毫不誇大的事實，在印度經常可以看到四肢不全的人。

我領悟到既然我們找到了生存之路，就可以把收到的食物和金錢，分享給那些能力比我們差的村民。就在我認爲已經吸取了旅途的功課時，我發現對我有著深刻影響的啓示：每一個人，甚至是把一生奉獻給服務的我們，還是可以付出更多。

以上描述的三個轉化階段，就如我整個僧侶經驗的縮影：第一，放下外在和我執。第二，認知自己的價值，也了解不需要擁有任何東西就能服務。第三，不斷尋求更高層次的服務方式。我在那一趟旅行中，認知到人永遠都有往上提升的空間，我們還有更多可以付出給別人的。本篤會修女克莉絲汀·弗拉迪米洛在《修院之路》裡寫道：「靈修教導我們知道自己正走在旅程上。這是一條在禱告和靜默中尋求天主的內在之旅。一人獨行會讓我們把生活的這個面向浪漫化……但對一個修士來說，還有一條平行的旅程——外在之旅。我們生活在社區裡，對他人需求的敏銳感讓我們成長……這麼一來，修院便成了可以走出去邀請別人進來的中心。關鍵始終是讓內在與外在這兩種旅程並存。」

至高無上的目的

高蘭加·達斯在我大學時的那一場演講，激勵了我，他說：「前人種樹，後人乘涼。」那句話擄獲我的心，讓我的生命發生重大轉折。現在，我必須坦承一件至今一直隱而未宣的事。我們討論過如何釋放外部雜音、恐懼、羨慕和錯誤目標的影響，探索過如何駕馭心智、我執，如何在日常生活裡實踐自己的法。這些都是爲了實現一個充實、有意義的生活目標：有價值的道路。但我在這裡、社交媒體、課堂以及教學的每一種媒體上，一直沒有透露僧人時期學到，並運用在日常生活裡最重要的一個功課。請來點熱烈的掌聲。

服務是人生至高無上的目的。

我並沒有把服務當做祕密；反而經常在書裡提到。我拖到現在才說這應該在生活中發揮核心角色的服務，是因爲，坦白說，我認爲大多數人會抗拒這種想法。當然，我們想幫助需要的人，也許我們已經找到幫助的方式，卻受到工作、生活壓力和需求的限制。我們想先解決自己的問題。「我才是需要幫助的人！我必須先釐清一堆事情以後才能幫助別人。」這是實話。當我們爲了生活而苦苦掙扎時，很難想到無私的服務。然而，這正是我在僧人生活學到的事。無私是通往內在平和與有意義生活的必經之路。**無私有自我療癒的效果**。

僧人活在服務裡，僧人心態究竟的意義就是服務。《修院之路》引述了本篤會修士唐．艾勒德．格拉罕（Dom Aelred Graham）的一句話：「修士也許認爲來（修道院）是爲了獲得自己想要的東西：平和、安全、禱告、研讀或教學，但如果他的召喚是眞誠的，就會發現他來這裡不是爲了拿取，而是付出。」**我們追求的目標是：離開一個地方時，那地方會比你來的時候更清淨，那裡的人會更快樂，世界會更美好。**

我們就是大自然。注視和觀察周遭的環境就會發現，大自然始終在爲我們服務。太陽提供熱和光，樹木給我們氧氣和蔭涼。水爲我們解渴。我們能（僧人也能）把自然界中的一切視爲服務。《薄伽梵往世書》裡說：「看看這些幸運的樹，完全爲了人類的利益而活。雖然得忍受風、雨、酷熱和冰雪，但仍爲了我們的利益而提供庇護。」與大自然合一的唯一之道就是服務。因此，我們可以順理成章地說，與宇宙協調的唯一之道就是服務，因爲這就是宇宙的所作所爲。

十六世紀的上師魯帕・戈史瓦米（Rupa Goswami）講的捨離（yuktavairāgya），意味著爲更高的目標而無所不爲。那才是眞正的抽離、棄俗和圓滿。有些教派嚴格地把這標準應用在實修上，把自己的財物剝奪一空，但在現實生活裡的我們還要工作謀生，會擁有一些財物。但仍可以檢視一番，看看我們如何使用自己已經擁有的東西。我們可以把自己的家發展成一個社團，可以用金錢和資源支持自己信仰的理想，可以爲需要幫助的人提供服務。如果能把財物發揮在善的目的上，那麼擁有財物並沒有錯。

《薄伽梵歌》把整個世界看成一所學校，一種教育體系，得以體悟一個眞理：我們不得不服務，人只有在服務中才會快樂。就像火是熱的，陽光是明亮、溫暖的，服務也是人類意識的本質。你要認知到自己生存的這個世界的實相是無常且不真實的，是受苦和妄想的根源。若只把感官的滿足當做生命的目的，只爲使自己感覺良好，就會導致痛苦和不滿足；把服務視爲生命的目的，則會帶給你自我實現感。

帶著生命的甘露回歸

服務能在許多層面上滿足我們。我有個簡單的信念：人天生就有關懷他人的基因，因此，服務對我們有好處。這種本能在兒童身上最明顯，他們還沒有因爲時間不夠和其他需求而分心。我在一張網路瘋傳的照片中，看到一個約莫兩歲的小女孩，望著在日本電視台上哭泣的政客。她拿了一張紙巾，站在電視機前，試圖抹去政客的眼淚。這一類事物之所以會瘋傳，是因爲我們認知（甚至會懷念）小女孩對另一個人，包括陌生人在內的慈悲心。

前南非總統曼德拉在《漫漫自由路》（*Long Walk to Freedom*）一書寫道：「沒有人天生會因爲膚色、背景或宗教而憎恨別人。人必須透過學習才能憎恨，如果他們能學會憎恨，那麼也可以透過教導學會愛，因爲愛比恨更屬於自然的人性。」曼德拉相信人們是爲愛而生，卻在成長過程裡透過教導而學會憎恨；僧人也相信人是爲了服務而生，但外界的干擾卻讓我們忘記人生的目的。我們需要與這種本能重新聯繫，使生命變得有意義。

我介紹過約瑟夫．坎伯的「英雄之旅」概念。這公式涵括了英雄踏上冒險之旅，經歷各種考驗和障礙，終於凱旋而歸的步驟。英雄之旅有個關鍵要素常被忽略——最後一個階段，也就是坎伯說的「帶著生命的甘露回歸」。英雄安全返家，分享他獲得的戰利品（甘露）以後，旅程才算大功告成。把服務的理念融入經典故事結構裡，就構成了幸福結局的關鍵部分。

西恩．孔（Seane Corn）活出了她的英雄之旅。她是知名的瑜伽體位法老師。她曾經（現在仍是）在世界各地瑜伽研討會和活動中擔任老師。但在做瑜伽老師的生涯中，她體會到可以透過自己的平台，發揮更有意義的影響，因此，她把重心轉到高風險社區的服務上。她決定從遭到性剝削的孩童開始，把呼吸和靜心技巧教給需要的人。接著，她把服務範圍擴大到妓女和吸毒者等邊緣族群。她從那個角度出發，回到瑜伽界，與人共同創立了「離開墊子，走入世界」這一結合瑜伽與行動主義的非營利組織。雖然她獻身於服務，卻表示自己得到的遠比付出的還多。「如果你曾經走進人最陰暗的部分，瀕臨自我毀滅的邊緣，卻站起來，找到擺脫困境的路，我要向你膜拜……你是我的老師。」

她發現服務會返回自己身上。

研究顯示，當我們追求「慈悲的目標」時，那些以幫助他人或以其他方式讓世界變得更美好的人，罹患焦慮和憂鬱症的可能性，會小於只專注於改善或保護自己地位和聲譽的人。

付出的行爲會啓動大腦裡的愉悅中心。這三贏策略也許就是讓助人者活得比較長壽、健康，擁有更高整體幸福感的原因。

僧人相信服務的支持力量能在許多方面改善我們的生活。

服務把我們串連起來。你在服務時很難感到孤獨。在大多數情境下，你必須走出去，幫助別人。

服務會擴大感恩之情。服務會爲提供更廣闊的視角，讓你看待擁有的一切。

服務會強化慈悲心。當你服務時，你會發現世界需要你提供的東西。

服務會建立自尊。助人讓你知道自己正在改變世界，你會覺得有意義和目的感。

道場就是以服務的意圖爲中心而設計。當你身邊每一個人都加入陣營時，你就會更容易把服務當做最高意圖。在現代世界裡從事服務的挑戰性更大。雖然我們無法全部遵循僧人生活一週七天、一天二十四小時的全天候修行模式，但僧人的做法卻讓我們看到服務心態的原因和方法。

服務的心態

「Seva」這個梵文字代表無私的服務。《薄伽梵歌》說「服務他人僅是因爲這是正確的事，且不求任何回報，在適當的時機和情況下，服務一個有値得服務的人，就是悅性的付出」——以良善的方式給予。

僧人只抱著無私服務的動機：把我們有過和沒有的機會提供他人，改善他人的生活和人類的處境。我們以各種大小不同的方式謹記這份使命。在道場裡，我們會試圖每一天都爲彼此服務。僧人不會大肆宣揚。愛存在於最渺小的事物裡。如果有人無法按時醒來，我們會幫助他；如果有人遲到，我們會爲他們留一份飯菜。我們的意圖始終如一。我們會記得自己永遠不知道別人正在經歷些什麼，因此，我們會溫柔以待，就像對待一個受苦的人、布施給挨餓的人，或悲憫一個被誤解的人一樣。

這種態度會擴散到道場以外的地方。我們旅行時總會攜帶額外的食物，以便把多餘的布施給別人。我們不是要終結世界的饑餓，但幫助任何一個挨餓的人，就是在灌溉慈悲的種子。

我們參與生命之糧組織的大規模食物救濟計畫，每天爲印度弱勢兒童提供一百多萬份的餐食。我們經常去孟買的廚房做飯，或在學校裡端菜。我們爲學生做阿育吠陀米豆粥和甜點奶米布丁。我第一次端甜點給一個孩子時，看到她溢於言表的感激之情，讓我的謙卑感油然而生。每一個孩子、每一次端菜、每一張臉孔，都散發出同樣的喜悅。我討厭煮飯，廚房熱氣騰騰又擠滿人，還要照料好幾口大鍋子。但孩子的臉蛋，以及講述食物多珍稀和特殊的悲哀事實，很容易讓人感恩自己擁有服務的機會。

在道場裡，我們不會說：「你今天的工作如何？」我們會問：「你今天的服務還好嗎？」如果你想知道僧人閒聊時都談些什麼，就是我剛才說的那樣。撇開遇到的困難不談，想像如果每一個人都有服務的心，會是什麼情形。我們會問自己一些新問題：這有可能成就一個更宏大的目標嗎？我如何為身邊的人服務，像是工作、家庭、社區？我如何發揮自己的才能為他人服務，帶來改變？還記得艾瑪．史萊德嗎？她把原有財務技能投入慈善事業，並問自己：「我如何知道這麼做有用呢？」

我們已經看到快樂和感恩在社區裡如何傳播。服務也能發揮同樣的作用。當你為別人服務時，你會跟朋友提起，也或許會帶別人一起去。加入行列的人，再跟另外幾個朋友談起。當你參與服務時，你會盡一己之所能地散播服務的價值。

大多數人心裡只想著一個人：自己。也許有人關懷的範圍比較大一點，包括自己的直系親屬。也就是說，有五到十個人會為彼此擔心。但如果再擴大關懷的範圍，我相信人們就會感受到。如果別人也擴大關懷的範圍，把你也容納進來，我相信你也會感受到。如果我們大膽假設每一個人都有這想法呢？那就會有七十八億人在想你，反之亦然。我不明白爲什麼我們不該胸懷大志。

試試看 **擴大關懷範圍**

想四到六個能讓你拋開一切去幫忙的人。你多久會想到這些人一次？你有對他們表示關懷的機會嗎？你可以現在就開始嗎？

現在想二十個只要開口要求，你就會伸手相助的人。在你放棄以前，讓我把問題描述得更具體一點。想一個至少有二十個成員、又是你會出手幫忙的團體。這團體也許是在社區裡，也可能是慈善機構服務的對象。讓我們把這些人帶進更緊密的關懷圈裡。

如果你不認識他們，那就找出團體裡二十個人的名字，或者換一種方法，編列一張有二十個名字以上的名單。把名單貼在盥洗鏡上。每天至少想他們兩次（我希望！）。觀察這如何改變你想為他們服務的動力。

何時做好服務的準備？

在現代化的社會裡，無論多麼想爲別人服務，都會因爲追求財務和情感上的穩定和安全，而偏離服務的心態。如果你迷失和斷絕了連結，你的服務就會窒礙難行，而得到較少的實現感。但什麼才是正確的時間呢？任何時間都正確嗎？內在的探索是沒有終點的。這是持續不斷的修習。你的問題永遠不會得到徹底的解決。

好好照顧自己——沒錯，但不要等到你有足夠的時間和金錢以後再開始服務。因爲你永遠不會有感到足夠的一天。我們可以用三個簡單模式，描述自己與金錢和財物的關係。第一個是自私模式——我還要更多，越多越好，而且全部歸我所有。第二個是知足模式——我的錢夠生活了。我沒有受苦，但也沒有多餘的能力付出。第三個是服務模式——我想付出我擁有的，我想要更多，好讓我能付出更多。

從足夠的心態轉變到服務的心態，意味著改變我們與所有權的關係，捨離的程度越大，就越容易放下我們的時間和金錢。

我做僧人時有幾次到聖河沐浴朝聖。我去過恆河、亞穆納河和卡瓦利河。我們沒有在聖河裡游泳或嬉戲。反之，我們會舉行儀式。其中一種是用雙手盡可能地多捧一些河水，再把水倒回河裡。把水捧起來再倒回去，這是爲了提醒自己並不擁有任何東西。慈善不是付出自己，慈善是把你取之於大地的東西還給地球。**你用不著先擁有再付出。**

辛杜泰・薩普卡爾（Sindhutai Sapkal）十二歲那年嫁給一個三十歲的男人。二十歲時已經生了三個兒子，又懷了九個月身孕的她，卻遭到丈夫毆打，被丟進牛棚裡。她在牛棚裡用一塊鋒利的石頭割斷臍帶，產下嬰兒。娘家的村子不肯收留她，她只好帶著剛生下來的嬰兒流落街頭，靠著乞討、唱歌討生活。她也發現，街頭孤兒的人數多得讓她震驚，她收留、照顧他們，開始為孤兒和自己乞討。她努力的範圍不斷擴大，後來贏得了「孤兒之母」封號。她的組織目前收容了一千四百多個印度孩童。辛杜泰不是因為擁有以後才開始付出，她會服務是因為看到了別人的痛苦。

加州大學柏克萊分校的研究員在一系列實驗中發現，錢少的人實際上會付出更多。他們設計一種情境，每一名受測者都分配了十美元，告訴他們可以選擇與匿名的陌生人分享的金額。結果顯示，社經地位較低的人比富裕的參與者更慷慨。此一研究結果得到了二〇一一年的慈善捐贈調查的支持。該調查顯示，收入最低的美國人平均會把收入的三%捐給慈善機構，而收入最高的二〇%的人，會捐出一%（低於低收入者的一半）的收入。（公平而論，富人的總捐款額仍占慈善捐款的七十%以上。）

那些收入少卻肯付出更多錢的人，也許與他們面臨的困苦有關。加州大學柏克萊分校心理學教授達切・凱特納（Dacher Keltner）說，資源較少的人往往需要依靠別人，像是親朋好友、社區的幫助；反之，擁有更多金錢的人可以花錢「購買」幫助，也因此對這種日常生活的掙扎比較冷漠。窮人也許對需要幫助的人懷有更大的同理心。歐普拉之類的慈善家都提過，促使他們捐贈的主要動力是自己貧困的經驗。

我們要考慮的問題是：誰才更富有？有錢的人，還是服務他人的人？

帶著意圖服務

我去道場是爲了去那裡服務，但當我要揮別道場時，一位我以大哥相待的僧人把我拉到一邊。他說了類似以下的話：「如果你因爲健康問題，或不適合出家生活而離開，並不表示你不能服務。如果你覺得可以結婚、當廚師，或爲需要的人織襪子，不妨把這些列爲優先考慮。爲人類服務才是更崇高的目標。」他這一番話讓我感到安心，離開道場並不表示我要改變自己的初衷。

你可以抱著大小不同的意圖服務。我們可能爲了得到別人愛戴，爲了對自己感覺良好，爲了有好的形象，爲了與別人建立聯繫，或爲了獲得某種獎賞而服務。但如果你去幫朋友搬家、替他們煮飯、慶祝，然後又納悶爲什麼沒有人來幫我？或納悶爲什麼大家都忘了我生日？——你就錯過了重點。你把自己視爲給予者，對方是接受者，如此一來，你每提供一次服務就創造一筆債務。眞正的服務不帶有期望，甚至不要求任何回報。《薄伽梵歌》和科學研究都證實了一個事實：服務本身通常就會帶來快樂。當我爲你服務時，你會快樂，我也會快樂。

但如果服務能帶給你喜悅，這算自私嗎？如果能教導你的孩子一堂人生課，這算自私嗎？當然不算！如果奉獻能讓你高興或以某種方式讓你獲益，這就是很好的起步。我離開道場後，從倫敦帶團去孟買避靜，爲來自英國和歐洲其他地區的人提供在生命之糧組織端「午餐」的機會。一個和我一起參加避靜課程的人，帶了他十三歲和十四歲的孩子同行。這一趟旅程，讓他們親眼目睹並感受那些貧困者表達的感恩之情。父親爲孩子的轉化興奮不已。他的旅行並非完全無私，他當然私心希望孩子能學習和成長，但這仍是一件正確的事。事實上，讓他看到孩子有這個學習機會的，就是因服務而互惠互利的例子。

有些人的問題是心理上的，像是焦慮、沮喪、孤獨，而對許多需要服務的人來說，最大的挑戰是更基本的食衣住行。我們可以藉由幫助他們解決身體上的需求，解決他們的心理挑戰。因此，服務是一種互惠。你並沒有透過幫助拯救任何人，你需要的幫助其實跟他們一樣多。

當我們從事服務時，我們就成了恩典和慈悲的工具。我們往往會因爲這種感覺而得了大頭症。但切記，你所付出的一切都是別人給你的。你的付出並無功勞可居。

在你的法裡服務

服務是人天性自然的一部分，做起來其實比你想得還要容易。**只管服務吧**。我們隨時都可以服務——每一天，現在！——透過已經在做的事，找到你的服務方式。如果你是音樂家，服務吧。如果你是程式設計師，服務吧。如果你是企業家，服務吧。你不必改變職業，不必更改日常行程，就可以在任何情況下爲別人服務。

環顧四周，你會發現到處都是服務的機會：學校、宗教機構、街頭的人、慈善機構。鄰里有食物募集活動，學校有二手衣募集。你可以參加比賽募款，或者擺攤位賣檸檬水。你可以幫朋友收集盥洗用品發送給受災戶。你可以探望生病或年老的親戚。如果你住在城市，可以把餐廳吃不完的剩菜打包，拿去送給街民。無論是那些最接近我們的人或那些一無所有的人，我們有無限種服務他人的方式。你不必每天做慈善工作，也不必捐出所有積蓄。只要明白你在服務，並找方法把已經在做的工作連結到更高的目標就好。你也可以仿照把法帶進工作的模式，把服務帶進你的法裡。這與你從事相同工作的精神一致。你可以透過愛與責任的鏡片，或透過需要與影響力的鏡片看世界。愛與責任更可能把你導向快樂。

試試看

服務的方式

在一星期的時間裡，寫下每一個你花時間做的事。睜開眼睛，在所有環境裡尋找服務機會。這機會也許是一種需要，也許是可以加入的計畫，也許是把募款活動加入目前活動裡，有時是朋友提供的服務。一星期結束後，選擇你最感興趣的三個機會，與其中的一個主動聯絡。

以下是幾個可以找到服務機會的地方：

工作
學校
朋友的社交活動
線上社區
宗教或其他社團
健身房
尋問過去支持過的團體

有苦同受

當我和一批僧人在村子裡自力更生時，我學到最究竟的一課是，服務永遠有另一層面。這來自於超越自己的需求，看到、感受到和回應身邊人的需求。

我認爲慈悲是積極的同理心，代表不只是願意看見、感受和減輕別人的痛苦，而且要願意承擔他們一部分的痛苦。有個禪宗故事講一名疲憊又沮喪的年輕人，由於前途茫茫，去寺院告訴師父說他想找一條更好的路，但他承認自己缺乏耐心。

「我能在不靜心和禁食的情況下開悟嗎？」他問，「我不認爲我做得到。還有別的辦法嗎？」

「或許吧，」師父說，「但你需要專注的能力。你培養過什麼技能嗎？」

年輕人低頭望著地面。他沒有受過經典啓發，也沒有任何特別的興趣。最後，他聳了聳肩。「其實，我下棋的技術還不錯。」

師父找來一位老和尚，交代說：「你陪這年輕人下一盤棋。小心，因爲我會砍掉輸家的頭。」

那名年輕人大汗淋漓。這一盤棋決定了他的死活！他一開始頻頻失手，但很快就發現老和尚的棋技也只是差強人意罷了。如果自己用心下棋，必然穩贏不輸。年輕人很快就在專注中進入忘我境界，逼得老和尚節節敗退。師父在一旁開始磨劍。

年輕人看著對面老和尚睿智、沉穩的臉孔。他的順服和抽離對即將來臨的死亡毫無畏懼。從幻相裡覺醒的年輕人心想，我不能害死這個老和尚，他的命比我的命更有價值。接著，年輕人改變了棋路——他故意讓棋給老和尚。

師父毫無預警地掀翻桌子，打散一盤棋子。「這一盤棋沒有贏家，也沒有輸家。」他宣稱。下輸的老和尚依然面不改色，泰然自若。驚訝的年輕人終於鬆一口氣。老和尚對他說：「你有專注的能力，願意為別人犧牲生命。這就是慈悲心。繼續秉持這種精神，加入我們吧。你已經是本寺的準和尚了。」

全世界大約有一億五千兩百萬童工，凱拉西．沙提雅提為了終結童工現象而付出巨大的努力。二〇一六年，這位諾貝爾和平獎得主發起「一億青年一億軍」運動，號召一億個年輕人發聲反對童工。他在反童工過程中，多次遭人威脅和毆打。他說：「世界有能力不再利用童工。我們擁有科技、資源、法律和國際條約。我們擁有一切，唯一缺少的是慈悲心。我要為慈悲心的全球化奮鬥。」

我們也要像沙提雅提一樣心懷世界一家的胸襟，生起服務的動機。你不希望自己的孩子遭到奴役，也不希望自己的父母無家可歸。為什麼要別人的孩子或父母承受這些苦難呢？如果你保持沉默，不看別人的生活現況，你就永遠不會專注於服務。當我們目睹別人的痛苦，就會有眾生一體之感，進而受到激勵，採取行動。

沙提雅提和僧人這一類英雄——其實在理想情況下，我們都是英雄，他們跟我們並沒有任何差別。

透過服務療癒內心痛苦

社會上有無數的人和志業需要我們的幫助。我們需要世上每一個人來從事這些工作。服務會給施與受雙方帶來立竿見影的利益。

看到他人的需求時，雖然不該視而不見，但我們能夠、也應該了解自己最擅長的領域，專注提供這方面的服務。根據你的慈悲，選擇你能提供服務的領域。佛教學者和環保主義者喬安娜．梅西寫道：「你不需要做每一件事。只要做一件能與你內心相應的事，有效的行動來自愛。這種行動勢不可擋，而且綽綽有餘。」

試試看　**為你最了解的痛苦而服務**

療癒我們最了解的痛苦，也是另一種服務的途徑。寫下三個讓自己感到迷失或匱乏的時刻。也許你當時很沮喪，需要別人支持。也許你想受教育，但負擔不起學費。也許你需要指導，但沒有合適的老師。在每一個痛苦的領域中，填入相應的慈善事業或志業、青少年熱線、獎學金基金會、導師輔導計畫，或一位政治家。檢視一下哪一個選項最符合你的法。

透過你的法提供服務，療癒與你有關的痛苦。以上途徑非常符合《薄伽梵歌》的哲理：無論身在何處，都願與你相會，鼓勵你向更高的境界邁進。我做僧人的那一段時間，透過生命之糧組織爲孩子準備食物、清掃寺廟，從不間斷地送食物給陌生人，或以我當時認爲合理的方式提供服務。現在換成不同的平台，我已經透過YouTube一系列的廣告影片，爲美國的凱拉西．沙提雅提兒童基金會募集了將近十五萬美元的善款。我的臉書社團也爲「鉛筆的承諾」（Pencils of Promise）籌集六萬多美元。（七十五美元可以提供一個孩子一整年的學費。）一股意義感和感恩之情，始終伴隨著我付出之路的過程而演進。

這是美好人生的祕訣：服務永遠是答案。能轉化你惡劣的一天，能減輕我們背負的重擔。服務能幫助別人，也能幫助自己。我們不期望任何回報，但得到的是服務的喜悅。服務是一種愛的交換。

投入服務的人，沒有抱怨和批判的時間。

活在服務裡，恐懼就會消失無形。

當你生活在服務裡，你會充滿感恩，對物欲的執著也會減少。

服務是通往有意義生活的直接途徑。

靜心練習

唱誦

我們探討過如何透過感激、關係和服務與周圍的人連結。這也適合把聲音冥想融入實際的修行當中，以便連結宇宙的能量。

聲音能把人轉移到不同的時空。一首歌能把我們帶回高中時代的記憶，讓我們想隨之起舞，渾身亢奮。言語本身具有力量，能改變我們對世界的看法，以及成長的方式。唱誦就是在製造這種能量。聲音冥想能讓我們透過文字和歌曲，連結我們的靈魂和宇宙。

《火神往世書》（*Agni Purana*）和《風神往世書》（*Vayu Purana*）等討論唱誦的古印度經典，都表示複誦某些聖音會產生淨化作用。聲音產生的沉浸作用，就像爲靈魂定期沐浴一樣。你不能只靠一滴水就把身體洗乾淨，你必須沒入水裡。

自古以來，聲音的價值一直廣受人們認可。傳奇發明家尼古拉．特斯拉（Nikola Tesla）說：「想發現宇宙的祕密，就要從能量、頻率和振動的角度思考。」特斯拉對振波治療機進行過廣泛的實驗。你也許有些不以爲然，其實，現代科學正在復興特斯拉的振波治療研究。現代的大腦研究也開始揭露科學對古代儀式的療癒力，例如，擊鼓和唱歌何以能開啓通往潛意識的途徑。

僧人藉由重複肯定語句或咒語，駕馭聲音的力量。肯定的字／詞／句是你想設定爲意圖的單詞或片語。幾乎所有能激發你的東西都有效。我有位客戶說她最喜歡「在自己設定的時間裡，按照自己的步調前進」這句話。我朋友讀了雷舒瑪．索雅尼（Reshma Saujani）寫的《勇敢，不求完美》（*Brave, Not Perfect*），一度把這個書名當成她的咒語。我喜歡的句子包括：「這終將過去。」或一句詩：「活出一切。」（詩人里爾克〔Rilke〕）；運動語錄：「這一刻屬於你。」（奧運冰上曲棍球教練赫伯．布魯克斯〔Herb Brooks〕）；歌詞：「撢掉你肩膀上的灰塵。」（歌手傑斯〔Jay-Z〕），電影對白：「安啦。」（《絕地戰警II》〔*Bad Boys II*〕）。任何能把你與生活中想養成的能量或思想連結起來的方法都有效。我建議你把唸咒加入早上以及／或晚上的靜心練習。起床或入睡時聽自己唱誦，是一件很美的事。

肯定語句會改變你跟自己對話的方式，咒語卻會改變你跟宇宙對話的方式。在深層的意義上，咒語意味著「超越頭腦」。咒語是表達思想和意義的靈性之音，能召喚比我們更強大的力量。咒語可以合唱或合誦。靜心冥想是爲了聆聽，找到清明。祈禱是爲了分享，找到與高層力量的連結。唱誦則是兩者兼具——與宇宙的對話。

最古老、最常用、也最神聖的咒語非「Om」（唵）莫屬。吠陀經文賦予其多層的含義：無限的知識、萬物的本質、完整的吠陀。「Om」也稱爲「pranava」，讚美尊主之音的意思，包含「A—U—M」三個音節。這是吠陀傳統中很重要的音節，因爲每一個音節都能體現不同的狀態（清醒、做夢和深睡狀態）或一個時段（過去、現在和未來），也可以說「Om」代表了宇宙萬物。

研究顯示，「Om」發出的震波能刺激迷走神經，從而減少發炎。迷走神經的刺激還可以治療憂鬱症，研究人員正在研究持誦「Om」是否會對情緒產生直接的影響。（科學已經證明它可以平靜大腦的情緒中心之一。）

譜了曲的咒語就稱爲梵唱（Kirtan）。梵唱是一種對唱式的誦咒，也是我們道場常用的唱法。類似的經驗包括球迷在體育場的戰號（扣掉酒精和粗話的部分）。如此創造出來的氣氛，同樣會有統一的能量感。

雖然聲音本身有價值，但我有一次因爲生病暫時失聲。我去求助一位老師：「我不能誦咒了，要怎麼修行？」

他說：「唱誦從來不是從嘴巴出來，始終發自於你的內心。」他的意思是，就像所有行爲一樣，重要的是你的意圖是否充滿虔敬和愛。一顆眞誠的心能超越所有的方式法與完美。

試試看 透過聲音看

按照下列步驟進行我介紹的聲音練習。

1. 調整成舒適的姿勢，坐在椅子、墊子上或躺下來都可以。
2. 閉上眼睛。
3. 降低視線。
4. 讓自己在這個位置上感到舒適。
5. 把覺知帶到平靜、平衡、自在、寂定與平和上。
6. 雜念生起時，輕柔地帶回平靜、平衡、自在、寂定與平和上。
7. 每一個咒語唱誦三遍。唱誦時，關注每一個音節。發音正確，清楚地聽到振波。真正感覺到咒語，真誠複誦，觀想更有洞見、至福和充滿服務的生活。

OM NAMO BHAGAVATE VASUDEVAYA

音讀：唵 南無 薄加伐達 伐蘇得伐亞。意思是：「我禮讚遍滿每一個心靈的神性；那個體現美、智慧、力量、財富、名望和出離的神性。」

幾千年來的瑜伽修行者和聖賢，都唱誦這個咒語。它能淨化、賦予力量，並將萬物與神性連結在一起。尋求洞察力和指導時最需要唱誦。

OM TAT SAT

音讀：唵 它 薩。意思是：「絕對的真理是永恆的。」

這是《薄伽梵歌》裡引用的咒語，代表神性的能量，並能喚起威力強大的賜福。所有工作都是愛與服務的奉獻。開始任何重要的工作前唱誦這個咒語，能幫助我們改善自己的意圖，並帶來平衡和圓滿。

LOKAH SAMASTAH SUKHINO BHAVANTU

音讀：羅卡 薩馬斯他 蘇可希諾 薄哈范圖。意思是：「普願所有世人得快樂、自在，願我的身、語、意，促進所有人的快樂與自在。」

這個由吉瓦穆克提瑜伽（Jivamukti Yoga）推廣而普及化的咒語，優美地提醒我們要超越自己，記得我們在宇宙中的位置。

結語　僧人此時此刻會怎麼做？

希望這本書能激發你的生命潛能。或許你讀完以後正要展開一項新計畫，也許你正考慮改變原本的日常例行活動，用新的方式傾聽你的心靈，把更多感恩帶進生活等。但當你明天起床後，錯誤的事還是會發生。

你或許會聽著鬧鈴響、繼續蒙頭大睡，也許會打破東西，也許得取消重要的約會。宇宙不會突然讓你的人生順暢無礙。我們往往誤以為讀一本書、參加一堂課，落實一些改變，所有問題就能迎刃而解。外在的環境永遠不會完美，你的目標也不盡完美。人生不會朝著你要的方向運轉。你必須走自己的路，帶著人生一起前進。了解這一點，有助於你為可能發生的一切未雨綢繆，預做準備。

想擁有平和與充滿目的的人生，沒有一套放諸四海皆準的行動計畫。我們到達那裡的方法，是透過訓練自己的心智，專注於如何按照自己的步調，在自己的時間裡，對生活中想要的東西做出反應、回應和承諾。一旦人生轉彎時，我們就回到關注焦點。如果你決定要展現善意，但有人對你粗俗無禮，你就會知道該回到什麼地方了。如果你起床後決心專注於工作中的法，但老闆分配一項非你所長的任務時，你就有責任找方法把法運用在新任務上。當你失敗時，不要批判過程，也不要批判自己。給自己保留復原的餘地，靈活地專注在你想要的事物上。世界既不會支持你，也不會反對你。你無時無刻都在創造自己的實相。

我們在整本書裡探討了各種悖論：面對恐懼和擺脫恐懼；在例行活動裡尋找新事物；信心和謙卑；自私與無私。我們生活在二元對立的世界裡，但悖論的美就在於兩個相反的觀念可以並存。生活不是電腦程式，而是一場舞蹈。

宮城老師在電影《小子難纏》（*The Karate Kid*）裡說：「千萬不要信任一個不會跳舞的精神導師。」熱情地跳舞沒有規則可循。我們必須對任何舞曲保持開放態度。人都有優點，也有缺點；或許會跌倒，或者會踟躕不前；或者會有片刻的激流，但還是要繼續流動，給自己亂中有序、美好的空間。僧人的思維也和舞者一樣，靈活中有節制，始終讓自己活在當下。

僧人之道

除了靜心，我實在想不出更好的工具可以幫助你找到靈活和節制了。靜心能幫助你找到下一個要邁出的舞步。我們能在修習過程裡清楚知道自己現在需要成爲誰，才能在當下發揮最美好的一面。呼吸連結著我們的心靈，我們的靈魂因為歌誦而振奮，在那個充滿活力與合一的地方，我們找到了答案。

我介紹過三種不同類型的靜心方式，現在要介紹一個三合一的日常練習：結合呼吸練習、觀想和唱誦。我每天都以某種形式來做這套練習。我建議你把這當做早上刷牙和淋浴後的第一件事，以及睡前的最後一件事。從每天二十一分鐘開始，使用計時器，呼吸練習、觀想和唱誦各做七分鐘。行有餘力時，每天兩次二十一分鐘的練習，最好安排在起床後要做的第一件事，以及晚上入睡前的最後一件事。務必先從呼吸練習開始。像運動前的熱身操一樣，不要跳過呼吸練習！

1. 調整成舒適的姿勢，坐在椅子、墊子上或躺下都可以。
2. 閉上眼睛，視線下垂。把覺知帶到平靜、平衡、自在、寂定與平和上。頭腦裡那些雜念是自然現象。雜念生起時，輕柔地帶回平靜、平衡、自在、寂定與平和上。
3. 讓自己對這個姿勢位置感到舒適自在。提起肩膀向後轉動，伸展脖子和身體，找一個讓身體感到平靜、平衡、自在、寂定與平和的空間。
4. 覺察你自然的呼吸模式。用鼻子吸氣，嘴巴呼氣。
5. 深吸一口氣。吸氣時數1、2、3、4。呼氣時數1、2、3、4。

6. 用相同時間的吸氣與呼氣，調整身體協調感。
7. 同樣動作練習五分鐘左右。開始時，不妨設定音調悅耳的計時器，在五分鐘結束時提醒你。
8. 問自己：「我今天要感謝什麼？」吸進感恩之情，吐出負面的有毒能量。
9. 觀想一段充滿喜悅、快樂和感恩的記憶。想出五個能看到的事物，四個能摸到的事物，三個能聽到的事物，兩個能聞到的事物，以及一個能品嚐的事物。吸收那些事物裡的愛、喜悅和快樂。觀想那一刻的愛在你整個身體裡流動。從雙腳、雙腿、臀部，流到你的胃部、胸部、雙臂、背部、頸部和頭部。把愛、喜悅和感恩送到身體每一個部位。練習五分鐘。
10. 問自己：「我今天的意圖是什麼？」是善意、信心或專注？現在就設定你的意圖。
11. 對自己複誦三遍：「我爲自己成爲誰而感到高興。我敞開自己接納所有的機會和可能性。我值得眞正的愛。我準備盡我所能地提供服務。」
12. 重複唱誦「Lokah Samastah Sukhino Bhavantu」三遍，結束練習。（參閱第三部最後的「靜心練習」。）

如何知道練習有效

一名新修僧人跟老師說：「我的靜心過程很糟。兩隻腳會麻掉，外界的雜音會干擾我。我會因爲無法保持清醒而感到不舒服。」

「會過去的。」老師簡單地說。新修知道對話到此結束。

一個月過去了，新修帶著老師來到一旁，露出自豪的笑容。「我已經找到解決的辦法了！我感到無比寧靜，比以往的任何時候更專注和集中。我的靜心經驗很美好。」

「會過去的。」老師同樣回答。

靜心沒有衡量成功的標準、沒有目標，也沒有結束的一刻。不要尋求成果，只管繼續做。持續練習四到十二個星期，你就會發現對自己產生的影響。

方法正確的第一個跡象是你會捨不得停下來休息。你會因爲看不到一個人而想念他。每天吃東西不會讓你考慮營養和能量的問題，但如果一天不吃東西，你很快就會注意到食物的力量。靜心也是同樣道理，你必須先建立起練習的習慣，才會知道自己今天缺少了什麼。

你會注意到的第二個效果，就是你對心智運作的覺知力增強了。如果你靜心時感到疲倦，就是在告訴你，你需要更多睡眠。靜心是一種訊息，或是一面鏡子。如果你靜心時無法專注，就表示你的生活散亂，需要秩序、平衡和單純。如果你無法與自己的念頭共處十五分鐘，那就清楚表明你還有一些沒有完成的工作。

靜心的第三個，也是最重要的利益是，即使你不會每一次都有平靜和完美的感覺，但你會逐漸獲得長期的自我掌控力。綠色的果菜汁味道並不好喝。一杯新鮮的柳橙汁，看起來漂亮，嚐起來也可口。但就長期來說，比較不可口的蔬果汁好處更多。熟練靜心以後，你會感到自己的整體態度起了變化。你的直覺會更敏銳。你會在不以自我爲中心的情況下，更客觀地觀察自己的生活。洞察力會帶給你平和與目標感。

從現在到永遠

生命從呼吸開始，呼吸貫穿你的每一天，生命也與呼吸一起結束。僧人會努力讓自己活在當下，但我們始終會意識到現在和永遠。我們衡量生命的標準不是影響力的大小，而是如何影響別人的感覺。我們把時間用在付出愛與關懷、支持、溝通、創造，以及自己對全人類的影響，來建立生命的基礎。

人們會如何紀念我們？我們會留下什麼給世界？

究竟來說，死亡可以視爲最大的反思點，想像你在臨終時反思導致死亡的一切人事物。

臨終者最常表達的遺憾是：

我希望能對我關心的人表達對他們的愛。

我希望沒有那麼多忙碌的工作。

我希望能在生活中感到更多歡樂。

我希望能爲別人做更多的事。

注意，這些遺憾多數談的都是臨終者想做但沒做到的事。僧人相信應該爲死亡預做準備，不想在抵達生命盡頭時，發現自己沒有過上有目的、以服務爲基礎、充滿意義的生活。

思考一下書裡談過的主題。你應該內心清淨，沒有未竟之志的遺憾，沒有比較和批判，面對過恐懼的根源，沒有物欲，活在法裡，善用時間，沒有屈服於心智的需索，沒有我執，付出多於獲取，甚至給出了擁有的一切，在擺脫所有權、虛假連結和過多期望的狀況下進入死亡。想像你這一生雖然是老師，但始終維持學生的態度，會是多麼有回報的一件事。

反思人終有一死的事實，會迫使我們珍惜擁有的時間，並小心翼翼運用自己的精力。生命太短暫，經不起沒有目的、平白失去服務的機會，帶著未完成的夢想和抱負走進死亡。最重要的是，我希望你在離開世界時，可以讓跟你相處過的人和住過的地方，變得比以前更美好、更快樂。

對自己下工夫是永無止境的修習過程，必須充滿耐心。一個學生問老師：「我獻身於自己的法，還需要多久才能開悟？」

老師不假思索地回答：「十年。」

學生不耐地問道：「如果我非常努力呢？必要的話，我會每天練習十個小時或更長的時間。那我需要多久時間？」

這一次老師稍微思考一下，「二十年。」

學生想躐等躁進，快馬加鞭修行，這樣的欲望本身就證明了他還需要再下十年的工夫。

前面提過，梵文的「brachmachalary」是指「學生」，但這個字也含有「善用精力」的意思。一旦你有了僧人心態，就表示你已經釐清一切。僧人心態會承認善用精力的方法就是當永遠的學生。學無止境。你不會只剪一次頭髮或修一次草坪，你必須不斷修剪。同樣地，保持僧人心態需要自我覺察、紀律、精進、專注和持續不斷地練習。雖然艱苦，但工具已在你頭腦裡、心裡和手上。

你已經擁有僧人心態所需的一切條件了。

試試看

兩種死亡靜心

想像自己的死亡，會讓你從鳥瞰的角度回顧一生。每當你質疑是否要做某一件事時，像是重大的改變、學習新技能、決定一趟旅行，不妨試試死亡靜心。我建議你在新年開始時做一次，以激發你新的一年要走的新道路。

1. 觀想那些不可避免的事件，如何把生命所需的一切功課教給你。無論你想活多久，把自己快轉到八、九十歲的年紀，想像自己到了臨終那一刻。問未來的自己：

我希望自己完成些什麼事？

我希望有過什麼樣的經驗？

我後悔沒有更關注的人、事、物是什麼？
我希望學會哪些技能？
我希望能從什麼事物抽離？

用這些問題的答案激勵自己，而不要讓這些成為臨終前的遺憾，今天就付諸行動。

2. 想像親朋好友如何在葬禮上追思你。不要專注在他們對你的看法、誰愛你，以及有多難過；反之，想想你對他們的影響。接著想像一下，如果你今天去世，他們會如何懷念你。這兩個影像之間有什麼差別？這麼做也會激勵你思考該留下什麼給這個世界。

想找到穿越宇宙的道路，就必須先貞誠地提出問題。你或許會到新的地方，一個沒有人認識你的地方。關閉你腦中的自動駕駛系統，用嶄新的眼光看自己和周圍的世界。**指認**、**停止**、**調換**。訓練你的心觀察那些會影響你的作用力，擺脫幻相和錯誤的信念，持續尋找能激勵你、讓你覺得有意義的事物。

僧人在此時此刻會怎麼做？

當你做決定、與人爭執、爲週末計畫、害怕、煩惱、生氣或迷失時，問自己這個問題。你會有九十九%的機率找到答案。

當你終於發現自己的眞我時，甚至不需要問僧人會怎麼做。你只會問：「我要怎麼做？」

附錄 吠陀性格測驗

用你相信的那個核心自我，回答以下問題。排除朋友、家人或社會使你做的選擇。

1. 以下哪一項最符合真正的你？
   a. 價值觀與智慧。
   b. 正直與完美。
   c. 努力工作，盡情玩樂。
   d. 穩定與平衡。

2. 你在朋友圈／家人面前扮演什麼角色？
   a. 我樂於處理衝突，幫助人們尋找中間立場。我的角色是調解者。
   b. 我確保所有的人、事、物都受到妥善的照顧。我的角色是保護者。
   c. 我協助家人了解職業倫理、忙碌和資源的價值。我的角色是物質支持者。
   d. 我專注於培養和想要一個健康、知足的家庭。我的角色是情感支持者。

3. 你最重視伴侶的什麼特質？

a. 誠實和聰明。

b. 堅強的存在和陪伴力量。

c. 風趣、有活力。

d. 可靠和值得尊敬。

4. 你最常看的電視節目是什麼？

a. 紀錄片、傳記、人類觀察。

b. 娛樂、政治、時事。

c. 喜劇、體育、戲劇、勵志故事。

d. 連續劇、實境秀、家庭劇、八卦、日間秀。

5. 哪一個最能描述你面對壓力時的行為？

a. 冷靜、鎮定、平衡。

b. 煩躁、挫折、憤怒。

c. 喜怒無常、聒噪、不安。

d. 懶惰、沮喪、擔憂。

6. 什麼事讓你最痛苦？

a. 感覺沒有達到自己的期望。

b. 世界現狀。

c. 被拒絕的感覺。

d. 與親朋好友的疏離感。

7.　你最喜歡的工作方式是什麼？

a. 一個人，但有導師和指導者。

b. 當團隊的領導者。

c. 獨立作業，但擁有強大的互聯網。

d. 做團隊裡的成員。

8.　你理想的自我如何處理空閒的時間？

a. 閱讀、深度討論和反思。

b. 了解議題以及／或參加政治活動。

c. 沒有空閒這種東西！忙著建立網絡、連結、工作。

d. 與親朋好友共度。

9.　你如何用三個詞句形容自己？

a. 有理想、內向、有見識。

b. 動機強、專注、堅決。

c. 熱情、有動機、友善。

d. 關懷、有愛心、忠誠。

10　你在哪一種環境裡工作效果最好？

a. 偏遠、靜謐、自然的環境。

b. 會議室或聚會所。

c. 不拘任何地方（通勤中、咖啡廳或臥室）。

d. 符合工作類型的空間：家庭、辦公室、實驗室。

11. 你工作風格是什麼？

a. 緩慢、會反思。

b. 專注、有條理。

c. 快速、匆忙。

d. 明確、謹慎。

12. 你想如何改變世界？

a. 透過傳播知識。

b. 透過政治和行動主義。

c. 透過事業以及／或領導。

d. 透過當地社區。

13. 你如何準備休假？

a. 透過挑選閱讀資料。

b. 透過專注於重點遊訪計畫。

c. 列出一張最好的酒吧、俱樂部和餐館名單。

d. 抱著隨興而至的態度。

14. 你如何處理棘手的對話？

a. 尋求妥協。

b. 為最客觀的事實據理力爭。

c. 努力證明自己是對。

d. 避免衝突。

15. 如果你身邊有人這個星期不好過，你會怎麼做？

a. 給他們建議和指導。
b. 保護並鼓勵他們改善。
c. 鼓勵他們喝杯酒或一起散步。
d. 陪伴他們。

16. 你如何看待被人拒絕？

a. 是生活的一部分。
b. 我有能力應付這種挑戰。
c. 令人沮喪，但我會繼續前進。
d. 是真正的挫敗。

17. 在活動／聚會上，你如何度過？

a. 跟一兩個人進行有意義的討論。
b. 通常會跟一群人聊天。
c. 我會成為焦點人物。
d. 我會幫忙做一些該做的事。

18. 你犯錯時會有什麼感覺？

a. 感到內疚和羞愧。
b. 我必須告訴大家。
c. 我會想辦法隱瞞。
d. 我會去找支持我的人。

19. **必須做重大決定時，你會怎麼做？**

a. 私下反思。

b. 向導師和指導者求教。

c. 權衡事情的利弊得失。

d. 跟親朋好友商談。

20. **哪一個最能描述你的日常活動？**

a. 時時刻刻變化。

b. 非常專注和有條理。

c. 會把握最好的機會。

d. 簡單而有計畫。

＊答案提示＊

統計你的答案。選擇次數最多的那個詞可能反映了你的稟賦（種姓）。請參閱第 5 章的吠陀性格文字說明。

A. 指導者。

B. 領導者。

C. 創造者。

D. 製造者。

謝辭

我懷著眞正的謙卑和感恩之情，與你分享書中永恆又有轉化效果的智慧，但這不是我一個人有能力做到的。《薄伽梵歌》是透過團隊的努力才得以編譯、保存、分享和復興，這本書也不例外。我要感謝丹．舒貝（Dan Schawbel）三年前爲我介紹出色的經紀人詹姆斯．李汶（James Levine）。他是一個眞正出色的人，深信自己的每一個計畫。他的指導、策劃和友誼，使這本書經歷一趟極其喜悅的旅程。感謝特魯蒂．格林（Trudy Green）無限的善意與無數的不眠之夜，以及對這個理想的永恆奉獻。謝謝艾蒙．多蘭（Eamon Dolan）已經擁有的僧人心態與對完美持續不懈的追求。感謝喬恩．卡普（Jon Karp）對我的信心以及參與這整個過程。希拉莉．利夫汀（Hilary Liftin）充滿合作的對話與動力滿滿的討論。感謝凱莉．馬德龍（Kelly Madrone）永不凋謝的熱情和敢於擔當的態度。感謝露拉．查布里（Rula Zaabri）的監督，讓我沒有錯過任何一個截稿日。感謝班．卡林（Ben Kalin）在查對事實上堅持不懈的承諾。感謝克莉絲蒂．楊（Christie Young），用精美插圖讓這些永恆概念有了生命。感謝牛津大學印度教研究中心，特別是蕭納卡．利希．達斯（Shaunaka Rishi Das）協助驗證我們採用的資料與可信度。感謝勞莉．桑托斯

（Laurie Santos）的善意，把我與世界頂尖科學家有關僧人的研究串連起來。感謝西蒙與舒斯特公司不遺餘力地落實了我的願景。感謝奧利佛·馬克洪（Oliver Malcolm）和他在HarperCollins UK的團隊從一開始就展現的熱情、奉獻和辛勤。

感謝托馬斯·鮑爾（Thomas Power）在我不相信自己時，鼓勵我認知自己的潛能。感謝艾琳·舒克（Ellyn Shook）相信我的熱情，並把我的作品介紹給雅莉安娜·赫芬頓。感謝丹妮·謝（Danny Shea）和丹·卡茲（Dan Katz）幫助我在《赫芬頓郵報》開展生涯。感謝卡拉·普里斯（Karah Preiss），她是二〇一六年第一個談到我寫書構想的人，也是我構想的夥伴和全美最大的支持者。感謝薩凡納（Savannah）、霍達（Hoda）、克雷格（Craig）、艾爾森（Alson）和卡森（Carson）在《今日秀》給我的關注。感謝艾倫相信我，並提供平台讓我能接觸到她的觀眾。感謝潔達·平姬·史密斯（Jada Pinkett Smith）、薇洛·史密斯（Willow Smith）和艾德莉安·班菲爾德—諾里斯布（Adrienne Banfield-Norrisb）把我帶進紅桌脫口秀（Red Table）。

我確實度過令人驚嘆的幾年時光，但你在線上看到的內容，都是因爲許多人在真實世界裡對我的投注。感謝我的靈性導師拉德納特尊者，總是提醒我記得生命的真正意義。感謝第一天開始就看到這一切，並一直陪伴著我的高蘭加·達斯。感謝我的導師斯魯提達摩·達斯（Srutidharma Das），無論如何都幫我把書裡特質發揮到最高層次。感謝史度帕・達斯（Sutapa Das），在我只想演講時，也鼓勵我寫作。感謝我一直渴望能當面道謝的達賴喇嘛尊者和一行禪師。感謝許多允許我給予指導的人，我在這過程中從你們身上學到的超出我的想像。

如果沒有《吠陀經》《薄伽梵歌》和孜孜不倦在世界傳播經典的老師，這本書就不會存在。感謝師利拉・帕布帕德（Srila Prabhupada）與埃克納斯・伊史瓦蘭讓《薄伽梵歌》成爲舉世流傳的經典。感謝道場和世界各地的老師，很多人並不知道他們給了我多少恩惠。

感謝我的母親體現無私的服務。感謝我的父親讓我成爲我想做的人。感謝家妹始終如一地支持我瘋狂的決定，以及不計代價地付出給我的愛。

當然，我也要感謝本書的每一位讀者。你們已經知道自己擁有僧人思維了。

下一步

天才培訓社團

如果你喜歡這本書，想進一步探索如何改善和優化生活各個領域，請加入傑・謝帝天才培訓社團（Jay Shetty's Genius Coaching Community）。

社團已在全球一百多個國家／地區擁有超過一萬兩千名會員，現在就加入我們，成爲個人轉型發展社團的一分子。

傑・謝帝會在每週一次的現場引導式靜心和教學課程中，根據多年僧人經驗和研究，分享寶貴的策略、工具和架構，讓你發掘自己最大的潛能和天賦。

加入成員，就能觀賞現場課程和數百集節目，內容包括人際關係、生涯、靈性成長、健康和幸福。

此外，你還可以在全球一百四十多個據點，參加每月一次的面對面聚會，與志趣相投的人連結。

詳情請造訪 www.jayshetty.me/genius。

傑．謝帝認證學校

如果你想引導他人進行個人的改變，那麼以科學、常識和古老僧人智慧爲基礎的傑．謝帝認證學校（Jay Shetty Certification School）就是你的最佳選擇。

一起加入我們，成爲傑．謝帝認證學校的合格教練，與他一起攜手啓發和影響我們生活的社會和世界。本課程包括引導式研讀、同儕教練、團體互動課程，提供你指導學員獲得新觀點與激勵個人改變的技能、技術和策略。

此外，你還會學到專業教練實務課程，名列傑．謝帝全球合格教練資料庫。

你可以按照自己的步調，在你方便的時間，在世上任何地方透過線上學習。你也可以在不同國家／地區舉辦的培訓課，參加現場活動。

注釋

我在這本書裡汲取許多宗教、文化、鼓舞人心的領袖和科學家智慧。我竭盡所能努力注明引述的話和觀點的原始來源。有些很棒的語錄或觀念，來自許多不同來源，並沒有一定出處，或無法找到原始經文，我也請一位研究員協助，盡可能試著為讀者提供資料來源的相關資訊。

引言　當商學院學生遇見僧人

008 **前人種樹，後人乘涼**：Nelson Henderson針對Wes Henderson的*Under Whose Shade: A Story of a Pioneer in the Swan River Valley of Manitoba*（Ontario, Canada: W. Henderson & Associates, 1986）所做的釋義。

009 **2002年，一位西藏僧侶明就仁波切**：Daniel Goleman與Richard J. Davidson，《平靜的心，專注的大腦》（New York: Penguin Random House, 2017）; Antoine Lutz, Lawrence L. Greischar, Nancy B. Rawlings, Matthieu Ricard, and Richard J. Davidson, "Long-Term Meditators Self-Induce High-Amplitude Gamma Synchronicity During Mental Practice," *Proceedings of the National Academy of Sciences* 101, no. 46 (November 16, 2004): 16369–16373, https://doi.org/10.1073/pnas.0407401101.

010 **41歲明就仁波切的大腦，老化的跡象少於同齡的中年人**：同前注《平靜的心，專注的大腦》。

010 **研究人員也掃描僧侶馬修．李卡德的大腦**：研究人員法蘭基．塔嘉特說：「這位僧侶是世界上最快樂的人，」Business Insider，2012年11月5日。https://www.businessinsider.com/how-scientists-figured-out-who-the-worlds-happiest-man-is-2012-11;同前注《平靜的心，專注的大腦》；Antoine Lutz, Lawrence L. Greischar, Nancy B. Rawlings, Matthieu Ricard, and Richard J. Davidson, "Long-Term Meditators Self-Induce High-Amplitude Gamma Synchronicity During Mental Practice," *Proceedings of the National Academy of Sciences* 101, no. 46 (November 16, 2004): 16369–16373, https://doi.org /10.1073 /pnas.0407401101.

010 **其他21位**：Taggart，「這位僧侶」與Lutz等，「長期禪修者。」

010 **甚至包括睡眠期間**：Fabio Ferrarelli, Richard Smith, Daniela Dentico, Brady A. Riedner, Corinna Zennig, Ruth M. Benca, Antoine Lutz, Richard J. Davidson, and Guilio Tononi, "Experienced Mindfulness Meditators Exhibit Higher Parietal-Occipital EEG Gamma Activity During NREM Sleep," *PLoS One* 8, no. 8 (August 28, 2013): e73417, https://doi.org/10.1371/journal .pone.0073417.

010 **本篤會修士大衛．斯坦德爾—拉斯特**：*i am through you so i: Reflections at Age 90.*（New York: Paulist Press, 2017）,87.

014 **「印度送給世界最重要的禮物」**：以及《薄伽梵歌》中吠陀時代的背景描述，Eknath Easwaran的序言與翻譯（Tomales, CA: Nilgiri Press, 2007），原文13–18頁。

014 **「我感激——我的朋友和我滿心感激」**：語出愛默生，*The Bhagavad Gita: Krishna's Counsel in Time of War*，Barbvara Stoler Miller的序言、翻譯與跋（New York: Bantam Dell, 1986），原文147頁。

第一章 身分認同

022 **「我不是我認為的自己」**：Charles Horton Cooley，Human Nature and the Social Order（New York：Charles Scribner's Sons, 1902）,152.

023 **從1998年以來，他只拍過六部電影**：丹尼爾．戴．路易斯的電影作品，IMDb，2019年11月8日存取，https://www.imdb.com/name/nm0000358/?ref=fnal_nm_1.

023 **「我承認我瘋了，完全發瘋了」**：Chris Sullivan，「丹尼爾．戴．路易斯惡名昭彰的角色，如何成為奧斯卡金像獎角逐者，」《英國獨立報》，2008年2月1日，https://www.independent.co.uk/arts-entertainment/films/features/how-daniel-day-lewis-notoriously-rigorous-role-preparation-has-yielded-another-oscar-contender-776563.html。

029 **柴坦尼亞**：Śrī Caitanya-caritāmr˙ta, Antya，20.21。

029 **幾乎所有寺院靜修的傳統基礎**："Social and Institutional Purposes: Conquest of the Spiritual Forces of Evil,"，Encyclopaedia Britannica，2019年11月8日存取，https://www.britannica.com/topic/monasticism/Social-and-institutional-purposes。

033 **我們不喜歡與自己的思想獨處**：Timothy D. Wilson, David A. Reinhard, Erin C. Westgate, Daniel T. Gilbert, Nicole Ellerbeck, Cheryl Hahn, Casey L. Brown, and Adi Shaked, "Just Think: The Challenges of the Disengaged Mind," *Science* 345, no. 6192 (July 4, 2014): 75–77, doi: 10.1126/science.1250830.

035 **人一生平均花33年躺在床上**：Gemma Curtis，"Your Life in Numbers"，創用CC，2019年11月15日存取，https://www.dreams.co.uk/sleep-matters-club/your-life-in-numbers-infographic/.

036 **在電視和社交媒體上**：同上。

038 **《薄伽梵歌》認為，高層次價值和特質包括**：摘自《薄伽梵歌》16節、1–5節，埃克納斯．伊史瓦蘭的導言與翻譯（Tomales, CA: Nilgiri Press, 2007），原文238–239頁。

043 **針對美國麻州地區鎮民進行的一項為期20年的研究**：James H. Fowler和Nicholas A. Christakis，"Dynamic Spread of Happiness in a Large Social Network: Longitudinal Analysis over 20 Years in the Framingham Heart Study,"，*BMJ* 337, No. a2338 (December 5, 2008), doi: https://doi.org/10.1136/bmj.a2338。

第二章 負面情緒

048 **正如佛陀說的**：摘自《法句經》4.50節，埃克納斯．伊史瓦蘭的導言與翻譯（Tomales, CA: Nilgiri Press, 2007），原文118頁。

050 **史丹福大學心理學家把104個受試者分成兩組**：Emily M. Zitek, Alexander H. Jordan, Benoît Monin, and Frederick R. Leach, "Victim Entitlement to Behave Selfishly," *Journal of Personality and Social Psychology* 98, No.2(2010): 245–255, doi: 10.1037/a0017168.

051 **1950年代，知名心理學家所羅門．阿希**：Eliot Aronson and Joshua Aronson, *The Social Animal*, 12th edition(New York: Worth Publishers, 2018)。

053 **人類天生就有順服群體的基因**：Zhenyu Wei, Zhiying Zhao, and Yong Zheng, "Neural Mechanisms Underlying Social Conformity," *Frontiers in Human Neuroscience*7(2013): 896, doi: 10.3389 /fnhum.2013.00896.

053 **即使那些在發洩之後感覺舒服點的人**：Brad J. Bushman, "Does Venting Anger Feed or Extinguish the Flame? Catharsis, Rumination, Distraction, Anger, and Aggressive Responding," *Personality and Social Psychology Bulletin* (June 1, 2002), doi: 10.1177/0146167202289002.

055 **研究還顯示，長期壓力……**：Robert M. Sapolsky, "Why Stress Is Bad for Your Brain," *Science* 273, no. 5276 (August 9, 1996): 749–750, doi: 10.1126/science.273.5276.749.

058 **天主教神父托馬斯．基廷說……**：托馬斯．基廷，*Invitation to Love 20th Anniversary Edition: The Way of Christian Contemplation*（London: Bloomsbury Continuum, 2012）。

059 **「放下得自由」**：一行禪師，《佛陀之心》（New York: Harmony, 1999）。

060 **「不要數別人嘴裡的牙齒」**：亞瑟．吉安，《你覺醒了，世界也跟著你覺醒》（New York: Crown Archetype，2004），原文120頁。

061 **克莉絲汀．弗拉迪米洛修女**：Hannah Ward and Jennifer Wild, eds., *The Monastic Way: Ancient Wisdom for Contemporary Living: A Book of Daily Readings*(Grand Rapids, MI: Wm. B. Eerdmans, 2007), 183.

062 **競爭還會生出嫉妒心**：《摩訶婆羅多》，William Buck的翻譯（Delhi: Motilal Banarsidass Publishers, 2004），原文341頁。

066 **佛教早期的《百業經》**：「Vaca Sutta: A Statement」，Thanissaro Bhikku的翻譯，AccesstoInsight.org，2019年11月11日存取，https://www.accesstoinsight.org/tipitaka/an/an05/an05.198.than.html。

068 **把不愉快的事件寫在日記裡**：Bridget Murray, "Writing to Heal: By Helping People Manage and Learn from Negative Experiences, Writing Strengthens Their Immune Systems as Well as Their Minds," *Monitor on Psychology* 33, no. 6 (June 2002): 54.

068 **《哈佛商業評論》列舉了9個更具體的替代詞**：Susan David, "3 Ways to Better Understand Your Emotions," *Harvard Business Review*, November 10, 2016, https://hbr.org/2016/11/3-ways-to-better-understand-your-emotions.

070 **拉德納特尊者是我的靈性導師**：傑．謝帝的訪談，#FollowTheReader，HuffPost，2016年11月7日，https://www.youtube.com/watch?v=JW1Am81L0wc。

072 **《薄伽梵歌》用3種屬性**：摘自《薄伽梵歌》14.5–9節，埃克納斯．伊史瓦蘭的導言與翻譯（Tomales, CA: Nilgiri Press, 2007），原文224–225頁。

074 **路德學院的一項研究顯示**：Loren L. Toussaint, Amy D. Owen, and Alyssa Cheadle, "Forgive to Live: Forgiveness, Health, and Longevity," *Journal of Behavioral Medicine* 35, no. 4 (August 2012), 375–386. doi: 10.1007/s10865-011-9632-4.

075 **轉化性寬恕更能改善一連串的健康相關問題**：Kathleen A. Lawler, Jarred W. Younger, Rachel L. Piferi, Rebecca L. Jobe, Kimberly A. Edmondson, and Warren H. Jones, "The Unique Effects of Forgiveness on Health: An Exploration of Pathways," *Journal of Behavioral Medicine* 28, no. 2

(April 2005): 157–167, doi: 10.1007 /s10865-005-3665-2.。

075　**68對已婚夫婦同意**：Peggy A. Hannon, Eli J. Finkel, Madoka Kumashiro, and Caryl E. Rusbult, "The Soothing Effects of Forgiveness on Victims' and Perpetrators' Blood Pressure," *Personal Relationships* 19, no. 2 (June 2012): 279–289, doi: 10.1111 /j.1475-6811.2011.01356.x.

079　**「我會成為佛教徒，是因為對丈夫的恨」**：佩瑪．丘卓，"Why I Became a Buddhist," Sounds True, February 14, 2008, https://www.youtube.com/watch?v=A4slnjvGjP4&t=117s；佩瑪．丘卓，"How to Let Go and Accept Change,"歐普拉的訪談，*Super Soul Sunday*, Oprah Winfrey Network, October 15, 2014. https://www.youtube.com/watch?v=SgJ1xfhJneA.

080　**艾倫．狄珍妮清楚地看到這一條分界線**：Anne-Marie O'Neill, "Ellen De-Generes: 'Making People Feel Good Is All I Ever Wanted to Do,' "*Parade*, October 27, 2011, https://parade.com/133518/annemarieoneill/ellen-degeneres-2/。

第三章　恐懼

083　**湯姆．漢克斯在耶魯大學畢業典禮的致辭**：湯姆．漢克斯對2011年耶魯大學畢業班的演說，2011年5月22日，https://www.youtube.com/watch?v=baIlinqoExQ。

086　**全球一流的安全專家之一**：蓋文．德．貝克，《求生之書》(New York: Dell, 1998)。

087　**生物圈2號**：塔拉．布萊克，"Nourishing Heartwood: Two Pathways to Cultivating Intimacy," *Psychology Today*, August 6, 2018, https://www.psychologytoday.com/us/blog/finding-true-refuge/201808/nourishing-heartwood.

087　**艾力克斯．霍諾德……震驚世界**：《赤手登峰》，Jimmy Chin與Elizabeth Chai Vasarhelyi共同執導，Little Monster Films and Itinerant Films，2018。

095　**佛教的論師寂天說**：Śāntideva, *A Guide to the Bodhisattva Way of Life*, trans. Vesna A. Wallace and B. Alan Wallace (New York: Snow Lion, 1997).

101　**深呼吸會啓動**：Christopher Bergland, "Diaphragmatic Breathing Exercises and Your Vagus Nerve, " *Psychology Today*, May 16, 2017, https://www.psychologytoday.com/us/blog/the-athletes-way/201705/diaphragmatic-breathing-exercises-and-your-vagus-nerve.

104　**「找出你最害怕的事物」**：恰克．帕拉尼克，《隱形怪物》(New York: W. W. Norton & Company, 2018)。

105　**美國最大的人造甲烷製造來源之一**："Basic Information About Landfill Gas," Landfill Methane Outreach Program, accessed November 12, 2019, https://www.epa.gov/lmop/basic-information-about-landfill-gas.

第四章　意圖

107　**「協同一致時」**：有的來源認為這段話出自後人對《梨俱吠陀》的評論。

109　**4種基本動機**：巴克提維諾達．塔庫爾，"The Nectarean Instructions of Lord Caitanya," *Hari kírtan*, June 12, 2010, https://kirtan.estranky.cz/clanky/philosophy---english/sri-sri-caitanya--

siksamrta--the-nectarean-instructions-of-lord--caitanya.html.

111 **美國靈性領域的佼佼者塔拉．布萊克**：塔拉．布萊克，"Absolute Cooperation with the Inevitable: Aligning with what is here is a way of practicing presence. It allows us to respond to our world with creativity and compassion," *HuffPost*, November 4, 2013, https://www.huffpost.com/entry/happiness-tips_b_4213151.

112 **詩人卡比爾**：卡比爾，" 'Of the Musk Deer': 15th Century Hindi Poems," Zócalo Poets, accessed November 11, 2019, https://zocalopoets.com/2012/04/11/kabir-of-the-musk-deer-15th-century-hindi-poems/.

113 **金錢……買不到幸福**：Daniel Kahneman and Angus Deaton, "High Income Improves Evaluation of Life But Not Emotional Well-Being," *PNAS* 107, no. 38 (September 21, 2010): 16489–16493, doi:10.1073/pnas.1011492107.

113 **幸福感持續下降**：Jean M. Twenge, "The Evidence for Generation Me and Against Generation We," *Emerging Adulthood* 1, no. 1 (March 2, 2013): 11–16, doi: 10.1177/2167696812466548/.

113 **自2005年以來，美國人整體收入有所增長**：Brigid Schulte, "Why the U.S. Rating on the World Happiness Report Is Lower Than It Should Be-And How to Change It," *Washington Post*, May 11, 2015, https://www.washingtonpost.com/news/inspired-life/wp/2015/05/11/why-many-americans-are-unhappy-even-when-incomes-are-rising-and-how-we-can-change-that/.

115 **「金錢和豪宅」**：有的來源認為這段話出自後人對《阿闥婆吠陀》的評論。

115 **「就能讓我們更妥善地處理」**：凱莉．麥高尼格，《輕鬆駕馭壓力》（New York: Avery, 2016）。

123 **研究員請神學院的學生……**：John M. Darley and C. Daniel Batson, "From Jerusalem to Jericho: A Study of Situational and Dispositional Variables in Helping Behavior," *Journal of Personality and Social Psychology* 27, no. 1 (1973): 100–108, doi: 10.1037/h0034449.

124 **「你每一天做的每一件事，都是靈性的生活」**：勞倫斯．費里曼，《愛的面面觀》（Singapore: Medio Media/Arthur James, 1997）。

128 **「希望在不做任何努力的情況下變好」**：Benedicta Ward, ed., *The Desert Fathers: Sayings of the Early Christian Monks* (New York: Penguin Classics, 2003).

靜心練習：呼吸

136 **「如魚離水棲」**：摘自《法句經》3.34節，埃克納斯．伊史瓦蘭的導言與翻譯（Tomales，CA：Nilgiri Press，2007），原文115頁。

137 **「呼吸是我們最深處生命的延伸」**：摘自《梨俱吠陀》1.66.1節，以及George Burke住持的討論，「呼吸靜心的印度傳統，」BreathMeditation.org，2019年11月8日存取，https://breath meditation.org/the-hindu-tradition-of-breath-meditation。

137 **佛陀在《大念處經》裡把「安那般那念」描述為**：Thanissaro Bhikku翻譯，"Anapanasati Sutta: Mindfulness of Breathing," AccesstoInsight.org, accessed November 8, 2019, https://www.accesstoinsight.org/tipitaka/mn/mn.118.than.html.

137 **改善心血管健康、降低總體壓力，甚至能改善學業成績**：Tarun Sexana and Manjari Saxena, "The Effect of Various Breathing Exercises (Pranayama) in Patients with Bronchial Asthma of Mild to Moderate Severity," *International Journal of Yoga* 2, no. 1 (January-June 2009): 22–25, doi: 10.4103/0973-6131.53838; Roopa B. Ankad, Anita Herur, Shailaja Patil, G. V. Shashikala, and Surekharani Chinagudi, "Effect of Short-Term Pranayama and Meditation on Cardiovascular Functions in Healthy Individuals," *Heart Views* 12, no. 2 (April-June 2011): 58–62, doi: 10.4103/1995-705X.86016; Anant Narayan Sinha, Desh Deepak, and Vimal Singh Gusain, "Assessment of the Effects of Pranayama/Alternate Nostril Breathing on the Parasympathetic Nervous System in Young Adults," *Journal of Clinical & Diagnostic Research* 7, no. 5 (May 2013): 821–823, doi: 10.7860/JCDR/2013/4750.2948; and Shreyashi Vaksh, Mukesh Pandey, and Rakesh Kumar, "Study of the Effect of Pranayama on Academic Performance of School Students of IX and XI Standard," *Scholars Journal of Applied Medical Sciences* 4, no. 5D (2016): 1703–1705.

第五章　目的

144 **「保護你的法」**：摘自《摩奴法論》8.15節。

148 **溝通心理學**：亞伯特．梅赫拉比安，*Nonverbal Communication*（London: Routledge，1972）。

148 **她前往坦尚尼亞的荒野**："About Jane," Jane Goodall Institute, accessed November 11, 2019, https://janegoodall.org/our-story/about-jane。

152 **不會少年得志**：里奇．卡爾加德，《大器可以晚成》（New York: Currency，2019）。

153 **阿格西，在他的自傳裡投下一顆舉世為之譁然的震撼彈**：阿格西，《公開：阿格西自傳》（New York: Vintage，2010）。

153 **「對自我極限的信任」**：瓊．齊諦斯特，*Scarred by Struggle, Transformed by Hope* (Grand Rapids, MI: Eerdmans, 2005)。

161 **針對醫院的清潔工進行一項研究**：Amy Wrzesniewski, Justin M. Berg, and Jane E. Dutton, "Managing Yourself: Turn the Job You Have into the Job You Want," *Harvard Business Review*, June 2010, https://hbr.org/2010/06/managing-yourself-turn-the-job-you-have-into-the-job-you-want; "Amy Wrzesniewski on Creating Meaning in Your Own Work," re:Work with Google, November 10, 2014, https://www.youtube.com/watch?v=C_igfn ctYjA. https://www.youtube.com/watch?v=CigfnctYjA。

165 **把僵化的階級制度附加在**：Sanjoy Chakravorty, *The Truth About Us: The Politics of Information from Manu to Modi* (Hachette India，2019)。

180 **約瑟夫．坎伯在成長過程中，沒有……生涯角色模範**：Robert Segal, "Joseph Campbell: American Author," Encyclopaedia Britannica, accessed November 11, 2019, https://www.britannica.com /biography /Joseph-Campbell-American-author; "Joseph Campbell: His Life and Contributions," Center for Story and Symbol, accessed November 11, 2019, https://folkstory.com/campbell/psychology_online_joseph_campbell.html; Joseph Campbell with Bill Moyers, *The Power of Myth* (New York: Anchor, 1991).

183 **法會保護那些**：摘自《摩訶婆羅多》，《摩奴法論》8.15節。

185 **艾瑪・史萊德**：艾瑪・史萊德，"My Path to Becoming a Buddhist," TEDx Talks, February 6, 2017, https://www.youtube.com/watch?v=QnJIjEAE41w; "Meet the British Banker Who Turned Buddhist Nun in Bhutan," *Economic Times*, August 28, 2017, https://economictimes .indiatimes.com /news /international /world-news /meet-the -british-banker -who-turned-buddhist-nun-in-bhutan /being-taken-hostage /slideshow /60254680.cms; "Charity Work," EmmaSlade.com, accessed November 11, 2019, https://www.emmaslade.com /charity-work.

186 **「就像紅、藍或白色蓮花」**：摘自《布施經》，《增支部》4.36節。

第六章　例行活動

190 **85%的人需要設鬧鐘**：Til Roenneberg, *Internal Time: Chronotypes, Social Jet Lag, and Why You're So Tired* (Cambridge, MA: Harvard University Press, 2012).

191 **「自我尊重和優先順序上的一大敗筆」**：Maria Popova, "10 Learnings from 10 Years of Brain Pickings," *Brain Pickings,* accessed November 11, 2019, https://www.brainpickings.org/2016/10/23/10-years-of-brain-pickings/.

191 **在十分鐘內檢查一次訊息**：RootMetrics, "Survey Insights: The Lifestyles of Mobile Consumers," October 24, 2018, http://rootmetrics.com/en-US/content/rootmetrics-survey-results-are-in-mobile-consumer-lifestyles.

191 **只有六輛汽車**："Fastest Cars 0 to 60 Times," accessed November 11, 2019, https://www.zeroto60times.com/fastest-cars-0-60-mph-times/.

193 **提姆・庫克凌晨3點45分起床**：Lev Grossman, "Runner-Up: Tim Cook, the Technologist," *TIME*, December 19, 2012, http://poy.time.com/2012/12/19/runner-up-tim-cook-the-technologist/; Michelle Obama, "Oprah Talks to Michelle Obama," interview by Oprah Winfrey, O, The Oprah Magazine, April 2000, https://www.oprah.com/omagazine/michelle-obamas-oprah-interview-o-magazine-cover-with-obama/all#ixzz5qYixltgS.

196 **早睡會讓你的心情更好**：Jacob A. Nota and Meredith E. Coles, "Duration and Timing of Sleep Are Associated with Repetitive Negative Thinking," *Cognitive Therapy and Research* 39, no. 2 (April 2015): 253–261, doi: 10.1007/s10608-014-9651-7.

196 **75%的生長激素**：M. L. Moline, T. H. Monk, D. R. Wagner, C. P. Pollak, J. Kream, J. E. Fookson, E. D. Weitzman, and C. A. Czeisler, "Human Growth Hormone Release Is Decreased During Sleep in Temporal Isolation (Free-Running)," *Chronobiologia* 13, no. 1 (January–March 1986): 13–19.

197 **凱文・奧利里**：Ali Montag, "These Are Kevin O'Leary's Top 3 Productivity Hacks—and Anyone Can Use Them," CNBC, July 23, 2018, https://www.cnbc.com/2018/07/19/kevin-olearys-top-productivity-tips-that-anyone-can-use.html.

197 **你每做一個決定，都有可能讓自己偏離正道**：克里斯多福・索默，"How One Decision Can Change Everything," interview by Brian Rose, *London Real*, October 2, 2018, https://www.youtube.com/watch?v=jgJ3xHyOzsA.

198 **「生活在城市和郊區裡的人」**：Hannah Ward and Jennifer Wild, eds., *The Monastic Way: Ancient Wisdom for Contemporary Living: A Book of Daily Readings* (Grand Rapids, MI: Wm. B. Eerdmans, 2007), 75–76.

201 **看見與注意不是同一碼事**：Alan D. Castel, Michael Vendetti, and Keith J. Holyoak, "Fire Drill: Inattentional Blindness and Amnesia for the Location of Fire Extinguishers," *Attention, Perception, & Psychophysics* 74 (2012): 1391–1396, doi: 10.3758/s13414-012-0355-3.

202 **柯比．布萊恩就是箇中高手**：「柯比．布萊恩：談如何運用戰略與執著找到目的，」傑．謝帝訪談，2019年9月9日，https://jayshetty.me/kobe-bryant-on-how-to-be-strategic-obsessive-to-find-your-purpose/。

205 **「洗碗是一件不愉快的事」**：一行禪師，《無處不自在》(Berkeley, CA: Parallax Press, 2019)。

206 **「昨天只不過是一場夢」**：迦梨陀娑，*The Works of Kālidāsa*。Arthur W. Ryder的翻譯(CreateSpace, 2015)。

212 **只有2%的人具備有效處理多工的能力**：Garth Sundem, "This Is Your Brain on Multitasking: Brains of Multitaskers Are Structurally Different Than Brains of Monotaskers," *Psychology Today*, February 24, 2012, https://www.psychologytoday.com/us/blog/brain-trust/201202/is-your-brain-multitasking.

213 **腐蝕我們的專注力**：卡爾．紐波特，《Deep Work深度工作力》(New York: Grand Central Publishing, 2016)。

213 **把一群學生分兩組**：Eyal Ophir, Clifford Nass, and Anthony D. Wagner, "Cognitive Control in Media Multitaskers," *PNAS* 106, no. 37 (September 15, 2009): 15583–15587, doi: 10.1073/pnas.0903620106.

215 **過度刺激了大腦裡的多巴胺（獎勵）通道**：Robert H. Lustig, *The Hacking of the American Mind: The Science Behind the Corporate Takeover of Our Bodies and Brains* (New York: Avery, 2017).

第七章　心智

220 **人類的心智就像……醉猴**：納拉揚，《箴言書》(New York: Penguin Classics, 2007)。

220 **平均一天會有七萬多個雜念**："How Many Thoughts Do We Have Per Minute?," Reference, accessed November 12, 2019, https://www.reference.com/world-view/many-thoughts-per-minute-cb7fcf22ebbf8466.

220 **一次大約三秒鐘**：Ernst Pöppel, "Trust as Basic for the Concept of Causality: A Biological Speculation," presentation, accessed November 12, 2019, http://www.paralimes.ntu.edu.sg/NewsnEvents/Causality%20-%20Reality/Documents/Ernst%20Poppel.pdf.

220 **「你的大腦不會對事件做出反應」**：麗莎．巴瑞特，Lisa Barrett, "Lisa Barrett on How Emotions Are Made," interview by Ginger Campbell, Brain Science with Ginger Campbell, MD, episode 135, July 31, 2017, https://brainsciencepodcast.com/bsp/2017/135-emotions-barrett.

220 **我們的猴心**：Piya Tan, "Samyutta Nikaya: The Connected Sayings of the Buddha, Translated

with Notes in the Sutta Discovery Series," Buddhism Network, accessed January 22, 2020, http://buddhismnetwork.com/2016/12/28/samyutta-nikaya/.

221 **「水人調船」**：摘自《法句經》6.80節，埃克納斯・伊史瓦蘭的導言與翻譯（Tomales, CA：Nilgiri Press, 2007），原文126頁。

222 **「一個懂得駕馭心智的人」**：Verse 6.6 from A. C. Bhaktivedanta Swami Prabhupada, *Bhagavad Gita As It Is* (The Bhaktivedanta Book Trust International, Inc.). https://apps.apple.com/us/app/bhagavad-gita-as-it-is/id1080562426.

222 **根據《牛津英語詞典》，敵人是⋯⋯**：*Paperback Oxford English Dictionary* (Oxford, UK: Oxford University Press, 2012).

222 **一個錯誤的決定導致的嚴「重」性，不只是一種抽象的說法而已**：Martin V. Day and D. Ramona Bobocel, "The Weight of a Guilty Conscience: Subjective Body Weight as an Embodiment of Guilt," *PLoS ONE* 8, no. 7 (July 2013), doi: 10.1371/journal.pone.0069546.

222 **研究人員所謂「應該的我」**：Max. H. Bazerman, Ann E. Tenbrunsel, and Kimberly Wade-Benzoni, "Negotiating with Yourself and Losing: Making Decisions with Competing Internal Preferences," *Academy of Management Review* 23, no. 2 (April 1, 1998): 225–241, doi: 10.5465/amr.1998.533224.

223 **每天陷在念頭漩渦裡打轉**：《法句經》，埃克納斯・伊史瓦蘭的導言與翻譯（Tomales，CA：Nilgiri Press，2007），65–66頁。

225 **一輛五頭馬車**：《石氏奧義書》，第三版，3–6節，《奧義書》，Vernon Katz與Thomas Egenes的翻譯（New York: Tarcher Perigee, 2015），原文55–57頁。

226 **少林寺的和尚**：Elliot Figueira, "How Shaolin Monks Develop Their Mental and Physical Mastery," BBN, accessed November 12, 2019, https://www.bbncommunity.com/how-shaolin-monks-develop-their-mental-and-physical-mastery/.

227 **腰部綁上透過高熱引發疼痛的熱刺激電流器**：Daniel Goleman與Richard J. Davidson，《平靜的心，專注的大腦》（New York: Penguin Random House, 2017）。

230 **到華盛頓特區地鐵站外街頭賣藝**：Gene Weingarten, "Pearls Before Breakfast: Can One of the Nation's Great Musicians Cut Through the Fog of a D.C. Rush Hour? Let's Find Out," *Washington Post*, April 8, 2007, https://www.washingtonpost.com/lifestyle/magazine/pearls-before-breakfast-can-one-of-the-nations-great-musicians-cut-through-the-fog-of-a-dc-rush-hour-lets-find-out/2014/09/23/8a6d46da-4331-11e4-b47c-f5889 e061e5f_story.html.

233 **要求他們從照片中找出特定物品**：Gary Lupyan and Daniel Swingley, "Self-Directed Speech Affects Visual Search Performance," *Quarterly Journal of Experimental Psychology* (June 1, 2012), doi: 10.1080/17470218.2011.647039.

233 **「有助於釐清思想」**：琳達・薩帕丁，"Talking to Yourself: A Sign of Sanity," *Psych Central*, October 2, 2018, https://psychcentral.com/blog/talking-to-yourself-a-sign-of-sanity/.

238 **「最深層的想法和感受」**：James W. Pennebaker and Janel D. Seagal, "Forming a Story: The Health Benefits of Narrative," *Journal of Clinical Psychology* 55, no. 10 (1999): 1243–1254.

238 **克莉絲塔·麥克格雷對飛行充滿恐懼**：www.krystamacgray.com，2019年7月10日。

242 **「如何安住當下」**：理查·羅爾神父，"Living in the Now: Practicing Presence," Center for Action and Comtemplation, November 24, 2017, https://cac.org/practicing-presence-2017-11-24/.

242 **「活在當下此刻」**：拉姆·達斯，*Be Here Now*（New York: Harmony, 1978）。

244 **《薄伽梵歌》對抽離的定義是**：摘自《薄伽梵歌》2.48與12.12節，埃克納斯·伊史瓦蘭的導言與翻譯（Tomales, CA: Nilgiri Press, 2007），原文94頁、208頁。

245 **「抽離不表示你一無所有」**：這句話出自回教最後一位先知穆罕默德的表弟兼女婿阿里·賓·阿比·塔利卜（Alī Ibn Abi Talib）。

249 **禁食423天**：Bhavika Jain, "Jain Monk Completes 423 Days of Fasting," *Times of India*, November 1, 2015, http://timesofindia.indiatimes.com/articleshow/49616061.cms?utm_source=contentofinterest&utm_medium=text&utm_campaign=cppst.

249 **即身佛是日本人對肉身成道的稱呼**：Krissy Howard, "The Japanese Monks Who Mummified Themselves While Still Alive," *All That's Interesting*, October 25, 2016, https://allthatsinteresting.com/sokushinbutsu.

249 **3分59.4秒的成績跑完一英里**："Sir Roger Bannister: First Person to Run a Mile in Under Four Minutes Dies at 88," BBC, March 4, 2018, https://www.bbc.com/sport/athletics/43273249.

253 **「反覆咀嚼悲傷和負面情緒」**：馬修·李卡德，傑·謝帝的訪談，*#FollowTheReader with Jay Shetty*，*HuffPost*，2016年10月10日，https://www.youtube.com/watch?v=HZznrniwL8&feature=youtu.be。

254 **培養菩提心**：Jayaram V, "The Seven Fundamental Teachings of the Bhagavad-Gita," Hinduwebsite.com, accessed January 22, 2020, https://www.hinduwebsite.com/seventeachings.asp.

第八章　我執

255 **就會得到永遠的解脫自由**：摘自《薄伽梵歌》2.71節，埃克納斯·伊史瓦蘭的導言與翻譯（Tomales. CA: Nilgri Press, 2007），原文97頁。

255 **把真我與假我之間做了一番區別**：摘自《薄伽梵歌》7.4與16.18節，埃克納斯·伊史瓦蘭的導言與翻譯（Tomales, CA: Nilgiri Press, 2007），原文152、240頁。

256 **「財富的傲慢會摧毀財富」**：有些來源可追溯到《娑摩吠陀》的論著。

256 **「使靈魂墮落最強大的力量」**：Dennis Okholm, *Dangerous Passions, Deadly Sins: Learning from the Psychology of Ancient Monks* (Grand Rapids, MI: Brazos Press, 2014), 161.

260 **「完美的瑜伽修行者」**：Verse 6.32 from A. C. Bhaktivedanta Swami Prabhupada, *Bhagavad Gita As It Is* (The Bhaktivedanta Book Trust International, Inc.), https://apps.apple.com/us/app/bhagavad-gita-as-it-is/id1080562426.

263 **在TED演講的主題是**：朱莉亞·加萊夫，「為什麼明明是你錯了，還認為自己是對的？」TEDx PSU，2016年2月，https://www.ted.com/talks/julia_galef_why_you_think_you_re_right_even_even_if_you_re_wrong/transcript#t-68800。

264 **網飛聯合創辦人**：Ken Auletta, "Outside the Box: Netflix and the Future of Television," *New Yorker*, January 26, 2014, https://www .newyorker.com/magazine/2014/02/03/outside-the-box-2; Paul R. LaMonica, "Netflix Joins the Exclusive $100 Billion Club," CNN, July 23, 2018, https://money.cnn.com/2018/01/23/investing/netflix-100-billion-market-value/index.html.

265 **拜訪南隱禪師**：Osho, *A Bird on the Wing: Zen Anecdotes for Everyday Life* (India: Osho Media International, 2013).。

265 **「記得你是凡人」**：Mary Beard, *The Roman Triumph* (Cambridge, MA: Harvard University Press, 2009).

265 **小勞勃．道尼在訪談裡**：小勞勃．道尼的訪談，*Cambridge Union*，2014年12月19日，https://www.youtube.com/watch?v=Rmpysp5mWlg.

270 **是一隻螢火蟲**：Srimad-Bhagavatam, The Summum Bonum, 14.9-10.

272 **瑪麗．強森的兒子拉拉蒙．伯德**：Steve Hartman, "Love Thy Neighbor: Son's Killer Moves in Next Door," CBS News, June 8, 2011, https://www.cbsnews.com/news/love-thy-neighbor-sons-killer-moves-next-door/; "Woman Shows Incredible Mercy as Her Son's Killer Moves In Next Door," *Daily Mail*, June 8, 2011, https://www.dailymail.co.uk/news/article-2000704/Woman-shows-incredible-mercy-sons-killer-moves-door.html; "Mary Johnson and Oshea Israel," The Forgiveness Project, accessed November 12, 2019, https://www.theforgivenessproject.com/mary-johnson-and-oshea-israel.

275 **「今天屬於你的東西」**：Kamlesh J. Wadher, *Nature's Science and Secrets of Success*（India: Educreation Publishing, 2016）；摘自《薄伽梵歌》2.14節，埃克納斯．伊史瓦蘭的導言與翻譯（Tomales, CA: Nilgiri Press, 2007），原文90頁。

277 **「被失敗徹底擊潰」**：Thomas Moore, Care of the Soul: A Guide for Cultivating Depth and Sacredness in Everyday Life (New York: Harper Perennial, 1992), 197.

277 **莎拉．布萊克利想攻讀法學院**：Sarah Lewis, *The Rise: Creativity, the Gift of Failure, and the Search for Mastery* (New York: Simon & Schuster, 2014), 111; "Spanx Startup Story," Fundable, accessed November 12, 2019, https://www.fundable.com/learn/startup-stories/spanx.

282 **奧運游泳金牌得主**："Goal Setting Activities of Olympic Athletes (And What They Can Teach the Rest of Us)," Develop Good Habits, September 30, 2019, https://www.developgoodhabits.com/goal-setting-activities/.

288 **兒童人權行動主義者**：Rajesh Viswanathan, "Children Should Become Their Own Voices," *ParentCircle*, accessed November 12, 2019, https://www.parentcircle.com/article/children-should-become-their-own-voices/.

靜心練習　觀想

291 **想像小指肌肉收縮的人**：Vinoth K. Ranganathan, Vlodek Siemionow, Jing Z. Liu, Vinod Sahgal, and Guang H. Yue, "From Mental Power to Muscle Power—Gaining Strength by Using the Mind," *Neuropsychologia* 42, no. 7 (2004): 944–956, doi: 10.1016/j.neuropsychologia.2003.11.018.

第九章 感恩

300 **把感恩定義為**："What Is Gratitude?" A Network for Grateful Living, accessed November 12, 2019, https://gratefulness.org/resource/what-is-gratitude/.。

301 **寫日記**：Robert A. Emmons and Michael E. McCullough, "Counting Blessings Versus Burdens: An Experimental Investigation of Gratitude and Subjective Well-Being in Daily Life," *Journal of Personality and Social Psychology* 84, no. 2 (2003): 377–389, doi: 10.1037/0022-3514.84.2.377.

303 **無法同時關注在正面與負面感受上**：柯亞力，"The Grateful Brain: The Neuroscience of Giving Thanks," *Psychology Today*, November 20, 2012, https://www.psychologytoday.com/us/blog/prefrontal-nudity/201211/the -grateful-brain.

303 **越戰退伍軍人研究發現，感恩程度越高的人**：Todd B. Kashdan, Gitendra Uswatte, and Terri Julian, "Gratitude and Hedonic and Eudaimonic Well-Being in Vietnam War Veterans," *Behaviour Research and Therapy* 44, no. 2 (February 2006): 177–199, doi: 10.1016/j.brat.2005.01.005.

303 **「如果『感謝』是藥物」**：Mikaela Conley, "Thankfulness Linked to Positive Changes in Brain and Body," ABC News, November 23, 2011, https://abcnews.go.com/Health/science-thankfulness/story?id=15008148.

304 **「你們當如是訓練自己」**：摘自《相應部》，《經藏》，20.21節。

307 **分享過一種儀式**：喬安娜・梅西，*World as Lover, World as Self: Courage for Global Justice and Ecological Renewal*（Berkeley, CA: Parallax Press, 2007），78–83頁。

309 **「貧窮心態」**：哈利法克斯禪師，「哈利法克斯的感恩練習」，Upaya Institute and Zen Center，2017年10月18日，https://www.upaya.org/2017/10/practicing-gratefulness-by-roshi-joan-halifax/.

309 **布萊恩・艾克頓**：Bill Murphy Jr., "Facebook and Twitter Turned Him Down. Now He's Worth $4 Billion," *Inc.*, accessed November 13, 2019, https://www.inc.com/bill-murphy-jr/facebook-and-twitter-turned-him-down-now-hes-worth-4-billion.html; Brian Acton (@brianacton), Twitter post, May 23, 2009, https://twitter.com/brianacton/status/1895942068; Brian Acton (@brianacton), Twitter post, August 3, 2009, https://twitter.com/brianacton/status/3109544383.

310 **「一扇幸福的門關閉時」**：「海倫・凱勒」傳記，2019年11月13日存取，https://www.biography.com/activist/helen-keller；海倫・凱勒，*We Bereaved*（New York: L. Fulenwider, 1929）。

311 **「人們通常認為感恩就是……」**：Rob Sidon, "The Gospel of Gratitude According to David Steindl-Rast," Common Ground, November 2017, 42–49, http://onlinedigitaleditions2.com/commonground/archive/web-11-2017/.

314 **「先善待自己」**：佩瑪・丘卓，《別上鉤：轉「怒火」為「清涼」的6堂課》（Boston: Shambhala, 2007）。

314 **「善意是否會感染」**：James H. Fowler and Nicholas A. Christakis, "Cooperative Behavior Cascades in Human Social Networks," *Proceedings of the National Academy of Sciences*, 107, no. 12 (March 23, 2010): 5334–5338, doi: 10.1073/pnas.0913149107.

315 **芝加哥的火車上，鼓勵通勤者與陌生人攀談**：Nicholas Epley and Juliana Schroeder, "Mistakenly Seeking Solitude," *Journal of Experimental Psychology: General* 143, no. 5 (October 2014): 1980–1999, doi: 10.1037/a0037323.

319 **擔任志工服務能降低憂鬱**：Caroline E. Jenkinson, Andy P. Dickens, Kerry Jones, Jo Thompson-Coon, Rod S. Taylor, Morwenna Rogers, Clare L. Bambra, Iain Lang, and Suzanne H. Richards, "Is Volunteering a Public Health Intervention? A Systematic Review and Meta-Analysis of the Health and Survival of Volunteers," *BMG Public Health* 13, no. 773 (August 23, 2013), doi: 10.1186/1471-2458-13-773.

第十章　人際關係

323 **「每個人」**：一行禪師，《怎麼愛》（Berkeley, CA: Parallax Press, 2014）。

324 **長壽與社區在許多方面息息相關**：丹・布特納，"Power 9: Reverse Engineering Longevity," Blue Zones，2019年11月13日存取，https://www.bluezones.com/2016/11/power-9/。

332 **伊拉克軍事領導階層進行的實地研究報告**：Michael D. Matthews, "The 3C's of Trust: The Core Elements of Trust Are Competence, Character, and Caring," *Psychology Today*, May 3, 2016, https://www.psychologytoday.com/us/blog/head-strong/201605/the-3-c-s-trust.

335 **「與全世界的人為友」**：K. S. Baharati, *Encyclopaedia of Ghandhian Thought* (India: Anmol Publications, 2006).

335 **「進入你的生命」**：尚・多明尼克・馬丁，「人們會因為一個理由、一個季節或一生的情緣，而進入你的生命。」2019年11月14日存取，http://youmeandspirit.blogspot.com/2009/08/ebb-and-flow.html。

338 **夫妻之間持續發生衝突**：約翰・高特曼，"John Gottman on Trust and Betrayal," *Greater Good Magazine*, October 29, 2011, https://greatergood.berkeley.edu/article/item/john_gottman_on_trust_and_betrayal。

339 **是不誠實的**：Bella M. DePaulo, Deborah A. Kashy, Susan E. Kirkendol, Melissa M. Wyer, and Jennifer A. Epstein, "Lying in Everyday Life," *Journal of Personality and Social Psychology* 70, no. 5 (June 1996): 979–995, doi: 10.1037/0022-3514.70.5.979.

339 **說謊是為了給人留下好印象**：Bella DePaolo, *The Lies We Tell and the Clues We Miss: Professional Papers* (CreateSpace, 2009).

341 **我們也容易信任被自己認為有吸引力的人**：Dawn Dorsey, "Rice Study Suggests People Are More Trusting of Attractive Strangers," Rice University, September 21, 2006, https://news.rice.edu/2006/09/21/rice-study-suggests-people-are-more-trusting-of-attractive-strangers/.

341 **「有吸引力的人，由於獲得更高的信任度而發生『美貌溢價』」**：同前注。

342 **一張白紙**：唐・邁爾，「散兵坑測試」，CoachMeyer.com，2019年11月13日存取，https://www.coachmeyer.com/Information/Players_Corner/Fox%20Hole%20Test.pdf。

346 **「有意識地選擇獨身」**：www.malamadrone.com與個人訪談，2019年9月7日。

347 **「獨處的雙重意義」**：保羅・田立克，*The Eternal Now* (New York: Scribner, 1963)。

349 **有關母親工作時間影響**：Melissa A. Milke, Kei M. Nomaguchi, and Kathleen E. Denny, "Does the Amount of Time Mothers Spend with Children or Adolescents Matter?" *Journal of Marriage and Family* 77, no. 2 (April 2015): 355–372, doi: 10.1111/jomf.12170.

351 **六種愛的交流**：《教誨的甘露》（India: Gaudiya Vedanta Publications, 2003），https://archive.org/details/upadesamrta/page/n1.

355 **哈佛大學格蘭特研究**：Joshua Wolf Shenk, "What Makes Us Happy? Is There a Formula—Some Mix of Love, Work, and Psychological Adaptation—for a Good Life?" *Atlantic*, June 2009, https://www.theatlantic .com/magazine/archive/2009/06/what-makes-us-happy/307439/.

356 **「我們對別人的迷戀」**：一行禪師，《怎麼愛》（Berkeley, CA: Parallax Press, 2014）。

357 **「強烈衝擊」樂團**：Massive Attack, "Teardrop," *Mezzanine*, Circa /Virgin, April 27, 1998; *Dan in Real Life*, directed by Peter Hedges, Touchstone Pictures, Focus Features, and Jon Shestack Productions, 2007.

359 **「過往的傷口沒有療癒之前」**：依洋拉・贊特，"How to Heal the Wounds of Your Past," Oprah's Life Class, October 11, 2011, http://www.oprah.com/oprahs-lifeclass/iyanla-vanzant-how-to-heal-the-wounds-of-your-past.

361 **強化彼此的連結**：Arthur Aron, Christina C. Norman, Elaine N. Aron, Colin McKenna, and Richard E. Heyman, "Couples' Shared Participation in Novel and Arousing Activities and Experienced Relationship Quality," *Journal of Personality and Social Psychology* 78, no. 2 (2000): 273–84, doi: 10.1037//0022-3514.78.2.273.

363 **我們經常誤把執迷當成愛**：丹津・葩默，"The Difference Between Genuine Love and Attachment," accessed November 13, 2019, https://www.youtube.com/watch?v=6kUoTS3Yo4g.

363 **即將入學的大學新鮮人**：Sanjay Srivastava, Maya Tamir, Kelly M. McGonigal, Oliver P. John, and James J. Gross, "The Social Costs of Emotional Suppression: A Prospective Study of the Transition to College," *Journal of Personality and Social Psychology* 96, no. 4 (August 22, 2014): 883–897, doi: 10.1037/a0014755.

第十一章　服務

366 **「無知者為一己之利工作」**：摘自《薄伽梵歌》3.25節，埃克納斯・伊史瓦蘭的導言與翻譯（Tomales, CA: Nilgiri Press, 2007），原文107頁。

368 **「正走在旅程上」**：Hannah Ward and Jennifer Wild, eds., *The Monastic Way: Ancient Wisdom for Contemporary Living: A Book of Daily Readings* (Grand Rapids, MI: Wm. B. Eerdmans, 2007), 183.

369 **「修士也許認為」**：Hannah Ward and Jennifer Wild, eds., *The Monastic Way: Ancient Wisdom for Contemporary Living: A Book of Daily Readings* (Grand Rapids, MI: Wm. B. Eerdmans, 2007), 190.

370 **「看看這些幸運的樹」**：Srimad-Bhagavatam, The Summum Bonum, 22.32.

370 **十六世紀大師魯帕．戈史瓦米談棄絕之道**：Verse 1.2.255 from Srila Rupa Goswami, *Bhakti Rasamrta Sindhu (In Two Volumes): With the Commentary of Srila Jiva Gosvami and Visvanatha Cakravarti Thakur* (The Bhaktivedanta Book Trust, Inc, 2009).

371 **「沒有人天生會因為膚色、背景或宗教而憎恨別人」**：曼德拉，《漫漫自由路》（Boston: Back Bay Books, 1995）。

372 **英雄之旅有個關鍵要素常被忽略**：約瑟夫．坎伯，《千面英雄》（Novato, CA: New World Library, 2008）。

372 **西恩．孔活出了她的英雄之旅**：Seane Corn, "Yoga, Meditation in Action," interview by Krista Tippett, *On Being*, September 11, 2008, https://onbeing.org/programs/seane-corn-yoga-meditation-in-action/.

372 **當我們追求「慈悲的目標」時**：M. Teresa Granillo, Jennifer Crocker, James L. Abelson, Hannah E. Reas, and Christina M. Quach, "Compassionate and Self-Image Goals as Interpersonal Maintenance Factors in Clinical Depression and Anxiety," *Journal of Clinical Psychology* 74, no. 4 (September 12, 2017): 608–625, doi: 10.1002/jclp.22524.

373 **比較長壽**：Stephen G. Post, "Altruism, Happiness, and Health: It's Good to Be Good," *International Journal of Behavioral Medicine* 12, no. 2 (June 2005): 66–77, doi: 10.1207 / s15327558ijbm1202_4.

374 **「僅是因為這是正確的事」**：摘自《薄伽梵歌》17.20節，埃克納斯．伊史瓦蘭的導言與翻譯（Tomales，CA：Nilgiri Press，2007），原文248頁。

378 **辛杜泰．薩普卡爾12歲那年**：「關於辛杜泰．薩普卡爾（又名『瑪伊』）／孤兒之母」，2019年11月13日存取，https://www.sindhutaisapakal.org/about-Sindhutail-Sapkal.html。

378 **分配了10美元**：Paul K. Piff, Michael W. Krauss, Stéphane Côté, Bonnie Hayden Cheng, and Dacher Keltner, "Having Less, Giving More: The Influence of Social Class on Prosocial Behavior," *Journal of Personality and Social Psychology* 99, no. 5 (November 2010): 771–784, doi: 10.1037/a0020092.

378 **慈善捐贈調查**：Ken Stern, "Why the Rich Don't Give to Charity: The Wealthiest Americans Donate 1.3 Percent of Their Income; The Poorest, 3.2 Percent. What's Up with That?" *The Atlantic*, April 2013, https://www.theatlantic.com/magazine/archive/2013/04/why-the-rich-dont-give/309254/.

378 **慈善捐款的70%以上**：Kate Rogers, "Poor, Middle Class and Rich: Who Gives and Who Doesn't?" FOX Business, April 24, 2013, https://www.foxbusiness.com/features/poor-middle-class-and-rich-who-gives-and-who-doesnt.

378 **那些收入少卻肯付出更多錢的人**：丹尼爾．高曼，《專注的力量》（New York: HarperCollins, 2013），原文123頁。

379 **慈善家**：Kathleen Elkins, "From Poverty to a $3 Billion Fortune: The Incredible Rags-to-Riches Story of Oprah Winfrey," *Business Insider*, May 28, 2015, https://www.businessinsider.com/rags-to-riches-story-of-oprah-winfrey-2015-5.

384 **凱拉西．沙提雅提為了終結童工現象**：Ryan Prior, "Kailash Satyarthi Plans to End Child

Labor In His Lifetime," CNN, March 13, 2019, https://www.cnn.com/2019/02/19/world/kailash-satyarthi-child-labor/index.html.

385 **「你不需要做每一件事」**：喬安娜．梅西，*World as Lover, World as Self: Courage for Global Justice and Ecological Renewal* (Berkeley, CA: Parallax Press, 2007), 77.

靜心練習 唱誦

388 **討論唱誦**：摘自《火神往世書》3.293節與《風神往世書》59.141節。

388 **聲音的價值**："Tesla's Vibrational Medicine," Tesla's Medicine, accessed November 12, 2019, https://teslasmedicine.com/teslas-vibrational-medicine/; Jennifer Tarnacki, "This Is Your Brain on Drumming: The Neuroscience Behind the Beat," Medium, September 25, 2019, https://medium.com/indian-thoughts/this-is-your-brain-on-drumming-8ed6eaf314c4.

389 **幾乎所有能啓發你的東西都有效**：Rainer Maria Rilke, Letters to a Young Poet (New York: W. W. Norton & Company, 1993); "29 Inspiring Herb Brooks Quotes to Motivate You," Sponge Coach, September 13, 2017, http://www.spongecoach.com /inspiring-herb-brooks-quotes /; Jay-Z, "Dirt Off Your Shoulder," *The Black Album*, Roc-A-Fella and Def Jam, March 2, 2004; *Bad Boys II*, directed by Michael Bay, Don Simpson /Jerry Bruckheimer Films, 2003.

390 **最神聖的咒語非「Om」（唵）莫屬**："Why Do We Chant Om?" Temples in India Info, accessed November 12, 2019, https://templesinindiainfo.com/why-do-we-chant-om/; "Om," Encyclopedia Britannica, accessed November12, 2019, https://www.britannica.com/topic/Om-Indian-religion.

390 **迷走神經的刺激**：Bangalore G. Kalyani, Ganesan Venkatasubramanian, Rashmi Arasappa, Naren P. Rao, Sunil V. Kalmady, Rishikesh V. Behere, Hariprasad Rao, Mandapati K. Vasudev, and Bangalore N. Gangadhar, "Neurohemodynamic Correlates of 'OM' Chanting: A Pilot Functional Magnetic Resonance Imaging Study," *International Journal of Yoga* 4, no. 1 (January–June 2011): 3–6, doi: 10.4103 /0973-6131.78171; C. R. Conway, A. Kumar, W. Xiong, M. Bunker, S. T. Aronson, and A. J. Rush, "Chronic Vagus Nerve Stimulation Significantly Improves Quality of Life in Treatment Resistant Major Depression," *Journal of Clinical Psychiatry* 79, no. 5 (August 21, 2018), doi: 10.4088/JCP.18m12178.

392 **Om Tat Sat**：摘自《薄伽梵歌》17.23節，埃克納斯．伊史瓦蘭的導言與翻譯（Tomales，CA：Nilgiri Press，2007），原文249頁。

結語 僧人此時此刻會怎麼做？

399 **臨終者最常表達的遺憾是**：Grace Bluerock, "The 9 Most Common Regrets People Have at the End of Life," mindbodygreen, accessed on November 13, 2019, https://www.mindbodygreen.com/0-23024/the-9-most-common-regrets-people-have-at-the-end-of-life.html.

Eurasian Publishing Group
圓神出版事業機構
用心與你對話．視野無限寬廣
方智出版社
Fine Press

www.booklife.com.tw　　reader@mail.eurasian.com.tw

方智好讀 133

僧人心態：

從道場到職場，訓練你的心，過著平靜而有目標的每一天

Think Like A Monk: Train Your Mind for Peace and Purpose Every day

作　　者／傑．謝帝（Jay Shetty）
譯　　者／周家麒
發 行 人／簡志忠
出 版 者／方智出版社股份有限公司
地　　址／臺北市南京東路四段50號6樓之1
電　　話／（02）2579-6600．2579-8800．2570-3939
傳　　真／（02）2579-0338．2577-3220．2570-3636
總 編 輯／陳秋月
副總編輯／賴良珠
主　　編／黃淑雲
責任編輯／陳孟君
校　　對／黃淑雲．陳孟君
美術編輯／李家宜
行銷企畫／詹怡慧．楊千萱
印務統籌／劉鳳剛．高榮祥
監　　印／高榮祥
排　　版／杜易蓉
經 銷 商／叩應股份有限公司
郵撥帳號／18707239
法律顧問／圓神出版事業機構法律顧問　蕭雄淋律師
印　　刷／祥峰印刷廠
2020年10月　初版
2024年8月　27刷

定價420元　　ISBN 978-986-175-567-0

「清理可以幫助你，找回自己以及整個宇宙的節奏，
我們要活在這個節奏當中。」

——《荷歐波諾波諾的奇蹟之旅》

國家圖書館出版品預行編目資料

僧人心態：從道場到職場，訓練你的心，過著平靜而有目標的每一天／
傑・謝帝（Jay Shetty）著；周家麒 譯. -- 初版. -- 臺北市：方智，2020.10
432面；14.8×20.8公分 --（方智好讀；133）
譯自：Think Like A Monk: Train Your Mind for Peace and Purpose Every day
ISBN 978-986-175-567-0（平裝）

1.自我實現　2.生活指導　3.佛教修持

177.2　　109012697